W0056022

Matthias S. Riechert
Die Börsenhändler

Matthias S. Riechert

Die Börsenhändler

THOMAS MÜLLER
seit 1987
BÖRSENVERLAG

BÖRSENVERLAG

Die Deutsche Bibliothek - CIP-Einheitsaufnahme

Riechert, Matthias
DIE BÖRSENHÄNDLER
ISBN 3-930851-16-4
THOMAS MÜLLER BÖRSENVERLAG
Rosenheim 1997

INHALTSVERZEICHNIS

Es besteht die Möglichkeit, daß sich das, was folgt,
schon einmal ereignet hat. Damit diese Wahrscheinlichkeit
nahezu ausgeschlossen werden kann,
wurden sämtliche Namen geändert.

Meinen Eltern und meiner Schwester,
ohne die ich das getan hätte, was ich nicht getan habe.

KAPITEL I

- CHAMPAGNER AUF DIE 4000 -

Viertausend? Doch wohl erst in der nächsten Woche", meinte der Analyst, ohne aufzuschauen.

„Nein, nein. Spätestens morgen!", stellte der Equity und Derivative Trader energisch klar.

„Völlig ausgeschlossen", befand der Analyst.

„Ja, eben! Dann sagen wir, fünfhundert Pfund?", lächelte der Trader gewinnend und beugte sich zu dem Analysten hinab.

„Fünfhundert?" Der Analyst schien erstaunt.

„Na komm, Ian. Der neue Franzose hat sogar sechshundert gegen Helge gesetzt. Da wirst du doch wohl auch ein Taschengeld für ein kleines Spiel übrig haben."

„Der Franzose ist ganz schön arrogant, nicht nur bei euren kleinen Spielchen."

„Komm schon, Ian. Du mußt doch wissen, zu was der deutsche Markt in der Lage ist, oder nicht?" Der Trader hüpfte von einem Bein auf das andere und wollte die Verhandlung zu einem Ende bringen. „Deine Prognosen werden doch nicht umsonst von der F.T. veröffentlicht."

Der Engländer schaute zum ersten Mal auf und sah Lothar in die Augen.

„Euer Bonus muß ja nach einer ganz saftigen Summe aussehen, daß ihr euch ständig diese Spiele leisten könnt. Aber die viertausend sehen wir erst nächste Woche", stellte er definitiv fest und hob die Hand.

„Abgemacht!", rief Lothar erfreut und schlug ein. Er verließ das Büro, registrierte noch den Ausruf „Irgendwann werdet ihr Deutschen auch noch mal daneben liegen" und hastete durch die schmalen Gänge der Tradingdesks zu seiner Abteilung zurück. Es war kurz nach dreizehn Uhr. Einige Händler waren noch zu Mittag, andere nahmen das Essen an ihrem Platz ein. Die sonst übliche Lautstärke, mit dem permanent hohen Gesprächspegel der etwa zweihundert Händler, war, wie immer in dieser Zeit, zu einer erholsamen Ruhe abgesunken.

„Wo steht er jetzt?", erkundigte sich Lothar, atemlos von den zweihundert zurückgelegten Metern.

„Sind nur noch vierzig Punkte bis viertausend."

Lothar plumpste auf seinen Stuhl. „Wenn das schiefgeht, bleibe ich das Wochenende zu Hause. Das letzte Mal war schon teuer genug."

„Es wird nicht schief gehen", beteuerte Helge, „und wenn die morgen in Frankfurt die Vier nicht schaffen, dann kaufen wir von hier aus den Markt hoch. Wär´ doch gelacht, wenn uns das mit ein paar Baskets nicht gelingen sollte."

„Ich habe gestern mit Randolf in Düsseldorf gesprochen. Er glaubt, wir sehen dieses Jahr noch die Fünftausend."

„Würde mich auch nicht mehr wundern."

„Ach so. Und deine Freundin hat angerufen. Sie will dieses Wochenende nach London kommen."

„Das kann sie vergessen." Helge griff zum Telefon. „Ich fliege doch in zwei Wochen nach Hause. Dieses Wochenende ist verplant."

Lothar kontrollierte kurz seine Position auf dem Handelsschirm, aber die Notierungen seiner Aktienwerte hatten sich seit den letzten zehn Minuten kaum verändert. Er stand gelangweilt auf, ging die wenigen Meter zur Fensterseite und schaute durch die getönten Scheiben hinaus. Er sah die Themse, die in fünfhundert Meter Luftlinie glitzerte, halb rechts, neben den anderen Hochhäusern der City das futuristische Lloyds-Gebäude und ganz unten erkannte er die Liverpool Station.

„Immer das gleiche Bild", dachte er bei sich und ging einen anderen Weg zurück. Er passierte die Reihe der Sales-Abteilung, die aus zehn multikulturellen Sprachgenies bestand, die unablässig im telefonischen Kontakt mit ihren institutionellen Kunden standen. Das Gebrabbel in den verschiedenen Sprachen nahm auch während der Mittagszeit nicht ab.

„Hey, was machen die Wetten aus der deutschen Ecke?", fragte Laura, ihren Telefonhörer auf die Schulter legend.

„Hast du eine Meinung zum Dax?", erwiderte Lothar geschäftssinnig mit einer Gegenfrage.

„Nein, aber zum Footsie. Mit eurem deutschen Markt bin isch noch nie klargekommen. Aber in letzter Zeit fragen misch immer mehr Kunden nach deutschen Werten. Was würdest du empfehlen?", erkundigte sich die Französin in nahezu perfektem Deutsch. Ihr Sprachtalent war beeindruckend.

„Du kannst alles kaufen. Wenn der Dollar zur DM noch weiter steigt, und das nehmen wir an, sollte man die VW haben. Versicherungen sind auch nicht verkehrt, Allianz, Münchner Rück. Sag doch noch einmal bitte Holzmann."

„Non! Das fragst du misch jedesmal."

„Bitte. Nur für mich."

„Olzmann!" Laura lächelte ihn an.

„Spitze! Du wirst immer besser", rief Lothar amüsiert und flüsterte dann leise in ihr Ohr: „Willst du nicht doch auf den Dax wetten?"

„Nein, nein. Ihr seid ja schon stadtbekannt mit euren Dax-Gewinnen", lachte sie und widmete sich wieder ihrem Gesprächspartner am Telefon.

Lothar schritt weiter durch die Reihen des Trading-Floors, eine seiner Lieblingsbeschäftigungen in ruhigen Zeiten. Doch plötzlich waren einige Schreie aus seiner Ecke zu hören. Gesprächspegel und Hektik stiegen an und signalisierten, daß Bewegung in den Markt gekommen war. Lothar beschleunigte. Kurze Zeit später erreichte er sein Desk.

„Wieder zehn Punkte höher, nichts weiter", erklärte Helge gelassen, „vielleicht können wir heute schon anstoßen".

„Scheiße! Jedesmal wenn es höher geht, bereut man, daß man vorher nicht doch mit mehr Geld hineingegangen ist."

„Das denken alle."

„...und deswegen steigt es."

„Wir können uns ja wohl nicht beklagen." Helge schaute seinen Kollegen durchdringend an. „Aber es ist immer das Gleiche mit dir. Du kannst den Hals einfach nicht voll kriegen. Immer noch einen draufsetzen, immer das letzte Wort haben, immer recht haben."

„Ich hatte doch wohl recht", bemerkte Lothar kleinlaut.

„Ach! Pah! Daß der Dax dieses Jahr weiter ansteigen würde, dachten auch noch einige andere."

„Aber nicht bis Vier!"

„Viertausend. Viertausend. Was ist denn schon dabei. Das wird noch bis Fünftausend gehen. Aber daß du ständig diese lächerlichen Prophezeiungen aussprechen mußt, die du wie eine sakrale Salbung an jeden verteilst, der auch nur halbwegs was mit Aktienhandel zu tun hat. Und dann dieses affektierte Gehabe, wenn schließlich der Markt das macht, was sowieso schon klar war." Helge mußte grinsen. „Steig bloß nicht wieder auf den Tisch, wenn wir hoffentlich morgen die Vier sehen."

„Ach! Das hättest du aber gern, was?"

„Man kann auch still genießen!"

„Hey, ihr zwei Deutschen!", schallte es plötzlich von links. „Hört auf, euch zu streiten. Seit einem Jahr seid ihr jetzt hier, habt unglaubliche Handelserfolge, aber liegt euch permanent in den Haaren. Ihr solltet euch eigentlich freuen!"

„Das sag ich ihm ja auch ständig", erwiderte Lothar und deutete mit seinem Kinn auf Helge. „Aber er hört nicht."

„So, ihr zwei", begann Carl, der Leiter der Handelsabteilung, der jetzt neben Helge und Lothar stand, „heute abend um fünf möchte ich euch in meinem Büro sehen. Es gibt etwas Wichtiges zu besprechen."

„Was ist los, Carl? Hat Helge seine Limits überschritten?", scherzte Lothar.

„Nein, das nicht", meinte Carl, ernst geworden. „Ihr werdet es schon erfahren. Es ist eine, sagen wir, diffizile Angelegenheit – gerade für euch beide." Der Chefhändler verschwand zurück in sein Büro.

„Diffizil? Was meint Carl mit diffizil?"

„Prekär".

„Toll, Lothar. Jetzt versteh ich alles. Konzentrier dich lieber auf den Markt. Der geht nämlich gerade höher", rief Helge und beobachtete die blinkenden Notierungen auf seinem Schirm. Der IBIS-Dax knallte schon wieder um mehrere Zähler nach oben und setzte damit die Hausse fort, die seit fast einem Jahr an der deutschen Börse zu beobachten war.

„Das schießt hier richtig hoch!", brüllte ein anderer Kollege, der ebenfalls deutsche Werte handelte.

„Ja, ja. Sehe ich, sehe ich."

„Der Dollar ist ¼ Pfennig höher!", erklärte Helge aufgeregt.

„Was ist denn los. In meinen Werten passiert kaum etwas!" Lothar starrte auf seinen Schirm.

„Dann kauf die mal!"

„Ich bin doch long!"

„Kauf noch mehr."

„Scheiße! Jetzt haben die es gemerkt. Buying!"

„Wahnsinn!", flüsterte Helge, „der Dax ist nur noch zehn Punkte unter viertausend."

„Neun", verbesserte Lothar. Es ging rasend schnell. Ein gigantischer Kaufrausch erfaßte die deutschen blue chips und jagte sie von einem Rekordstand zum nächsten. Es war die Jahrhunderthausse. Sehnsüchtig hatten so viele Händler seit Jahren auf diesen Bullenmarkt gewartet, hatten es eigentlich immer noch nicht wahr haben wollen, als das niedrige Zinsniveau und der starke Dollar die ersten Kursrallyes initiierte. Aber jetzt merkten sie: Es gab keine Alternative.

Natürlich gab es noch Zweifler. Sie sprachen von einer Übertreibung, erhofften sich aber eine Kurskorrektur, um billiger einsteigen zu können. Der Zug war abgefahren. Die Hausse nährte die Hausse.

„Hol den Champagner, Helge!", schrie Lothar mit einem Blick auf den Monitor.

„Noch zwei Punkte!"

„Die wollen die Viertausend sehen. Keine Frage."

„Carl!", brüllte Lothar durch den Trading-Floor. Der Chefhändler kam angelaufen.

„Die Vier! Die Vier! Komm schon!", wisperte Helge atemlos.
„Noch einer. Los doch." Lothar hatte die Flasche bereits in der
Hand.
Der Korken knallte zeitgleich mit dem Erscheinen der magischen
Marke. Die deutsche Abteilung feierte. Von den anderen Händlern
argwöhnisch beobachtet, standen die fünf Mitglieder der German-
Equities-Truppe in einem Kreis und zelebrierten das Überschreiten
der viertausend Punkte im Deutschen Aktienindex.

Eigentlich freuten sie sich nicht nur über das simple Überschreiten
dieser psychologischen Marke, sondern vielmehr über die Gewinne, die sie durch ihre richtige Markteinschätzung seit Beginn der
Hausse eingefahren hatten. Fast ständig hatten die Trader ihre Werte von der Long-Seite gehandelt und nur ganz selten mit ein paar

gewagten Shorts gespielt, die dann kurze Zeit später meist überstürzt eingedeckt werden mußten. Aber heute war die Zwischenstation erreicht.

Lothar eilte schon wieder durch die Gänge. In der einen Hand pendelte die schwere Sektflasche und mit der anderen balancierte er einen gestrichen vollen Sektkelch. Ein bedrohlicher Anblick, angesichts der Anhäufung von elektronischen Geräten. Er rauschte weiter. Links vorbei an den OTC–Mathematikern, auf den großen Gang und dann nach rechts, hinein in das gläserne Büro. Ein siegessicheres Lächeln umspielte Lothars Mundwinkel, als er die Sektflasche auf den Schreibtisch des Analysten knallte.

„Tja, Ian. Was besagen wohl diese Requisiten?", platze Lothar heraus, deutete auf die Flasche und nahm umgehend einen Schluck.

„Der Markt übertreibt", bemerkte der Analyst, über seine Auswertungen gebeugt.

„...und du mußt dafür bezahlen."

„Der Markt übertreibt", wiederholte Ian besorgniserregend.

„Ja, ja. Solange es noch Ansichten wie deine gibt, mache ich mir überhaupt keine Sorgen um den Markt. Lächerlich. Fünfhundert macht das im übrigen." Lothar streckte fordernd die Hand nach vorn.

„Oder, nein!" Lothar zog die Hand wieder ein. „Was ist mit Viertausendzweihundert in, sagen wir, ..., in fünf Börsentagen? Um nochmal fünfhundert?" Lothar grinste, während der Analyst in die Schreibtischschublade griff und ein Bündel Pfundnoten abzählte.

„Ihr werdet auch noch einmal falsch liegen", bemerkte Ian deprimiert und legte die Summe auf den Tisch. Der Analyst war schon sehr lange im Geschäft.

Unterdessen setzte sich die spontane Party in der deutschen Ecke fort und griff langsam auch auf angrenzende Abteilungen über. Bis zum Handelsschluß verlief der Arbeitstag in einer leichten, lockeren Atmosphäre, ganz im Gegensatz zu der sonst üblichen gestreßten Anspannung und Hektik auf dem Trading-Floor der großen englischen Investmentbank.

Gegen fünf Uhr trotteten die fünf Trader des deutschen Marktes, mit Lothar und Helge an der Spitze, in das Büro den Handelschefs. Sie setzten sich erwartungsvoll.

„O.K. Leute. Kurzes Resümee der Handelsaktivitäten: Die Erwartungen sind voll eingetreten. Der deutsche Markt profitiert von der Liquidität und dem Dollar, und der Dax hat schneller als erwartet die Viertausend geknackt. Das gibt uns erstens recht und zweitens macht es Mut für erneute Anstiege. Wir gehen deshalb von weiterhin steigenden Notierungen aus und behalten die grundsätzlichen Longpositionen bei", faßte Carl zusammen. Dann fuhr er fort: „Der Grund für diese Besprechung ist allerdings ein anderer. Ich wurde heute morgen vom Vorstand über eine soeben erfolgte Übernahme unterrichtet. Ihr kennt die Regelungen der Chinese Walls, deshalb hatte ich vor dieser Mitteilung keine Ahnung von der Sache. Die Übernahme war von langer Hand geplant und beinhaltete den Aufkauf großer Aktienpakete. Dabei geht es wohlgemerkt um keinen institutionellen Kunden, sondern um unser eigenes Haus. Unsere Bank hat sich vergrößert und ein kleineres holländisches Handelshaus aufgekauft, dessen Geschäftsbereiche sich zum Teil mit unseren überschneiden."

Lothar und Helge schauten sich fassungslos und ungläubig an. Carl bemerkte es und meinte lächelnd zu ihnen: „Das was ihr beiden momentan nicht zu denken wagt, ist tatsächlich genau richtig!"

Der fassungslose Ausdruck in den Gesichtern der zwei Deutschen wich schlagartig einer aschfahlen Blässe auf dem Antlitz von Helge und einem kontrastvollen knallroten Anschwellen der Gesichtsfarbe Lothars. Gleichzeitig konnte man einen nicht unerheblichen Schweißausbruch auf der Stirn des letzteren erkennen, was ihn zusammen mit den weit aufgerissenen Augen wie ein verzweifelt mit dem Erstickungstod kämpfendes Opfer aussehen ließ. Helge erinnerte eher an eine starre Wasserleiche.

Den lautlosen Kampf beobachtend, schüttelten die anderen Trader verständnislos ihren Kopf.

Lothar verzerrte seinen ganzen Körper zu einem krampfhaften, verzweifelt zuckenden Gebilde, das wie ein Fallschirmspringer ein beängstigendes Hohlkreuz aufwies. Er lag mit weit ausgestreckten Armen und Beinen auf seinem Stuhl und fing an, sich leise wimmernd mit ihm zu drehen. Helge stand auf. Das Blut schoß ihm zurück in die Adern und dann klatschen sich die beiden schallend in die Hände. Lothar schnellte nun ebenfalls hoch und begann, mit Helge zusammen im Raum umher zu hüpfen.

Währenddessen saß der Chefhändler verständnisvoll lächelnd hinter seinem Schreibtisch und gönnte den beiden ihre Show. Er erklärte den drei anderen Tradern den Grund für diesen bedenklichen Anfall, was diese dennoch nicht veranlaßte, mit dem Kopfschütteln aufzuhören.

Endlich, nach mehreren Minuten, waren Helge und Lothar wieder in der Lage, sich zu beruhigen und den weiteren Ausführungen des Chefhändlers Gehör zu verleihen.

Düsseldorf, einen Tag später. In dem Handelsraum einer größeren deutschen Bank saß Randolf, ein DTB-Händler, vor seinen Handelsschirmen und blätterte in der Financial Times. Es war noch vor acht Uhr morgens, und seitdem er vor etwa einem Jahr in dieser Bank eingestiegen war, profilierte er sich tagtäglich als einer der ersten. Nach dem gestrigen Anstieg erwartete er auch für heute eine Kursrallye und wollte sich dementsprechend exzellent vorbereiten. Nachdem er die Titelseite des Finanzblattes überflogen und für nicht elementar befunden hatte, kreuzte sein Blick über diverse andere Artikel. Der englische Markt interessierte ihn eigentlich nicht, und er wollte sich gerade auf die Auslandsnotizen mit dem deutschen Aktienmarkt konzentrieren, da blieben seine Augen an einer Meldung haften. Es war der Bericht über den erfolgreichen Aufkauf eines Wertpapierhandelshauses von einer britischen Investmentbank. Randolf überflog den Artikel und fing danach schallend an zu lachen. Er lachte, wie er seit einem Jahr nicht mehr gelacht hatte. Die Tränen flossen über sein stoppeliges Gesicht, und in diesem Moment war Randolf scheißegal, daß er damit sein kühl kalkulierendes, kaltblütiges Image zerstörte, das er durch seine aggressive Handelsmentalität und sein teilweise skrupelloses Verhalten bei den Arbeitskollegen erzeugt hatte. Er lief durch den Handelssaal, schlug jedem Kollegen auf die Schulter und begab sich dann zu seinem Abteilungsleiter, um zwei Tage Urlaub zu beantragen. Angesichts seiner ungewohnten Konstitution wurde ihm der anstandslos gewährt.

Zeitgleich, in einem stattlichen Haus, an einem kleineren See in Holland gelegen, schritt ein Mann mittleren Alters auf die Terrasse. Er kam aus seinem Arbeitsraum, einem großflächigen Anbau mit phantastischem Ausblick, in dem rund um die Uhr sechs Computerbildschirme flimmerten und aktuelle Marktbewegungen aus aller Welt reproduzierten. Frans erreichte seine Frau, die auf der Terrasse frühstückte. Er zeigte wortlos und milde lächelnd auf den Artikel in der rosafarbenen Zeitung, worauf beide kurze Zeit später leise in sich hineinkicherten. Frans ging wieder zurück in seine private Handelsstation und führte zwei längere Telefongespräche mit Düsseldorf und London.

Am Samstag der gleichen Woche trafen sich vier Männer in der Düsseldorfer Altstadt. Lothar, Helge, Randolf und Frans, in Freizeitkleidung und ausgezeichneter Stimmung, begrüßten sich überschwenglich, klopften sich gegenseitig auf die Schultern, stießen dann und wann ein paar hysterische Lacher aus, die von den Umsitzenden kritisch mit hochgezogenen Brauen registriert wurden, entbehrte das Gelächter doch einem vorangestellten Witz, und setzten sich dann zusammen an einen großen Tisch.
„You knew it before, didn´t you?", fragte Frans atemlos.
„Nein. Wir haben es erst am Abend vor der Pressemeldung erfahren", erwiderte Lothar.
„Wegen der Chinese Walls", betonte Helge. „Wir hatten absolut keine Ahnung, daß unsere Bank dahinter steckt."

„Leute! Das muß gefeiert werden. Wie lange haben wir uns jetzt nicht mehr gesehen?", fragte Randolf und bestellte zwei Flaschen Sekt beim Kellner, der ein einträgliches Geschäft witterte.

„Ich glaube, seitdem wir nach London gegangen sind."

„Also vor einem Jahr", stellte Randolf fest.

„Mein Gott! Wie die Zeit vergeht. Und wie läuft es bei euch?"

„Ausgezeichnet. Bei dem momentanen Trend ist es ja auch leicht. Wenn ich überlege, wie wir damals in der mickrigen Seitwärtsbewegung herumgewerkelt haben..."

„...und trotzdem Gewinne gemacht haben!"

„Frans, alter Bär! Wie geht es bei dir in Holland?"

„Not bad, not bad, Chappy! Ich habe jetzt ein schönes Haus an einem ruhigen See, keine Hektik, kein Lärm, keine Vorgesetzten." Die anderen fingen bei dem letzten Wort lautstark an zu lachen.

„Seitdem ich dort bin, trade ich wesentlich erfolgreicher. Ich kann mich nicht beklagen", erklärte Frans lächelnd. „Einhundert Prozent Erfolgsbeteiligung motivieren mich einfach ganz anders."

„Und was ist mit der einhundertprozentigen Verlustbeteiligung?", fragte Lothar verschmitzt.

„Du weißt doch, wie ich trade. Schnell rein und noch schneller raus, wenn ich falsch liege. Da läßt sich der Verlust begrenzen. Und in einem Trend wie dem jetzigen, lasse ich die Gewinne laufen. But what about you, Randy?"

„Ich habe bei meiner Bank den DTB-Bereich aufgebaut und mußte am Anfang erst einmal sämtliche Voraussetzungen schaffen, damit ein reibungsloser Handel möglich wurde. Mittlerweile arbeiten in meiner Abteilung vier Händler, die Market Making und OTC-Geschäfte abwickeln. Wir haben unser eigenes Buch, arbeiten aber sehr stark mit der Aktienseite zusammen."

„Geld verdient?"

„Leute! Ihr kennt mich! Aber, Lothar und Helge! Was passiert jetzt eigentlich mit dem übernommenen Unternehmen?"

„Na, ja. Lothar und ich sind mit der Eingliederung des kleinen DTB-

Bereichs der Handelsfirma beauftragt, schließlich kennen wir uns am besten mit der Abteilung aus. Die haben in der Firma fünf DTB-Händler - keine Ahnung, wer das ist - und die müssen sinnvoll in unsere Geschäftsbereiche eingefügt werden", erklärte Helge.

„Und wenn uns die Jungs nicht passen, werden sie rausgeschmissen!", stellte Lothar fest und fing an zu kichern.

„Ich fasse es nicht! Da übernehmen Lothar und Helge die Führung!", staunte Randolf.

In diesem Moment kam der Kellner und stellte strebsam die Sektkelche bereit, die ihm aber sofort von Lothar aus der Hand gerissen wurden. Er schüttelte die Flasche, entließ den Korken in seine Freiheit und goß die bereitstehenden Gläser voll.

„So, Freunde. Auf was stoßen wir an?", fragte er in die Runde blickend.

„Tja, gute Frage."

„Auf uns?"

„Das wäre zu einfach."

„Auf den Dax?"

„Schon längst gemacht!"

„Also was jetzt?"

Lothar stellte die Flasche wieder ab und gab allen eine Chance zum Nachdenken. Es entstand eine lange Pause, in der die Vier ihren Gedanken nachgingen, die um ihre Vergangenheit kreisten. Es war die Erinnerung, die wie ein Film vor ihnen abgespult wurde und ihnen noch einmal in kurzen Sekunden den gemeinsamen Abschnitt ihres Lebens vorspielte.

KAPITEL II

- DER WEG ZUM BÖRSENHÄNDLER -

Das Leben eines Händlers geht nicht über Rosen, merk dir das!",
waren die Worte, die Helge an seinem ersten Arbeitstag als
angehender Börsenhändler zur Begrüßung entgegengerufen wurden.
Sie kamen von Piet, einem holländischen Kollegen, der einige solcher Weisheiten auf Lager hatte. Piet gehörte zu den Seniorhändlern
der kleinen deutschen Sektion des niederländischen Wertpapierhandelshauses JDP Holding und war gerade damit beschäftigt, in
der büroeigenen Küche den Kühlschrank nach Dingen zu durchsuchen, aus denen sich so etwas wie ein Frühstück zaubern ließ. Ein
Ritual, das sich jeden Morgen aufs neue wiederholte, jedenfalls solange, bis Piet trotz seiner jugendlichen 26 Jahre von seinem Hausarzt verboten wurde, Kaffee zu trinken und sich fortan mit Speisequark und Tee begnügen mußte.

Helge hatte nach drei nervenaufreibenden Vorstellungsgesprächen
eine Zusage für ein Training on the job bekommen und blieb damit
als einziger in einem Sieb hängen, durch das 250 andere Mitbewerber gerutscht waren. Noch am gleichen Tag hatte er den Job bei der
heimischen Bank an den Nagel gehängt, war anschließend nach
Düsseldorf gezogen und stand nun ein wenig unschlüssig im Eingangsbereich des Handelsoffice. Er schaute sich noch einmal interessiert um.

„Ja, ganz richtig! Sieh dir alles an, bevor du dich wirklich entscheidest, hier einzusteigen", riet ihm Piet, der ihn aus der Küche
beobachtete.

Helge wanderte zögerlich durch den Flur und nahm das Büro in
Augenschein. Die Einrichtung bestand aus einem Gemisch aus einem stilvollen, luxuriösen Interieur im Eingangsbereich und nüchtern grauen, funktionellen Arbeitsplätzen im angrenzenden Handelsraum. Die Computerdesks des kleinen Tradingraums waren parallel
in zwei Reihen angeordnet, was eine optimale Kommunikation zwischen den Händlern garantieren sollte.

Das einzig Garantierte war allerdings die komplette Verwirrung, die
jeden Neuling befiel, der die stolze Ansammlung von elektronischen

Arbeitsmitteln sah. Ein Arbeitstisch verfügte über mindestens vier Monitore: Ein Handelsschirm, ein Windows-Schirm, auf dem diverse Unterprogramme eingerichtet werden konnten, ein Reuters-Terminal und ein Chartmonitor.

Helge verbrachte die ersten Tage seiner Ausbildung einzig und allein mit der visuellen Orientierung innerhalb der vielen flimmernden und surrenden Computerbildschirme, die nur farbig blinkende Zahlenkolonnen darzustellen schienen. Doch nach einer kurzen Schonzeit ging es los. Neben Piet und Helge bestand das kleine Team aus weiteren zwei Tradern, die mit dem Aktienhandel und Optionshandel an der Deutschen Terminbörse befaßt waren.

Gordon, der Chefhändler, der bereits seit dem Start der DTB im Geschäft war, übernahm Helges Ausbildung. Zusätzlich kümmerten sich auch Piet und der vierte Trader, Randolf, um das Training des Neuen. Das Durchschnittsalter der Gruppe lag bei 25 Jahren und garantierte neben einer frischen, flexiblen Atmosphäre eine knallharte und rücksichtslose Ausbildung. Helge erlebte die bisher härtesten sechs Monate seines Lebens.

Die an einem Tag vermittelte Theorie, die der deutsche Chefhändler in seinen freien Minuten weitergab, mußte am nächsten Tag sitzen und in die Praxis umgesetzt werden können. Kaufen und Verkaufen - mit diesen beiden elementaren Tätigkeiten eines Börsenhändlers war Helge vertraut. Während der Bankausbildung hatte er im Fach Börsenwesen brilliert und darüber hinaus eigene Erfahrungen mit Optionsscheinen gesammelt. Doch nun ging es weiter. Die Optionstheorie brachte eine völlig neue Dimension zu Tage, die weit über das simple Kaufen und Verkaufen von Aktien hinausreichte. Schon Helges damaliger Wertpapierabteilungsleiter hatte immer ehrfurchtsvoll von Derivaten und der DTB gesprochen. Sie stand für ihn immer als schleierhaftes Gebilde im Nebel: undurchschaubar und geheimnisvoll, „ ... die ja sowieso kein normaler Mensch versteht".

Für Helge, dessen Optionskenntnisse sich aus einigen Schlagwörtern wie Hebel, Basiswert und Basispreis zusammensetzten, begann nun eine tagtägliche Herausforderung. Das erklärte Ziel seines Trainings war die vollwertige Heranbildung eines Junior-Derivate-Traders, der neben dem Market Making an der DTB auch mit jeglicher Form von Finanzderivaten umgehen konnte.

Plötzlich umgaben ihn Begriffe wie Spread, Straddle, Strangle, Butterfly, die griechischen Buchstaben Delta, Gamma, Beta und Vega und andere theoretische Vokabularien des Optionshandels.

Gordon hatte als zusätzliches Bonbon, eine spezielle Methode zur Lernkontrolle entwickelt: Morgens nach dem Aufstehen, frisch und munter, das konnte jeder – der Chefhändler machte es anders. Da das Büro an der Königsallee gelegen war, blieb es nicht aus, daß die Händler direkt nach Börsenschluß dort noch das ein oder andere Alt trinken gingen. Nach ein, zwei Stunden begann Gordon unvermittelt mit der Abfrage des Lernstoffs der vergangenen Tage.

An einem Abend dieser Art standen die Trader in einem überfüllten Bistro an der Kö, hatten sich bisher über die Bundesliga, Urlaubspläne und schöne Frauen unterhalten, da startete Gordon: „Hör mal Helge, was kann ich als Optionshändler denn machen, wenn ich von steigenden Kursen ausgehe?"

Wie auf ein geheimes Zeichen hin bauten sich Piet und Randolf neben ihrem Chefhändler auf und schauten dem Trainee erwartungsvoll in die Augen.

„Du kaufst die Aktie, oder den Call, oder verkaufst den Put", erwiderte Helge leise.

„Was?", brüllte Gordon ihn an. „Ich verstehe dich nicht!"

Helge wiederholte das Aufgesagte und übertönte diesmal die laute Musik.

„Klar und deutlich, Helge. Merk dir das", verlangte Gordon und fuhr mit seiner unkonventionellen Praxis fort: „Helge, sag doch mal...", er stützte sich dabei gemütlich auf die schmalen Schultern seines Schülers, „...wenn ich jetzt beispielsweise bullish bin, dann kann ich ja im Markt einfach einen Call kaufen, nicht?

„Das sagte ich ja", bestätigte Helge klar und deutlich.

„O.K., wenn mir jetzt aber die Calls zu teuer sind, oder eben die Puts zu billig, was mache ich denn dann?"

„Hm, äh, wie jetzt...?"

„Ober! Zwei Bier auf seinen Deckel!", rief Gordon und sprach damit die obligatorische Strafe aus.

„Also, was mache ich dann? Welche Kombination ist vergleichbar mit einem Call?"

„Genau! Jetzt fällt es mir wieder ein. Ich kaufe den Call synthetisch!"

„Ja, ja. Komm zur Sache. Bis du soweit bist, ist es Weihnachten und da sind die guten Preise weg!", rief Gordon erbost, während sich die drei Seniorhändler noch näher an den Neuen drängten. Ungeduldig trommelte Randolf mit den Fingern auf dem Tisch und meinte spöttisch zu Gordon: „Er weiß es nicht. Er braucht zu lange".

„Moment. Also, den Call synthetisch long, das ist ja das gleiche wie,... Aktie long und gleichzeitig den Put long, stimmt es?"

Es stimmte. Helge hatte diese Überprüfung mit einer Fehlantwort überstanden.

Gordons Praktik, das Wissen auf diese Weise zu testen, war sicherlich ungewöhnlich und unangenehm für den Schüler, aber aus der Sicht des Chefhändlers mußte ein Aspirant diese Feuertaufen bestehen, um später im Markt erfolgreich zu sein. Gordon besaß die knallharte Mentalität eines Parketthändlers, der mit einem lauten Organ blitzschnelle Berechnungen ausführte und immer klare und eindeutige Entscheidungen traf. Er war ein ruppiger aber ehrlicher Haudegen, unter dem Helge oftmals zu leiden hatte. Aber trotz aller Repressalien verstanden sich die vier Mitglieder des Profitcenters und bildeten eine kompakte und selbstbewußte Einheit.

Nach und nach gelang es dem Trainee, seine Fähigkeiten unter Beweis zu stellen und den Angriffen der Erfahrenen Paroli zu bieten.

Schnell begriff er die Materie und wurde nach einigen Monaten zumindest als „halbwertiges" Mitglied des Teams akzeptiert.

Ein halbes Jahr später bekam die Düsseldorfer Abteilung weiteren Zuwachs. Ein neuer Trainee wurde engagiert, und zusätzlich wechselte ein älterer Seniorhändler einer großen Düsseldorfer Bank zur JPD Holding: Frans.
Frans hatte schon an der LIFFE in London gehandelt und wußte mit seinen 31 Jahren auch sonst einiges an Handelserfahrung vorzuweisen. Die von ihm bevorzugten klassischen Nadelstreifenanzüge und auffällig unauffälligen Krawatten ließen ihn wie einen typischen Londoner Banker aussehen, obwohl er ursprünglich aus Holland stammte. Das Bild des kühlen seriösen Bankers wurde allerdings immer dann zerstört, wenn seine Trades falsch lagen. Und das geschah täglich.
Nicht, daß er den Markt nicht einschätzen konnte, aber Frans handelte den Dax-Future und zwar so oft und so schnell, daß er an manchen Tagen 6-8 Prozent des Gesamtumsatzes in Deutschland markierte. Und da kein Händler unfehlbar ist, drehte der Markt dann und wann in die kostspielige Richtung seiner Position. In diesen Phasen der Geldvernichtung prasselten unverzüglich übelste Flüche und Schimpfwörter aus dem tiefsten Londoner Untergrund auf die restlichen Händler nieder.
Darüber hinaus war Frans ständig bearish, seine Lieblingsfarbe Schwarz und der Herbst für ihn die schönste Jahreszeit. Wahrscheinlich hatte der große Crash 1987, den Frans als Börsenhändler miterlebte, einige Spuren hinterlassen.

Der neue Trainee, der gleichzeitig mit Frans einstieg, war gerade 21 Jahre alt und verfügte über das bei Börsenhändlern übliche Repertoire an Voraussetzungen: Abitur, Rekrutierung zum Banker und das permanente, fast krankhafte Verlangen, viel Geld zu verdienen. Schon während seiner Schulzeit hatte Lothar enthusiastisch mit Aktien und

Optionsscheinen gezockt und war seinen Lehrern durch häufige Abwesenheit in der dritten Stunde aufgefallen - in dieser Zeit befand er sich in der Wertpapierabteilung seiner Hausbank. Die Geschäfte, die zu Beginn noch sein Vater unterzeichnen mußte, da er nicht volljährig war, konnten sich schon damals sehen lassen. Als der Minicrash 1989 die Aktienkurse absacken ließ, dachte er sich nur eins: Kaufen! So billig kriegt man die Werte nie wieder. Innerhalb von zwei Wochen performte er mit seinem Taschengeld und schob einen Kurzurlaub in Kenia ein - angeblich zur Vertiefung seiner Geographiekenntnisse.

Lothar begann seinen Einstieg mit einem starkem Kaffee, den er um acht Uhr morgens für alle Mitglieder machte. Unterdessen hatte Piet, der diesmal die Ausbildung des neuen Trainees übernahm, bereits einen acht Zentimeter hohen Informationsstapel für ihn zusammengestellt: Grundlagen des Optionshandels, Optionspreismodelle, DTB-Strategien und DTB-Regelwerk. Piet war, ebenso wie Gordon, unkompliziert und herausfordernd, aber im Gegensatz zu dem Chefhändler mit einem kratzenden, holländischen Akzent ausgestattet.
„Für die nächsten Wochen sollst du neben mir sitzen und Fragen stellen!", lautete die simple Formel seiner Ausbildung. Lothar reichte ihm zu allererst einen heißen Kaffee. Zögernd und stirnrunzelnd nahm Piet die ihm angebotene Tasse und ignorierte somit ausnahmsweise das von seinem Hausarzt verhängte Kaffeeverbot.
„Hast du ihm überhaupt erlaubt, die Kaffeemaschine anzurühren?", fragte Gordon süffisant, auf der anderen Seite des Raumes sitzend.
„Das ist mein Trainee! Mit dem mache ich, was ich will. Du hast immer noch Helge", beteuerte Piet in der Manier eines Sklaventreibers und probierte den Kaffee.
„So. Das kannst du schon mal sehr gut. Deshalb schlage ich vor, du kochst jeden Morgen Kaffee!", argumentierte er. Piet setzte seine Nickelbrille auf und begann die Themen der ersten Ausbildungswoche zu definieren.

„Call-Put-Parität, Grundlagen der Optionspreismodelle. Das wirst du nächsten Montag in Perfektion beherrschen. Aber warte mal, vielleicht weißt du schon mehr als ich." Piet zögerte kurz, rückte seine Brille zurecht und fragte: „Was ist der Unterschied zwischen einem Call und einem Put?"

„Ein Call funktioniert bei steigenden Preisen und ein Put bei fallenden", antwortete Lothar sofort, dicht neben ihm sitzend.

„Falsch! Ein Call ist das gleiche wie ein Put", stellte Piet ohne Erklärung fest und rief bei Lothar Erstaunen hervor.

„Aber sie kaufen doch Calls, wenn sie von steigenden Preisen ausgehen?", fragte er nach.

„Paß mal auf. Als erstes lernst du, daß wir hier jeden duzen. Ich bin Piet und du bist Lothar und generell kannst du hier alles machen, solange du Geld verdienst. Aber soweit bist du noch lange nicht", belehrte der Ausbilder. Er kritzelte einige Bemerkungen auf die Unterrichtsmappe und fuhr fort: „Weißt du überhaupt, was Market Making ist?"

Lothar kramte kurz in seinem Wissensfundus und faselte irgend etwas von „Kurse stellen" und „Preise beantworten" und, das hatte er ja soeben gelernt, „Gewinne machen".

„Also, dann sollst du mal ehrlich sagen, du weißt es nicht!" stellte sein Lehrmeister kühl fest und begann mit der Grundlagenausbildung.

Market Making ist das Handelssystem an der DTB. Im Gegensatz zum Auktionsprinzip an der Präsenzbörse stellen hier zum Market Making zugelassene Unternehmen Quotes in das elektronische System. Dafür zahlen die Handelshäuser und Banken mit Market Maker-Funktion geringere Transaktionskosten an die DTB. Quote-Requests sind wiederum Anfragen von Marktteilnehmern in einzelnen Optionsserien eines Wertes. Sobald in einer Serie auf dem DTB-Schirm ein Quote-Request erscheint, muß ein Market Maker unverzüglich einen Geld- und Briefkurs eingeben. Die kann er natürlich sehr breit stellen, falls er kein Interesse am Handel in dieser Serie hat. Der Händler kann selbstverständlich auch direkt kaufen bzw. verkaufen. Ziel des Market Makings ist, die Liquidität in den Optionsserien jederzeit zu garantieren.

Nach einigen Stunden konnte Lothar jeden anfallenden Quote-Request als solchen identifizieren und versuchte auch, das restliche Börsengeschehen zu verfolgen, was ihm verständlicherweise an seinem ersten Arbeitstag noch nicht ganz gelang. Piet stellte dennoch sofort zu Beginn hohe Ansprüche an seinen Schützling. Seine Ausbildungspolitik gestaltete er nach dem Grundsatz „Zuckerbrot und Peitsche", was bedeutete, daß sich Lothar nie auf seinen Erfolgen ausruhen konnte. Natürlich lobte er, wenn es angebracht war, aber genauso schnell trieb er den Aspiranten in neue Wissensbereiche, die auf der vorher vermittelten Materie aufbauten.

„Schau mal. Was habe ich gerade gemacht?", kontrollierte Piet.

„Du hast etwas eingegeben."

„Ja, aber was denn? Du sollst besser aufpassen! Du mußt mit deinen Augen immer dabei sein. Gucken, Gucken. Du wirst nicht bezahlt, um zu träumen!", trieb er seinen Schüler an. Lothar, entsprechend motiviert, setzte sich erst einmal aufrecht hin.

„Du hast einen Geldkurs für den Daimler Call Basis 600 DM eingegeben."

„Ja. Genau. Und was passiert mit der Aktie?"

„Moment. Da steht es: 601,50 DM zu 602 DM"

„Und wo stand sie, als ich den Call kaufen wollte?" Piet hatte den Geldkurs zwischenzeitlich gelöscht.

„Ich glaube, die haben vorher 602,30 DM gehandelt."

„So. Was wäre passiert, wenn ich den Call zu diesem Preis gekauft hätte? Hätte ich einen sehr schlechten Kurs bekommen. Siehst du, jetzt ist der Call schon 12,50 DM Brief, denn der Preis des Calls sinkt natürlich, wenn die Aktie schwächer wird. Sind wir also jetzt, laß mal sagen 11,90 DM Geld, oder was?"

„Piet?", fragte Lothar, dem der Sinn der schnellen Aktionen nebulös erschien, „Was hast du eigentlich vor? Denkst du, der Kurs von Daimler steigt?"

Diesen Kommentar nahm Gordon, der seinerseits Deutsche Bank und Thyssen handelte, zum Anlaß, um sich verbal ins Spiel zu bringen: „Ja, Lothar. Der Piet möchte eigentlich long gehen...", erklärte er gedehnt, „...aber er traut sich nicht. Gucke, gucke, aber nicht kaufen, sagen die Holländer immer."

Piet wußte mit der subtilen Provokation umzugehen: „Ja genau. Das sagen sie allerdings immer zu Deutschen, die im Rotlichtviertel von Amsterdam die Mädchen angucken! Kümmere dich um deinen eigenen Trainee, wir müssen uns konzentrieren."

Zwischenzeitlich setzte der Markt tatsächlich zum Höhenflug an, was unmißverständlich durch einige Flüche angezeigt wurde, die aus der Ecke des Dax-Händlers kamen. Resultierend aus seiner nahezu permanenten negativen Marktmeinung hatte Frans gerade einen stattlichen Put-Spread aufgesetzt. Das heißt, er wollte ihn aufstellen - was er bisher erreicht hatte, war der Kauf von 500 Puts. Der Verkauf der entsprechenden Puts mit niedrigerem Basispreis war ihm mißlungen. Nun stieg der Dax Punkt für Punkt.

Frans schwitzte leicht gerötet, starrte hoch konzentriert auf seinen Monitor und feuerte unterstützend weitere Begriffe aus der Welt der Bauernhöfe und Agrarbetriebe auf seinen unsichtbaren Gegner ab.

Piet bekam, gerade noch rechtzeitig, seine Daimler Calls zu 11,90 DM und die Atmosphäre im Handelsraum begann sich zu erhitzen.

„Massive Buying in Deutsche!", schallte es von vorne links.

„Ja, äh, hier auch, in Thyssen!", wußte der zweite Junior, Helge, beizusteuern.

„Weiß jemand wieso? Da muß was raus sein. Piet, kam eine Meldung über Reuters?"

Der Dax stieg um weitere fünf Punkte.

„Habe ich nicht gesehen! Daimler knallt hoch! Was machen die? Die sind schon vier Geld."

Lothar versuchte krampfhaft und mit zusammengekniffenen Augen das Geschehen zu verfolgen. Der DTB-Monitor zeigte durch permanentes Aufblinken in den einzelnen Serien, daß Bewegung in den Markt gekommen war. Daimler wurde inzwischen mit 604,90 DM bezahlt.

„This is the worst day of my life! I can´t believe it!", schrie Frans und korrigierte seinen wohlerzogenen Eindruck.

„Trading like mad...bollocks... I´m loosing my arse..." Er war bis zum Hals short.

Piet rollte blitzschnell mit seinem Sessel einen Meter nach rechts und hackte auf der IBIS-Tastatur herum. Hektik. Gordon, eine Sekunde langsamer als Piet, wollte ebenfalls an diesem Terminal im IBIS-Markt handeln, denn beide versuchten in der Gunst der Stunde ihre Long-Positionen durch Verkaufen von Aktien glattzustellen, aber auf der schnellen Jagd nach Gewinnen ergaben sich Komplikationen:

„Piet, was machst du?", brüllte Gordon. „Du hast zu dicke Finger. Du brauchst zu lange. Sei mal Brief in Deutsche. Was kriegst du um sieben herum?"

„Ich weiß nicht, das Scheiß-System hängt. Kann nichts eingeben...Leitung von hier bis Tokio...", stieß Piet ratlos hervor.

„Ja, ja, weil du wieder zwei Tasten gleichzeitig gedrückt hast!"

„Bei uns stoppt es langsam, Jungs." Die Worte kamen von Helge, der als fortgeschrittener Trainee seelenruhig neben Gordons Schirmen saß und die Szene genüßlich beobachtete.

Piet konnte mittlerweile das IBIS-System reaktivieren und stellte sofort Briefkurse in den Markt. 1000 Stück Deutsche Bank wurden verkauft.

„Lothar! Schreib mal auf: Habe 500 Deutsche auf acht fünfzig und 500 auf acht neunzig gegeben und 1500 Daimler für Gordon verkauft. Glaube wir sollten...", rief Piet in den Raum.

„Verkauf mal die 500 Thyssen, die auf zwei fünfzig Geld sind!"

„Gemacht."

„O.K. Ich bin in meinen Werten glatt!", verkündete Gordon lächelnd.
„Money in the pocket!"
Die Situation schien sich zu beruhigen.

„Komischer Markt. Die Bunds machen gar nichts und der Dax knallt um 12 Punkte hoch. Aha, der Dollar! Der war schuld. Ist um fast einen halben Pfennig gestiegen. Deshalb!" Piet analysierte nachträglich den Grund für den Anstieg des Marktes, rollte bedenklich langsam zu seinem Platz zurück und schaute Lothar herausfordernd an. Er war am Anfang der Aufwärtsbewegung durch den Kauf seiner Daimler-Calls long gegangen und hatte die Position durch Verkauf von Aktien nahezu glattgestellt. Soweit die Theorie. Er hatte zweifelsohne Geld verdient.

„Weißt du, welche Position wir jetzt in Daimler haben?", fragte er, ohne den Blick vom Monitor abzuwenden.

„Nein... du?", gab Lothar unglücklich zur Antwort.
Der Lehrmeister überhörte, aus Ermangelung einer passenden, zurechtweisenden Antwort, die Gegenfrage und stellte statt dessen die nächste Aufgabe:

„Rechne mal aus: 40 Calls long auf elf neunzig und die Aktie verkauft auf - was hast du aufgeschrieben?"
Lothar spitzte den Bleistift und schielte hilfesuchend zum Taschenrechner.

„Nein, nein. So etwas rechnest du im Kopf!"
Lothar stellte sich statt dessen einige Fragen: Ging das hier alles zu schnell für ihn, oder war er zu langsam? Aktien kaufen und glattgehen mit dem Verkauf von Calls? Und überhaupt, wie berechnet man dann den Gewinn? Zahlen über Zahlen und Fragen über Fragen, die er an seinem ersten Arbeitstag weder durch Kopfrechnen, noch durch Einbeziehung elektronischer Hilfsmittel bewältigen konnte. Schließlich hatte er keine spezielle Vorbildung auf dem Gebiet der Optionstheorien und konnte deshalb allerhöchstens die Charakteristika eines Calls und eines Puts erläutern und deren Break-Even-Punkte berechnen. Das von ihm abverlangte Wissen war das eines Fortge-

schrittenen und nicht das eines Erstsemestlers.

„Piet. Mal ganz langsam. Wir haben die Calls auf elf neunzig gekauft und das vierzig mal. Wie hoch ist denn dann der ausmachende Betrag insgesamt?"

„Elf neunzig mal 40 mal 50. Du multiplizierst alle Optionspreise mit der Kontraktgröße „50". Wenn du zum Beispiel einen Kontrakt kaufst, zahlst du an die Clearingstelle ein mal 50 mal den Preis, den du im Trading-Schirm erzielst. Also haben wir bezahlt: 11,90 DM mal 40 Stück mal 50 Kontraktgröße. Und was ist das?"

„..." Lothars Augen schrien nach elektronischer Unterstützung.

„Na los: 40 mal 50 sind 2000! Und das mal 11,90 DM? Ist doch ganz einfach, oder?"

„Moment, ..., diese vielen Nullen, ..., dreiundzwanzigachzig mit zwei Nullen, also 23.800 DM."

„Na bitte! Das geht auch ohne Kalkulator. Merk dir, daß du solche Sachen viel schneller im Kopf rechnen kannst, als mit Elektronik. Da bleibt dein Kopf frisch und im Training."

„Gut, das habe ich verstanden. Wir haben also demnach 23.800 DM für die Calls bezahlt. Das ist ein Gewinn von 3,60 DM pro Option. Das mal 40 entspricht einem Gewinn von etwa 7.000 DM Gewinn!"

„Ja, Nein. Wir haben doch Aktien gegeben. Auf 608,30 DM, 2000 Stück. Also?"

„2000 mal 608,30 DM. Das sind... Das waren ja mal eben 1,2 Mio DM!"

„Allerdings ist das nur die Investition, das heißt, bei einem Verkauf wie in diesem Fall, das Geld, welches wir bekommen. Den Gewinn kann man anders berechnen: Long durch 40 Calls mit einem Delta von 0.5. Das entspricht etwa dem Kauf von 1000 Aktien auf 602 DM. 2000 Daimler haben wir auf 608,30 DM verkauft. Also ein Gewinn von 1000 mal 6,30 DM. Und zusätzlich sind wir 1000 Stücke short. Hoffentlich geht's jetzt wieder runter. Hast du das kapiert?"

KAPITEL III

- DAS IST EIN STRADDLE -

Vier bittere Wochen später hatte Lothar die Theorie größtenteils im Griff. Er wurde von den angestammten Händlern akzeptiert und etablierte darüber hinaus seine eigene Art von Humor, die von Parodien bekannter Persönlichkeiten bis zur Nachahmung der eigenen Kollegen reichte. Seine elementarste Tätigkeit, zumindest aus Gordons Sicht, war die Organisation des täglichen Mittagessens, die Lothar normalerweise mit einer halbstündigen Mittagspause im Bereich der Königsallee kombinierte. Hier konnte er seine tägliche Entspannungszigarette angemessen zelebrieren und nebenbei das bunte Treiben vor den Luxusboutiquen beobachten.

Aber an diesem Tag hatte Lothar schon früh verkündet, er wolle auf seine Mittagspause verzichten, denn es regnete in Strömen. Da bis auf eine Standard-Mikrowelle keine geeignete Kochvorrichtung vorhanden war, mußte, auch aus Zeitgründen, das Essen von auswärts beschafft werden. Unter diesen Witterungsbedingungen tat sich natürlich kein freiwilliger Bote hervor, und so erfolgte die Auswahl desjenigen, der das Essen beschafft, anhand des traditionellen Drei-Münzen-Spiels, das unter Börsenhändlern gepflegt wurde:

Jeder Teilnehmer hat drei Münzen zu Verfügung. Hinter dem Rücken wird nun von jedem Spieler keine, eine, zwei oder alle drei Münzen in die geschlossene Faust genommen. Anschließend halten alle Teilnehmer ihre Fäuste nach vorn. Der Verlierer des Vortages beginnt nun mit der Nennung der Anzahl von Münzen, die seiner Meinung nach mindestens in allen Fäusten vorhanden sind. Der nächste in der Runde kann jetzt entweder erhöhen oder aufdecken. Tut er letzteres, so verliert derjenige eine seiner Münzen, dessen Annahme falsch war. Das Spiel beginnt jedesmal von neuem, bis ein Spieler keine Münzen mehr besitzt. Und damit hat man den Kandidaten, der entweder das Mittagessen holt, den Kühlschrank mit Getränken auffüllt oder anderen niederen Tätigkeiten nachgeht, zu denen sich niemand freiwillig aufraffen kann. Nebenher befriedigt man den Spieltrieb von Aktienhändlern in ruhigen Handelszeiten.

Trauriger Verlierer des heutigen Drei-Münzen-Spiels war Piet, Lothars Ausbilder, der offensichtlich schlecht verlieren konnte.

„Lothar, hör auf zu grinsen! Tu lieber was Nützliches und versuche, in der Zwischenzeit Geld zu verdienen. Wenn du schöne Preise siehst, sollst du handeln. Wenn du Probleme hast, frag die Jungs!", lautete die knappe, halb holländische Anweisung.

„Moment, Piet. Was soll ich denn handeln?"

„Laß dir was einfallen. Ideen, Ideen..." Piet verschwand, mit den Händen rudernd.

Nun gut. Die Devise hieß „Learning by doing". Daß allerdings schon nach so kurzer Zeit ein Trainee Verantwortung über eine große Position übernehmen kann, kennzeichnete vor allem den holländischen Pragmatismus von Piet. Er hielt es für wichtig, Wissen und Erfahrung anhand eigener Trades zu erlangen. Börsenhandel war für ihn eine Disziplin, die man einzig und allein durch Praxis erlernen konnte.

Lothar versuchte als erstes, den Markt zu analysieren. Der Dax stand bei 2130 Punkten. Er war im Laufe des Tages um träge sechs Punkte gestiegen. Ansonsten versprach das geringe Handelsvolumen keine großartigen Überraschungen. Die Bunds bewegten sich lethargisch in einer Bandbreite von zehn Ticks, der Dollar fand keine Beachtung. Piets Position in Daimler war nahezu glatt und Daimler selbst klebte an der 650 DM-Marke.

„Bollocks...!" knallte es plötzlich aus der Ecke von Frans. Ein Indiz für einen Anstieg?

Lothar kaufte vorsorglich 10 Daimler-Calls Basispreis 650.

„Light buying in the Dax!", kam die Bestätigung.

„Hört mal Jungs. Ich glaube, es kann heute noch höher gehen. Meiner Meinung nach hat der Dax den Widerstand bei 2130 Punkten überwunden. Ich gehe long in Deutsche!" verkündete Gordon und kaufte einige Aktien im IBIS. Zusätzlich gab er noch einen größeren Geldkurs an dritter Stelle ein, um den Markt zu unterstützen.

Lothar fühlte sich bestätigt und kaufte kurzerhand weitere 10 Daimler-Calls.

Der Dax kletterte zwei Punkte höher, und Daimler wurde mit 651,50 DM bezahlt.

„Na bitte!", freute sich Lothar und proklamierte seine Käufe.

„Paß bitte auf, Lothar. Die Bunds gehen schon wieder tiefer", warnte der Chefhändler, der auf der anderen Seite saß und die ersten Gehversuche des Trainees beobachtete.

Tatsächlich driftete der Markt seitwärts, da die kleinen Ausschläge nach oben bereits nach kurzer Zeit stoppten. Die Bewegungen entstanden eher zufällig. Insgesamt herrschte ein sehr ruhiger Markt, den Lothar freilich nicht als solchen klassifizierte. Er hielt die Bewegung für eine Herausforderung an seine Schnelligkeit. Nach zehn Minuten wurde ihm allerdings bewußt, daß Daimler nicht viel höher steigen würde, aber immerhin hatte er ja 20 Calls gekauft, als der Wert bei 650 DM stand. Augenscheinlich war es jetzt an der Zeit, die Gewinne mitzunehmen.

Lothar gab nach knapper Überlegung einen Geldkurs in den 650 DM-Put ein, um bei einem Absinken der Kurse die Position zu neutralisieren. Nach erstaunlich kurzer Zeit wurden zehn Puts an ihn verkauft. Leiser Zweifel regte sich in seinem Hirn. Sollte es wirklich so einfach sein? Vorsichtig geworden, löschte er erst einmal sämtliche Geld- und Briefkurse in seinem Handelsschirm. Die Gesamtposition war immer noch ein wenig long.

„Also, Gordon. Was ist mit deiner Superhausse? Gordon Geckos antizyklisches Analysezentrum: Immer genau das Gegenteil traden. Wie stehst du denn jetzt?", spottete Helge selbstbewußt über seinen Ausbilder.

„Ich habe schon längst Puts auf Spitzenpreise gekauft, Helge. Ich bin der Markt!"

Die Situation wurde für Lothar brenzlig. Leicht nervös geworden, versuchte er, ebenfalls Puts „auf Spitzenpreise" zu bekommen. Er war diesmal vorsichtiger und gab einen niedrigeren Geldkurs ein, während der Dax um weitere drei Punkte absackte. Zehn Sekunden später bekam Lothar für ihn erstaunlicherweise dennoch seine Puts.

Anscheinend wollte jemand genau diese Puts loswerden, dachte er sich. Der Markt in Daimler stand 650 DM auf 651 DM.

„I have this funny feeling...", begann Frans. „This funny bearish feeling. Hey, Mr. Daimler trader. How is your position?"

„Well...Frans. Everything´s under control. No problem", entgegnete Lothar und kaufte kurzerhand noch ein Zehnerpack Daimler-Puts. Er wunderte sich nur kurz über die ansteigende Zahl hinter dem Gamma-Zeichen, mit der er nichts anfangen konnte. Aber er war sich sicher, bei weiteren Kursverlusten Daimlers Geld zu verdienen.

„Selling Daimler..." verkündetete er. Und tatsächlich stand oben auf dem DTB-Handelsschirm bereits 649,80 DM.

„Bin übrigens wieder short!" setzte er noch dazu. Sein Delta betrug mittlerweile -800. Das bedeutete, wie er gelernt hatte, daß die Position pro eine DM Kursverlust Daimlers 800 DM Ertrag brächte. Die Sache fing langsam an, ihm Spaß zu machen. Schließlich handelte er das erste mal eigenständig und zeigte dabei augenscheinlich keinerlei Skrupel vor dem Umgang mit großen Summen. War heute ein ganz besonders guter Tag für seinen Einstieg? 649,50 DM erschien auf der Ticker-Leiste. Aber kurze Zeit später war auch der Kursverfall ausgereizt, denn ein hartnäckiger Geldkurs im IBIS wollte einfach nicht verschwinden. Lothar murmelte noch etwas von „Gewinne einfahren" und stellte bereits wieder einen Geldkurs in den 650 DM-Call. Irgendwie schien ihm der Kauf von Optionen mit diesem Basispreis wesentlich einfacher zu sein als der Verkauf.

„Ich versuche, wieder glatt zu gehen!", rief er ambitioniert.

„Gut so, Lothar. Was machst du denn genau?", hakte Gordon nach.

„Ich gehe mit der gleichen Optionsserie glatt."

Gordon schien zufrieden, und im gleichen Moment hatte Mr. Daimler weitere zehn Calls gekauft. Der Preis war 12,20 DM und kam ihm irgendwie bekannt vor. Das Delta verringerte sich, und Lothar fühlte sich als Trader des Jahrhunderts. Um die Position komplett zu neutralisieren, stellte er einen weiteren Geldkurs in die Optionsserie, denn der Dax machte Anstalten, die 30´er Marke wieder nach oben zu überspringen. Prompt blinkte der DTB-Schirm auf und signalisierte, zeitgleich mit dem Eintreffen von Piet, den Kauf von zehn Calls.

„Zeit zum Essen! Und, Lothar? Hast du etwas machen können?", erkundigte sich Piet, noch im Mantel, stellte die Tüte mit dem dampfenden Essen auf den Tisch und setzte sich in seinen Sessel neben Lothar. Dieser empfand sich als Sieger, tat aber betont lässig, um die Normalität seiner Genialität zu unterstreichen: „Ich habe ein wenig hin und her gehandelt. Nichts Besonderes.", bemerkte er lapidar.

Piet analysierte mit geschultem Blick die Position auf dem Optionspreismonitor. Anschließend kontrollierte er Lothars Käufe anhand des Trade-Screens. Irgend etwas schien ihm zu mißfallen; er sagte aber nichts, tat sehr beschäftigt, kassierte erst von jedem das Geld für die Mahlzeiten und fing an, stillschweigend und genüßlich seinen Obstsalat zu verspeisen. Durch die beunruhigende Ignoranz wurde Lothar unsicher und hakte nach: „Hast du gesehen, was ich gehandelt habe?"

„Ja, habe ich.", murmelte Piet als Antwort, schaute kaum auf und widmete sich seinem sportlichen Vitaminsalat.

Nach weiteren fünf Löffeln Obst hatte er endlich seine Fruchtschale bewältigt, wischte ostentativ mit einem Stück Klopapier seinen Mundwinkel ab und drehte sich bedrohlich langsam in Lothars Richtung.

„Du Schwein", meinte er ganz ruhig.

Lothar blieb das Essen im Halse stecken - wußte er doch überhaupt nichts mit dieser Äußerung anzufangen. Wenn das die sprachliche Umsetzung eines Lobes darstellen sollte, müsse man Piet doch noch einen Deutsch-Sprachkurs finanzieren, dachte er gerade noch. Dann explodierte Piet:

„Da laß ich dich einmal an meinen Schirm, verpißt du gleich mein ganzes Geld. Schau doch mal, was du getan hast! Du sollst nicht einfach nur gucken, gucken und sofort alles kaufen. Du sollst auch deinen Kopf benutzen. Schwein! Denken! Was hast du gekauft? Hier, Calls und Puts mit gleichem Basispreis. So? Was ist das? Lothar, das weißt du doch...", rief er aufgebracht. Unterstützend flog noch ein Schwall holländischer Schimpfwörter in den Raum, die wahrscheinlich nur Frans einzuordnen wußte. Lothar dämmerte langsam, daß hier einiges schief lief. Plötzlich zuckte es durch sein Hirn: Calls und Puts gleichzeitig kaufen. Das ist doch, das war doch...

"... ein Straddle!", stammelte er.

"Ja verdammt! Und zwar mit einem Scheißpreis. Wenn Daimler jetzt bei 650 DM bleibt, verliert der Straddle die Prämie. Außerdem sinkt die Volatilität in diesem ruhigen Markt. Das kostet, Lothar, das kostet!", prophezeite Piet.

Daimler schloß an diesem Tag mit 650,20 DM, was nahezu dem Eintritt eines "Worst-Case-Szenarios" gleichkam, und nun verstand auch Lothar, wieso er die Optionen so schnell im Markt kaufen konnte: Andere Marktteilnehmer hatten erkannt, daß Daimler auf gleichem Niveau stagnieren würde und verkauften die Optionen mit diesem Basispreis. Der einzige Käufer war Lothar. Seine erste Aktion als Börsenhändler kostete schmerzhafte fünftausend DM. Gleichwohl nahm er den Vorfall auf die leichte Schulter und deklarierte ihn als "Generalprobe", die "nur Gutes verhieße".

Wenn es denn stimmt, daß das Leben eines Händlers nicht über Rosen, sondern höchstens über deren dornige Stengel geht, führt das Leben eines Trainees im Vergleich dazu mit Sicherheit über glühende Kohlen.

Zumindest in besagtem niederländischen Handelshaus gab es keinen Gärtner mit Spezialgebiet "Rosen". Die zwei Trainees hatten eher den Eindruck, morgens eine antike römische Galeere zu betreten, wobei der Taktgeber seinen Platz an der Trommel schon eingenommen und auch der Folterknecht seine Sonntagspeitsche längst aus dem Schrank geholt hatte.

Piet und Gordon waren dafür zuständig, daß Helge und Lothar zu Terminhändlern herangebildet wurden. Gordons Methode, Wissen in gemütlicher Kneipenatmosphäre abzufragen, war dabei nur eine kleine Sparte seiner reichhaltigen Palette an Peinigungen. Lehrte Gordon während der Handelszeiten, sozusagen unter „Einsatzbedingungen", erinnerte er mit seinem Stil mehr an einen Spieß der Fremdenlegion als an einen seriösen Ausbilder.

Hatte der Chefhändler beispielsweise tags zuvor erläutert, wie der Break-Even-Punkt eines „eins auf zwei" Spreads berechnet wird, setzte er am nächsten Morgen voraus, das dieses Thema auch wirklich verstanden war. Diese Version einer Optionsposition konnte sein Schützling dann natürlich entwickeln und mit der Version „eins auf drei" kam er zur Not auch noch klar, die Berechnung dauerte aber schon länger. Warum auch nicht, man hatte ja immer genug Zeit, genau darüber nachzudenken. Doch Irrtum!

Im Tagesgeschäft des Terminhandels müssen wichtige Entscheidungen in kürzester Zeit getroffen werden. Das soll natürlich keineswegs heißen, daß diese Entscheidungen unüberlegt oder überstürzt sind. Es geht darum, Lösungen so schnell wie möglich korrekt zu erarbeiten. Und diesen Druck vermittelte Gordon in anschaulicher Weise:

„Helge!", brüllte er mit einem Mal durch den Handelsraum, was eigentlich gar nicht nötig war, schließlich saß Helge ja neben ihm.

„Was für ein Preis! Siehst du das?" Gordon deutete blitzschnell auf eine Stelle des Monitors.

„Wie, was, wo denn? Welcher Monat, welcher Basispreis?", erwiderte Helge angestachelt.

„Da, 1,53 DM, mach die Augen auf! Den kann ich direkt gegen den hier machen, bekomme ich noch 23 Pfennig für, ach was, den mache ich für 26 Pfennig, obwohl, nicht reich rechnen. Man darf sich nicht reich rechnen Helge, merk dir das. Scheiße, die eine Mark dreiundfünfzig sind weg!"

Die 1,53 DM waren also vom Bildschirm verschwunden, aber Helge mußte trotzdem rechnen.

„Ich mache den Spread zwei auf fünf. Berechne die Break-Even-Punkte!", lautete das nächste Kommando.

Das war alles an Information. Helge saß da und dachte: „Eins auf irgend etwas, einfach. Aber was meint der jetzt mit zwei auf fünf?" Während er noch damit beschäftigt war, den Sinn der Worte zu ergründen, stand Gordon plötzlich hinter ihm. Und zwar nicht einfach so, sondern mit einem schwarzen Regenschirm in der Hand. Damit trommelte er auf den eigenen Schreibtisch, gestikulierte mit der freien Hand wild in der Luft und sang ein holländisches Seemannslied. Während dieses Spektakels sollte sich Helge konzentrieren und blitzschnelle Kopfberechnungen durchführen. Dauerte die Berechnung nach Gordons Einschätzung zu lange, oder war die Antwort sogar falsch, bekam Helge mit dem Regenschirm auch direkt den ein oder anderen übergezogen.

Alles nicht ganz normal in dieser Branche, dachten sich die Trainees in der ersten Zeit. Besonders der Chefhändler fiel durch seine sadistischen Praktiken aus dem Rahmen. Allerdings zeugten seine Methoden von Erfahrung, und meist versteckte sich doch ein Sinn hinter den Aktionen.

Die Regenschirm-Eskapaden beispielsweise sollten die Konzentrationsfähigkeit unter „erschwerten" Bedingungen trainieren, die Gordon selbst als Trainee an der Londoner Terminbörse LIFFE erlebt hatte. Wer einmal das Geschrei und Gebrüll auf dem Parkett der größten europäischen Optionsbörse miterlebt hat, kann sich bildhaft vorstellen, daß Entscheidungen und Überlegungen nicht in sanfter und entspannter Atmosphäre entwickelt werden. Blitzschnell, knapp und emotionslos sollte ein Händler auf verschiedene Einflußfaktoren reagieren. Einflußfaktoren sind dabei auch die Verhaltensweisen anderer Trader. Aus diesem Grund sind in allen Handelshäusern und Banken die verschiedenen Händler und Sales-Mitarbeiter in einem großen Trading-Raum zusammengefaßt. So können Informationen direkt ausgetauscht werden, und die hitzige Atmosphäre stachelt zusätzlich jeden einzelnen Händler an.

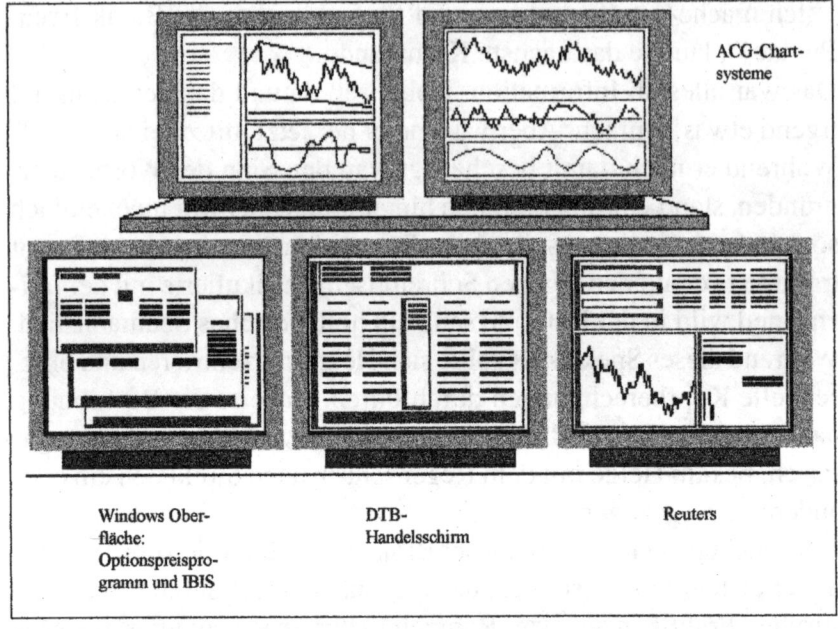

ACG-Chart-
systeme

Windows Ober-
fläche:
Optionspreispro-
gramm und IBIS

DTB-
Handelsschirm

Reuters

„Aber wie wird dieser Nervenkrieg entschädigt?", fragen Sie sich als Leser sicherlich. Diese Frage wird von den Händlern vorzugsweise am Ende eines Geschäftsjahres gestellt. Denn dann geht es um die Beteiligung eines Mitarbeiters an seinen Erfolgen in Form einer Bonifikation. Diese richtet sich natürlich nach dem Ergebnis der Handelstätigkeit jedes einzelnen Traders. Oftmals, wie auch im Hause JDP, berechnet sich der Bonus aus einem Prozentsatz des Nettoergebnisses eines Händlers. Nicht selten hat ein Seniorhändler eine Vereinbarung von bis zu 30 Prozent, die in einem guten Jahr das Grundgehalt mehr als verdoppelt. Dieses Lohnsystem wird insbesondere in den angelsächsischen Ländern angewandt und läßt dort Spitzengehälter zutage treten, die einige Trader innerhalb eines Jahres zu Multimillionären machen. In den großen deutschen Banken ist ebenfalls ein Trend zu dieser erfolgsabhängigen Entlohnung zu verzeichnen, gleichwohl legt man hierzulande in den philiströsen Instituten immer noch mehr Wert auf die Sicherheit des Arbeitsplatzes, als auf die Beteiligung eines Mitarbeiters an seinen Leistungen.

Nachdem sich Helge ein halbes Jahr an der Seite seines Trainers profiliert hatte, wurde ihm unter dessen Verantwortung ein eigener Wert zur Verfügung gestellt, an dem er die ersten Erfahrungen sammeln sollte. Es handelte sich dabei um die Aktie Thyssen, einen der umsatzschwächeren Werte, der aber auch kleinere Fehler verzieh, da Profihändler diesen Wert in der Regel nebenher handelten und deshalb nicht ganz so aufmerksam beobachteten wie ihre Hauptwerte.

Helge bekam nun ein eigenes Account, in dem alle Transaktionen verbucht wurden, die er tätigte. An jedem Morgen wurde anhand der P/L (Profit and Loss) der Erfolg oder Mißerfolg des Vortages für jeden Trader aufgezeigt. Die P/L (man spricht: P and L) entspricht einem Konto- und Depotauszug eines Händlers, der von der Clearingstelle aufgestellt wird.

Mit nunmehr eigenem Arbeitsplatz und extra für ihn installierten Monitoren freute sich Helge selbstverständlich als erstes darüber, daß er sich nicht mehr in nächster Reichweite seines Ausbilders befand. Gordons gefürchteter Regenschirm verschwand in der Abstellkammer, und Helge konnte sich voll auf den Handel konzentrieren. Aber dennoch, schnell wurde klar: Theorie und Praxis sind zwei paar Schuhe. Der Juniorhändler war zu Beginn noch viel zu langsam, um gute Preise zu erwischen. Mit kleinen Kontraktgrößen begann er das Spiel mit dem Markt und versuchte, mit Kalkül und Tücke Profit zu erzielen. Nach einigen Fehlversuchen, die ein beträchtliches Soll auf dem Konto „Ausbildungskosten" produzierten, entwickelte er langsam die nötige Routine, um alle Kursveränderungen auf den Handelsschirmen zu registrieren. Er bekam, wie viele Händler auch eine Art persönliches Verhältnis zu seinem Wert und einen siebten Sinn für kleinere Kursbewegungen der Aktie.

Zu dieser Zeit hatte Thyssen eine charakteristische Eigenart: Mitunter wurde das Papier tagelang wie angenagelt auf gleichem Niveau gehandelt. Mal zwanzig Pfennig hoch, dann wieder fünfzig Pfennig runter, aber unter dem Strich bewegte sich die Aktie eigentlich nicht. Plötzlich und unverhofft für die meisten Optionshändler brach dann und wann eine regelrechte Panik aus, welche die Aktie in kürzester Zeit um mehrere Prozente schwanken ließ. Da für den größten Teil der professionellen Marktteilnehmer Thyssen nur ein Stiefkind war, verpaßten viele die Bewegung und konnten ihre zuvor eingelegten Quotes nicht mehr löschen. So konnte Helge, der diesen Wert permanent beobachtete, so manches Schnäppchen machen. Tage mit unverhofften Bewegungen bedeuteten für ihn immer goldene Zeiten, besonders bei sinkenden Kursen.

In solchen Situationen war es oftmals geradezu lächerlich, welch überhöhte Preise für Puts gezahlt wurden, während man Calls auf der anderen Seite förmlich wegwarf. In diesen Märkten verkaufte Helge die Puts gleichzeitig mit der Aktie und versuchte anschließend, den entsprechenden Call billig zu kaufen. Eine andere Möglichkeit war der gleichzeitige Verkauf von teuren Calls und Puts (Short Straddle). In jedem Fall mußte der Handelsbildschirm aufmerksam beobachtet werden, um „schöne Preise" blitzschnell zu handeln. Zusätzlich hatte Helge verschiedene Quotes eingegeben, die er natürlich ständig an die Marktgegebenheiten anpaßte, um sich bei eventuellem Handel sofort profitabel zu hedgen. Am Ende des Tages neutralisierte Helge die Optionspositionen durch Anpassen seines Aktienbestandes und minimierte das Kursrisiko über Nacht.

Während Helge schon in der ersten Liga des Börsenhandels spielte, befand sich Lothar noch immer in den Niederungen des Trainee-Daseins. Er schwitzte nach wie vor an der Seite von Piet, der ihn aber immer öfter an den Handelscomputer ließ, um seine Eigenständigkeit zu trainieren. Die theoretischen Grundlagen hatte der Trainee mittlerweile verstanden und zeigte auch in der Praxis, daß

„Reaktionsschnelligkeit" kein Fremdwort für ihn war. Darüber hinaus beteiligte sich Lothar rege an Diskussionen über den Markt und wußte oftmals eine Bewegung richtig einzuschätzen. Sein Faible war die Chartanalyse. Deshalb ärgerte es ihn ständig, daß Positionen nur innerhalb eines Tages gehalten wurden. Hatte nach seiner Meinung ein Kurs einen bestimmten Widerstand durchbrochen, machte es für ihn keinen Sinn, die Spekulation schon nach kurzer Zeit zu beenden.

„Let your profits run and cut your losses!", bemerkte er eines Nachmittags und hob belehrend den Zeigefinger, als Daimler über einen ausgemachten Widerstand schoß.

„Ach Quatsch!", meinte Piet sofort. „Viel zu großes Risiko. Wie oft haben wir schon gesehen, daß Charts nicht funktionieren? Heute denkt euch: Der Widerstand ist 650 DM und morgen denkt euch: Scheiße! Nichts war mit Widerstand!"

Abgesehen davon, daß sich der Holländer über den Einsatz der deutschen Wörter „euch" und „ihr" im Unklaren war, stellte er klar, daß sein bisheriger Einsatz von Charts nicht von Erfolg gekrönt war. Der technische Analyse war für ihn unkalkulierbar und nicht empfehlenswert. Zu oft hatte er die Erfahrung gemacht, daß ein Kursverlauf offensichtliche Chartregeln mißachtete und eine Kursprognose unmöglich machte.

„Konzentrieren auf schöne Preise und schneller sein als andere - das ist erfolgreich!", stellte er fest und klopfte Lothar beherzt auf die Schulter.

„Schau dir Helge an: Genauso wie der sollst du demnächst auch selbständig handeln. Nicht nur neben mir sitzen und schlafen, das bringt nichts. Theoretisch weißt du ja schon fast alles, jetzt geht es an die Praxis: Handeln, handeln, Geld verdienen... und nächstes Jahr. einen Porsche fahren!"

Auf der anderen Seite des Handelsraumes knallte donnernd eine Faust auf den Tisch.

„Ach! Bloß keinen Porsche. Was erzählst du da unserem Stift, Piet?

Ein Porsche ist viel zu protzig. Du mußt das stilvoller machen", rief Gordon mit einem breiten Grinsen herüber und lehnte sich selbstgefällig zurück.

„Nimm beispielsweise mich. Womit schleppe ich die vielen Frauen ab? ... Na? ...Natürlich mit einem Alfa-Spider! Das hat Stil, das hat Klasse!"

Piet, seines Zeichens versierter Audi-Cabrio-Fahrer, schlug laut lachend auf die Handelstastatur, was beinah zu einem unbeabsichtigten Trade führte.

„Wie war das? Wie oft fährst du im Monat mit deinem Gerippe zum Mechaniker? Du sollst doch wissen, daß Italiener keine Autos bauen können", entgegnete er.

„Na und? Fakt ist aber, daß mehr Frauen bei mir einsteigen als in deine Senioren-Schüssel. A-Aber das ist auch kein Wunder..." Gordons Stimme wurde lauter und, wie immer, wenn ihn etwas erregte, begann er ein wenig zu stottern:

„...S-So wie du wahrscheinlich Frauen ansprichst, wird das nie etwas mit Amore in Deutschland", prustete er und versuchte, Piets Akzent zu imitieren:

„S-Sollst du mir deine Telefonnummer geben, Schatzi, d-damit ich dich anbellen kann..."

Die anderen Händler wußten bereits, daß „bellen" die holländische Bezeichnung für „anrufen" war, aber sie staunten über die brillante, wenn auch durch leichtes Stottern verfälschte Kopie der niederländischen Ausdrucksweise und zollten dem Gehörten Respekt in Form von tosenden Lachsalven.

„Sollst du mal be-besser deutsche Sprache lernen, Piet. Dann kalalappt's auch mit den Frauen!", brüllte Gordon und stieß vor lauter Aufregung seine Cola um, konnte sie aber mit einer blitzschnellen Bewegung auffangen und nahm umgehend einen tiefen Schluck. Das führte zu einer weiteren Verstärkung seiner freudigen Erregung und außerdem zu einem laut hörbaren, peitschenden Rülpser.

Mit dieser fatalen Eruption eskalierte die Stimmung in eine laute

Mischung aus schallendem Gelächter und semiprofessionellen, holländischen Formulierungen, die alle mit der grammatikalischen Unart „Sollst du" begannen. Helge stand fuchtelnd mit zwei Käsebrötchen in der Hand auf seinem Stuhl und krächzte dazu „Frau Antje aus Holland...", während Lothar mit drei Wassertomaten jonglierte und dabei auffallend versehentlich eine in den Mülleimer fallen ließ. Die Atmosphäre verfärbte sich in eine leicht anti-niederländische Einstellung, die dazu führte, daß Frans sich lachend mit dem Kommentar „Well, life´s not easy, mate!" mit Piet verbündete. Da die freundschaftliche Verbundenheit des Teams gewichtiger war, als vermeintliche politische Differenzen zwischen den Herkunftsländern der Trader, schlug sich auch Piet mit beiden Händen auf die Schenkel, wählte bewußt die für ihn typische Formulierung und rief, um die Stimmung weiter aufzupeitschen: „Denkt euch doch, was ihr wollt!".

Unverhofft platzte das Klingeln des Telefons in die allgemeine Invasion des Frohsinns. Piet war der Schnellste und donnerte einfach nur „Deutschland" in den Hörer. Anscheinend war am anderen Ende der Leitung eine Person, die mit dieser Form der Begrüßung nicht einverstanden war, denn Piet schluckte hörbar und kräuselte aufmerksam seine Stirn. Zusätzlich hob er beruhigend seinen Arm, was den Lärmpegel, der immer noch im Raum lag, abrupt abebben ließ. Nach kurzem Auswechseln von holländischen Höflichkeiten, die darauf schließen ließen, daß es sich bei der fraglichen Person um eine Wichtigkeit aus dem JDP-Mutterhaus in Amsterdam handelte, leitete Piet das Gespräch in das Nebenzimmer, damit die Anwesenden davon ausgeschlossen wurden. Die somit gesteigerte Brisanz fand ihren Höhepunkt in Piets vielsagendem Blick in Lothars Richtung, während er sich auf den Weg in das Nachbarbüro machte.

Zehn lange Minuten später winkte Piet, nach Beendigung des Telefonats, Lothar und Helge in das Konferenzzimmer. Die beiden machten sich auf das Schlimmste gefaßt, obwohl sie sich keiner Schuld bewußt waren und trotteten hinüber.

„So Jungs", begann Piet, „das war Gijsbert aus Amsterdam. Er ist verantwortlich für alle Auslandsaktivitäten der JDP Holding. Das Gespräch war, wie sagt man, über euch?"

Piet schaute beide Trainees an und nahm die Brille ab, um sie zu reinigen.

„Komm schon Piet, mach es nicht so spannend!"

Piet setzte die Sehhilfe wieder auf und zeigte dann auf Lothar.

„Er sagt, Lothar habe mich lange genug von der Arbeit abgehalten. Er sei langsam in der Lage, sein Wissen umzusetzen. Deshalb sollt euch, also Lothar und du Helge, ab sofort gemeinsam Thyssen handeln. Das heißt, ihr entwickelt zusammen Ideen, sitzt nebeneinander und seid ab jetzt ein Team. Also Jungs: Glückwunsch!"

KAPITEL IV

- ARBITRAGE NACH ART DER JUNIORHÄNDLER -

Frans, ..."‚ - die vielen Tastaturen lagen fast übereinander. „Yes darling?"

„I need the Reuters-System. Can you move a little bit?"

„Oh. I thougt you want my body. Here comes trouble. Helge in action..." legte Frans los.

Helge lachte, was er immer tat, wenn Witze auf seine Kosten konstruiert wurden und tippte verschiedene Kürzel ein, um die Kursveränderungen seines Privatdepots zu kontrollieren.

„Eieiei.... Die Sonne geht unter. Meine Sun Mirosystems verlieren schon wieder einen Dollar", kommentierte er frustriert und ohne Lachen.

Nachdem das Team umorganisiert war, saßen Helge und Lothar nun zu zweit vor dem Thyssen-Schirm, während die anderen Kollegen ihre angestammten Werte handelten. Neben ihnen war Randolf positioniert, der sich mit dem Markt in Volkswagen und Commerzbank befaßte.

Randolf war ein knallharter Tageshändler. Er stammte aus Düsseldorf und kannte sich dementsprechend in der „Partyszene" aus. Mit seinen 24 Jahren und seinem schlanken, wendigen Körperbau war er der Prototyp des typischen Frauenkonsumenten. Ständig lief die eigens für ihn reservierte Telefonleitung durch Anrufe verschiedener Frauen heiß. „Bienemaus", „Sandy", „Carolaschatz" und andere Eroberungen tyrannisierten ihn auf Leitung sechs, die von Frans - verheiratet und zwei Kinder - kurzerhand in Sexline umbenannt wurde.

Trotz dieser Konzentrationsstörungen besaß Randolf, kurz Randy, die Fähigkeit, mit Aggressivität und Schnelligkeit den Markt in Volkswagen zu beherrschen. Sein Charakter war diszipliniert und kompromißlos und zeigte sich oft durch seine unnachahmliche Art, um jeden Pfennig zu kämpfen. Mehrmals arbitragierte er selbst im Kassahandel, indem er Aktienhändler in Frankfurt und Düsseldorf gegen den IBIS-Handel auszuspielen versuchte. Angesichts der Vernetzung der einzelnen Märkte wurde das ein zunehmend aussichtsloses Unterfangen.

Randolf als „alter Hase" und Gordon „der Schreckliche" umrahmten die beiden Junioren, die sich aufgrund gemeinsamer Leidenswege während der Trainee-Zeit gegenseitigen Respekt zollten. Außerdem ergänzten sich ihre unterschiedlichen Handelsmentalitäten auf vorteilhafte Weise, was im Laufe der Zeit auch zu außerberuflichen Kontakten führte, die sie meist in konspirativen Kneipen in der Altstadt pflegten.

„Komm schon Helge, laß mich mal wieder an die Tasten."

„Ja, ja, die halbe Stunde ist noch nicht um, hol du lieber etwas zum Mittagessen."

Szenen wie diese waren typisch und stellten die Nerven der älteren Kollegen auf eine harte Probe. Die beiden, zu zweit vor einem Schirm, den jeder am liebsten den ganzen Tag für sich allein hätte - das gab Diskussionen. Hektik und Anspannung bestimmten den Tag. Dazu kam noch eine eigene Art von Humor der beiden, mit der nicht jeder etwas anfangen konnte.

Als Helge an diesem Tag die Vorherrschaft über die Tastatur hatte, witzelte Lothar über die Kleidung des Kollegen:

„Na, Helge? Heute wieder deine Nadelstreifen angezogen? Der Anzug - tadellos. Aber muß denn das Geschirrspülhemd darunter sein?"

Helge zupfte sein rotkariertes Hemd zurecht und lachte mal wieder, während er aufstand, um sich ein Getränk aus dem Kühlschrank zu besorgen. Lothar beobachtete konzentriert den Monitor und schien etwas entdeckt zu haben:

„Helge, komm zurück! Ich glaube, hier stehen gute Preise im Schirm. Da bietet jemand unglaubliche Geldkurse im 280'er Put in Thyssen."

Als Helge erwartungsvoll angeschossen kam, hatte Lothar bereits den Taschenrechner in der Hand und kalkulierte mit verschiedenen Preisen. Tatsächlich leuchtete auf dem Optionspreismonitor der Geldkurs in der 280 DM-Serie grün auf, was bedeutete, daß der Preis über dem fairen Preis lag.

„Helge schau mal. Die sind hier Geld für 20 Kontrakte. Können wir nicht irgend etwas dagegen hedgen?" flüsterte Lothar. Er war sich noch nicht ganz sicher und wollte seine Idee von Helge überprüfen lassen.

„Wahnsinn, da können wir ja direkt die Aktien gegen handeln und dann... wieviel Geld bringt das denn?", fragte Helge interessiert nach.

„Mit drei Prozent Zinsen gerechnet, Moment, so etwa 50 Pfennig pro Option!", erwiderte Lothar. Er berechnete die Arbitrage-Position.

„O.K. Lothar. Ich verkaufe die zwanzig Stück und du versuchst gleichzeitig die Aktien zu verkaufen", ordnete Helge an und setzte sich eifrig an den Tisch. Lothar rollte unterdessen mit seinem Stuhl zum IBIS-Terminal und stellte einen Briefkurs an die erste Stelle des Aktienmarktes. Zwischenzeitlich hatte Helge die zwanzig Kontrakte im Markt verkauft und kombinierte fieberhaft im Kopf: „Puts long und Aktien long. Nein, Moment, ganz ruhig Helge. Wir sind Puts short. Und die Aktien..."

„Helge! Wir haben die Aktien verkauft. Gleich 1000 Stück!", verkündetete Lothar hektisch. „Mach sofort den Call dagegen, damit wir kein Risiko eingehen." Helge, ebenfalls in helle Aufregung verfallen, verkaufte sofort zwanzig Calls und rieb sich die Hände.

„Spitzenpreise, Lothar. Gut gesehen. Das bringt Geld. Mal schauen, ob wir noch mehr Kontrakte handeln können."
Das ganze Prozedere wiederholte sich mit weiteren zwanzig Kontrakten.
Als die beiden Männer sich fast schon wieder vor ihren flimmernden Monitoren beruhigten, blinkte die Serie abermals auf. Diesmal hatte ein Marktteilnehmer einen Geldkurs für den Call eingegeben. Dieser Geldkurs war höher, als Helges Briefkurs kurz zuvor. Die zwei schauten sich fassungslos an. Plötzlich wurde ihnen bewußt, daß sie den Call falsch gehandelt hatten. Anstatt ihn zu verkaufen, hätten sie ihn kaufen müssen, um eine Arbitrage-Position zu vervollständigen. Glücklicherweise hatte noch kein

Ausbilder den Faux pas der Junioren bemerkt und den beiden lag auch nichts daran, diesen Zustand zu ändern. Lothar schaltete als Erster.

„Ich bin Geld im IBIS. Versuch du, die Calls wieder zu kaufen, um die ganze Geschichte zurückzudrehen", flüsterte er und fügte beruhigend hinzu: „Das kann ja mal passieren."

„Scheiße, Scheiße. Hoffentlich merkt das keiner", erwiderte Helge sichtlich nervös und schaute sich verdächtig um. Gordon war mit seinen Werten beschäftigt, und auch die anderen Trader schienen gänzlich auf ihr Geschäft fixiert zu sein.

„Oh, hier wird aber viel gehandelt!", rief Lothar gerade und kaschierte damit seine ständigen IBIS-Trades. Er saß vor dem Aktienhandelsschirm und versuchte zähneknirschend, 2000 Thyssen zu kaufen, die er zwei Minuten zuvor verkauft hatte. Kurze Zeit später bekam er sie sogar eine DM billiger als bei seinem Verkauf. In diesem Moment bemerkte auch Helge den leichten Kursrückgang und er konnte ebenso die Calls günstig zurückkaufen.

Mit ihrer vermeintlichen Fehlkalkulation hatten die beiden 2.500 DM verdient.

Spekulationsprofite entstehen allerdings nicht durch Glücksfälle, sondern sind das Ergebnis einer disziplinierten, systematischen Strategie. Das erfordert eine ständige, konzentrierte Arbeit, um ein einmal gesetztes Ziel zu erreichen. Es ist ein Trugschluß zu glauben, daß Börsenhändler allein aufgrund ihrer Stellung eine Lizenz zum Gelddrucken besitzen. Auch wenn Profis sicherlich in der Lage sind, Informationen und Stimmungen schneller und umfassender einzufangen als Privatanleger; die Hauptarbeit, das Umsetzen in eine profitable Strategie, erfordert ganz einfach Disziplin und harte Arbeit. Dabei vergessen Sie bitte nicht, daß sich ein Händler auf einer permanenten Gratwanderung befindet. Er hat nicht nur ständig das Ziel der Geldvermehrung im Auge, sondern auch das große Risiko des Verlustes im Nacken.

Für die Handelsabteilung einer Bank wird der Erfolg eines Traders ausschließlich an der Höhe seiner Gewinne bemessen, wobei der Break-Even eines Händlers, das heißt, die Summe, die er innerhalb eines Jahres erwirtschaften muß, um seine Unkosten zu decken, dabei je nach Adresse zwischen 0,5 Mio. und 1 Mio. DM liegt. Diese Summe muß erst einmal von ihm erarbeitet werden, um in die Gewinnzone zu gelangen.

Stellen Sie sich bitte den knallharten, psychischen Druck vor, der auf einem Trader lastet, der im ersten Monat des Jahres einen Verlust von einer halben Million realisiert! Der Druck wird dabei im Gegensatz zum Privatanleger, der diese Belastung ja nur vor sich selbst verantworten muß, ganz konkret durch Vorgesetzte ausgeübt. Ein Händler merkt sehr schnell, daß sein Stuhl zu wackeln anfängt, wenn seine P/L nicht der Vorstellung des Cheftraders entspricht. Dieser befindet sich natürlich auch in der Kette der Verantwortung, denn er wird wiederum am Erfolg seiner Handelsabteilung bemessen.

Die Rahmenbedingungen, innerhalb deren sich ein Händler bewegen darf, sind deshalb zwecks Risikokontrolle fest vorgegeben und werden bei den meisten Häusern anhand des Gesamtrisikos einer Handelsabteilung festgelegt. Eine wichtige Definitionsgröße, die in das Risikomanagement einfließt, ist das Positionsdelta. Ein Delta von 5000 entspricht beispielsweise einer Position von 5000 Stück Aktien long bzw. short. Eine Kursveränderung des Wertes um eine DM führt demnach zu einem Gewinn bzw. Verlust von 5000 DM. Bei Optionen ist das Delta der Faktor, der die erwartete Veränderung des Optionspreises im Verhältnis zu Preisveränderungen des Basiswert mißt. Bei Calls schwankt das Delta zwischen 0 und 1 und bei Puts zwischen 0 und –1.

Neben weiteren Faktoren, die das Risiko eines Engagements bemessen, gibt es die wichtige Kennziffer Vega. Sie bezieht sich auf das Volatilitätsrisiko der Optionen, denn der Preis einer Option besteht aus den Komponenten innerer Wert und Zeitwert, und letzterer hat einen großen Einfluß auf das Pricing von Optionen.

Die Handelsstrategien, die ein einzelner Trader innerhalb dieser Vorgaben verfolgt, sind dabei so unterschiedlich wie die vielen Facetten der Börse. In der Regel drehen Profis ihre Positionen wesentlich schneller als Privatspekulanten, die allein durch ihre Unkosten an ein längerfristiges Engagement gebunden sind.

Ein Privatanleger bemißt seinen Börsenerfolg an der prozentualen Steigerung seines Vermögens. Kann er mit seinem Ergebnis das aktuelle Zinsniveau am Kapitalmarkt schlagen, so hat er zumindest einen Achtungserfolg erreicht. Ein professioneller Marktteilnehmer an der Aktien- oder Terminbörse hingegen verfügt über kein vorhandenes Vermögen, welches er vermehren soll - ausgenommen sind Fondsmanager und Vermögensverwalter. Für einen Händler stellt das Kapital lediglich ein Instrument dar, mit dem er Engagements aufbauen kann. Möchte er eine Position eingehen, die Kapital erfordert, leiht er sich die benötigte Summe auf dem Geldmarkt und muß daher mit den zu zahlenden Zinsen kalkulieren. Auf der anderen Seite kann er allerdings auch Kapital einnehmen, insbesondere durch den Leerverkauf von Aktien oder durch Verkauf von Optionen. Das so erlangte Geld wird selbstverständlich auch angelegt und produziert Zinsen. Durch die Vielzahl der Geschäfte, die eine Handelsabteilung abschließt, entsteht daher ein permanenter Geldtransfer zwischen den Marktteilnehmern, der von den Clearinghäusern abgewickelt wird.

Die Börse lebt vom Kaufen und Verkaufen. Durch die Vielzahl der spekulativen Positionen besteht zwar ein enormes Risikopotential, aber die Chancen, die die Aktien- und Terminmärkte bieten, rechtfertigen das Traden und ermöglichen Gewinne, die einem Vielfachen der Kapitalmarktrendite entsprechen. Abgesehen davon orientiert sich kein Händler an der Rendite des eingesetzten Kapitals. Hier geht es um Handelsgewinne!

Um die hochgesteckten Erwartungen erreichen zu können, bestimmt die ständige Suche nach Gewinnchancen den Tagesablauf einer Handelsabteilung. Die aktiven Trader des Front-Office konzentrie-

ren sich zu 100 Prozent auf den Handel und lassen alle anderen Tätigkeiten, die durch ihre Arbeit entstehen, von angeschlossenen Abteilungen wie dem Backoffice erledigen. In diesem, etwas ruhigeren Bereich werden die verschiedenen Buchungen der Geld- und Wertpapiertransfere vorgenommen, Zins- und Dividendenzahlungen bearbeitet und die Wertpapierleihe gemanagt. Bei der Vielzahl von Trades, die einige Profis tätigen, ist die Arbeit der Mitarbeiter nicht zu unterschätzen.

Die Trading-Philosophie des JDP-Teams konzentrierte sich im Jahr 1995 auf äußerst kurzfristige Engagements. Offene Positionen wurden in der Regel spätestens am Ende des Tages geschlossen, oder durch einen Aktien-Hedge glattgestellt, um über Nacht kein Kursrisiko einzugehen. Resultierend aus der Schnelligkeit, mit der die Trades im Markt vollzogen wurden, entstanden die einzelnen Profite natürlich nur aus geringen Preisunterschieden, die für einen Privatanleger kaum ins Gewicht fallen. Grundlage für das professionelle Agieren im Aktien- und Terminmarkt waren die Abweichungen der einzelnen Optionen vom fairen Marktpreis, die damit ein kurzes Marktungleichgewicht repräsentierten und durch den Eintritt eines Traders wieder in die Balance geführt wurden.

Zusätzlich zu den Arbitragegeschäften, die eine hohe Anforderung an die Reaktionsschnelligkeit eines Traders stellte, versuchte die Handelsabteilung ebenso, kleinere Kursschwankungen auszunutzen. Hebelte man diese Preisveränderungen mit Optionen oder Futures und summierte die Ergebnisse der einzelnen Trades, so ergaben sich große Gewinnmöglichkeiten mit einem vergleichsweise geringen Risiko.

Meister des Intraday-Tradings war Frans, der ausschließlich den Dax-Future handelte. An manchen Tagen kaufte und verkaufte er den Future mehr als 200 Mal. Für seine Handelsentscheidung war der Future-Markt selbst wichtig, den er ständig nach vorhandenen Geld- oder Briefgeboten „abcheckte", um dann bei einer Kursbewegung auf der richtigen Seite zu stehen. Bis auf den Bund-Future und Wirtschaftsdaten, auf die der Dax in der Regel empfindlich *reagierte, interessierte ihn nichts. Schnelligkeit war für diesen Stil entscheidend, und so verwundert es nicht, daß Frans falsch liegende Trades schon nach ein bis zwei Punkten im Verlust glattstellte oder doppelt drehte.*

Um unverzüglich auf Veränderungen zu reagieren, saß er entsprechend angespannt und hochkonzentriert vor seinem Screen und beobachtete die kleinsten Bewegungen auf der Geld- und Briefseite.

Traten Faktoren ein, die sich seinem Einflußbereich entzogen, entwickelte Frans eine erstaunlich aggressive Haltung gegenüber dem Markt. Genervt und aufgeregt trat er unschuldige Mülleimer um, zerstörte dann und wann ein Telefon und unterstützte seine Anfälle mit Ausstößen wie: „This is the worst day of my life". Da er allerdings nahezu jeden Tag als den schlechtesten seines Lebens deklarierte, verlor dieser Kommentar im Laufe der Zeit an Brisanz. Vielleicht waren seine stürmischen Aktionen mit dem grundsätzlichen Pessimismus zu erklären, den er bei sämtlichen Begebenheiten an den Tag legte. Nach eigener Auskunft hatte er beim ersten Schritt auf deutschem Boden das Gefühl gehabt, daß hier demnächst „alles den Bach runter geht" und meinte zusätzlich auf Englisch: „It all gonna end in tears". Außerdem war der Dow Jones seiner Meinung nach schon lange überbewertet und stand kurz vor einem Crash.

Das letzte große Kursgemetzel im Jahr 1987 hatte Frans als Händler miterlebt und währenddessen mit Short-Positionen 1,5 Mio. Dollar verdient. In Erinnerung an diese Begebenheit entwickelte er scheinbar ein sehnsüchtiges Wunschdenken, was ihn zu einem absolut überzeugten Baissier formte.

Piet, Gordon, Randolf und die beiden Trainees waren alle mit Aktienoptionen der Deutschen Terminbörse befaßt, handelten aber bei Bedarf ebenfalls Dax- oder Bundfutures. Generell kauften und verkauften sie nicht mit der gleichen Schnelligkeit, dafür waren ihre Gesamtpositionen allerdings wesentlich komplexer und bestanden aus einer Vielzahl von einzelnen Optionsstrategien. Selbst für einen gestandenen Profi war es auf den ersten Blick schwer zu erkennen, auf welche Spekulation eine komplette Position angelegt worden war, da sie aus einzelnen Calls und Puts in verschiedenen Basispreisen und Verfallmonaten bestand. Daher benutzte man eine entsprechende Software, die sämtliche Kennziffern berechnete und Auswirkungen unterschiedlicher Marktszenarien prognostizierte.

KAPITEL V

- DER ABGANG -

Als an diesem Tag der kleine Zeiger der Wanduhr, der die Frankfurter Zeit markierte, Richtung fünf wanderte, konnten Helge und Lothar auf mehrere profitable Trades zurückblicken. Auf Grundlage ihrer überschlägigen Kalkulation sollten sie zwischen vier- und fünftausend DM verdient haben. Thyssen hatte sich weder im Parketthandel noch im IBIS-Handel wesentlich bewegt, aber dennoch war das Umsatzvolumen in den Optionen überdurchschnittlich hoch gewesen. Durch mehrere Intraday-Trades, die mit guten Preisen abgeschlossen werden konnten, sowie die Vortagsposition, einem Short-Straddle mit Basis 280 DM, hatten die beiden Trader profitabel agiert. Thyssen stand an diesem Tag unverändert bei etwa 283 DM, und die Calls und Puts mit Basispreis 280 DM verloren ihre Prämie. Man konnte förmlich zuschauen, wie nach und nach immer mehr Marktteilnehmer zu billigeren Preisen diese Optionen anboten. Die Volatilität der Optionen sank an diesem Tag um nahezu einen Prozentpunkt.

Um fünf vor fünf reckte sich Lothar, der heute neben der Handelsstation saß, genüßlich nach hinten und freute sich auf den verdienten Feierabend.

„Wir könnten unser Ergebnis noch ein wenig aufbessern", meinte er lächelnd, schnippte mit den Fingern und zeigte auf die Optionsserie mit dem Basispreis 280 DM.

„Indem wir mit niedrigen Briefkursen den Preis des Straddles weiter herunterdrücken und damit das Closing der DTB entsprechend manipulieren."

„Nein, nein", murmelte Helge unsicher „Das muß doch nicht sein! Wir haben ohnehin Geld verdient."

„Ich habe gehört, daß morgen Gijsbert aus Amsterdam kommen soll. Er wird sicherlich unser Ergebnis kontrollieren und hoch erfreut sein, wenn wir ihm exzellente Profite präsentieren können. Also versuch den Preis der Optionen weiter zu drücken", erklärte Lothar und fügte lautstark hinzu: „Prügel ihn runter, Helge!"

*Dieser Vorgang, den das Team allgemein mit dem Begriff „Marken"
bezeichnete und bei Bedarf auch anwendete, bezog sich auf Preis-
feststellung der DTB-Optionen. Die P/L, die das Tradingergebnis
des Vortages auflistete, wurde auf Basis der Closing-Preise der DTB
berechnet. Diese Kurse wiederum errechnet die Terminbörse aus
dem Durchschnitt der zuletzt gehandelten Preise und dem Quote, der
zuletzt im Markt steht. Als Market Maker besteht natürlich die
Möglichkeit einer geringfügigen Manipulation durch die Eingabe
von entsprechenden Quotes. Außerdem - und das ermöglicht eine
relativ einfache aber wirkungsvolle Preisbeeinflussung - kann ein
Market Maker auf seinen eigenen Quote handeln. So entsteht ein
Preis im Handel, bei dem Käufer und Verkäufer der Option identisch
sind, der aber mitunter stark von den üblichen Kursen abweicht.*

Genau das machte Helge kurz vor Handelsschluß. Er stellte einen
Quote in den Markt, wobei seine Geldseite geringfügig über dem letzten Bid lag. Im nächsten Moment verkaufte er zehn Kontrakte an sich
selbst. Der Bildschirm blitzte kurz auf und es erschien sein Geldkurs
als zuletzt gehandelter Preis. Sein Kurs lag 60 Pfennig unter dem normalen Marktpreis. Das Ganze wiederholte er mit dem 280'er Put.
Andere Marktteilnehmer mußte natürlich das Zustandekommen dieser seltsamen, in ihren Augen viel zu niedrigen Preisen verwun-
dern, aber da nur noch wenige Sekunden Handelszeit verblieben,
konnte kein Konkurrent einen Gegenangriff lancieren.
Zusätzlich plazierte Helge in allen anderen Optionsserien, in denen
er eine größere Position hielt, einen für ihn vorteilhaften Quote in
das Auftragsbuch. Genau eine Sekunde vor Handelsschluß gab er
die Aufträge frei und übertrug gleichzeitig alle Quotes in den Handel. Der halbe Handelsschirm leuchtete mit den vielen abweichenden Geld- und Briefkursen auf. Theoretisch hätten auch dieses Mal
andere Marktteilnehmer versuchen können, in der verbleibenden Zeit
auf diesen Quotes zu handeln, aber dafür war das Timing zu gut.
Einen Bruchteil später schloß der Handel.

„Ja, ja, ich hab es ja immer gewußt: Die Profis zocken ab, und der Kleinanleger bleibt auf der Strecke", denken Sie, verehrter Leser, wahrscheinlich und rümpfen verächtlich die Nase.

Nun ja. Das mag sicherlich vorkommen, aber bitte bedenken Sie, daß in diesem speziellen Fall niemand zu Schaden gekommen ist. Der Gewinn von 10.000 DM, der am nächsten Morgen auf der P/L der beiden Händler erscheinen sollte, war natürlich nicht real verdient, sondern lediglich ein „Papiergewinn".

Für alle Leser, die als Market Maker tätig sind, muß an dieser Stelle erwähnt sein, daß diese Manipulation natürlich verboten ist! Es hat sogar einen Fall gegeben, in denen die DTB in Frankfurt zwei Market Makern die Lizenz entzogen hat. Die beiden Trader, die bei zwei unterschiedlichen Adressen arbeiteten, hatten in großem Stil ganze Pakete von Optionen hin- und hergeschoben und damit den Preis über einen längeren Zeitraum erheblich manipuliert. Nach einiger Zeit kontrollierte die Handelsüberwachungsstelle das Zustandekommen der auffällig abweichenden Preise, und siehe da, Käufer und Verkäufer wechselten sich regelmäßig ab, gehörten aber doch jedesmal zu den gleichen Adressen.

Hoffentlich ist mit dieser Anmerkung auch der Gerechtigkeitssinn des Lesers, der sich als Kleinanleger in den Gefilden der Börse bewegt, ins rechte Lot gerückt.

„Mein Gott! Ich bekomme nichts geschenkt", resümierte Gordon seinen heutigen Tag. „Der Markt läuft mir aus den Händen. Ich bin einfach nicht mehr in der Lage, gute Preise zu handeln. Sobald ich eine Seite vollziehe, läuft mir die andere Seite davon und der gesamte Optionshandel stellt sich gegen mich. Als ich vor vier Jahren angefangen habe, war es wesentlich einfacher." Gordon stöhnte und stütze seinen Kopf mit beiden Händen ab. Er schaltete seine Monitore aus und schüttelte den Kopf.

„Und morgen kommt Gijsbert", jammerte er.

„Gibt es eigentlich einen Grund für seinen Besuch?", fragte Lothar.

„Schau mich an, dann weißt du es", resignierte der Trader. „Oder besser: Schau dir mein Account an."

„Wie war denn dein Tag?"

„Beschissen! Es hat mich etwa 25.000 DM gekostet."

„Dafür haben wir ein wenig verdient", bemerkte Helge nicht ohne Stolz.

„Ihr macht das schon ganz gut. Ich kann euch nur raten: Bleibt am Ball und versucht anders zu handeln als ich." Seine Worte überraschten. Es war das erste Mal, daß Gordon von seinem Handelsstil abriet.

„Versucht euren eigenen Weg zu gehen und laßt euch nichts einreden. Der einzige Lehrmeister ist der Markt selbst", empfahl er, und es schien, als ob er eine letzte Weisheit an die Jüngeren weitergeben wollte. In den letzten Wochen hatte Gordon mehrmals Telefongespräche geführt, die alle im Nebenzimmer abliefen. Worum es immer dabei ging, und mit wem er sich auch immer unterhalten hatte, wußte keiner, auf jeden Fall geschahen merkwürdige Dinge im Hintergrund.

Außerdem konnte Gordons bisheriges Handelsergebnis in diesem Jahr nicht auf einem brillanten Vorjahresergebnis aufbauen. Es war bereits Ende März und der Chefhändler, wie auch Piet konnten nach den ersten drei Monaten dieses Geschäftsjahres kein zufriedenstellendes Ergebnis vorweisen. Da lag etwas in der Luft, was die Spannung und den Druck während des Handels zusätzlich hochtrieb.

Helge und Lothar standen außerhalb der Wertung. Sie galten für die Firma immer noch als Investition, und keiner der Vorgesetzten ging von einem positiven Ergebnisbeitrag der beiden aus. Gleichwohl hatten sie im ersten Quartal des Jahres einen sechsstelligen Gewinn erzielt.

Die Unsicherheit, die das schlechte Handelsergebnis das Teams erzeugte, zeigte sich ganz deutlich in der Ignoranz des Chefhändlers gegenüber den beiden Trainees. In der Anfangszeit ihrer Tätigkeit hatte Gordon sämtliche Aktionen der beiden mit Argusaugen überwacht und mit ständiger Kritik bedacht. Doch in den letzten Wochen konzentrierte er sich nur noch auf seine eigene Tätigkeit und übergab die Verantwortung gänzlich an seine Schüler.

Diese wußten mit der neuen Freiheit umzugehen und handelten sofort nach ihrer eigenen Meinung. Vor vier Tagen hatten sie einen Straddle aufgebaut und die Position seither erfolgreich behalten. Früher hätte Gordon das Risiko unverzüglich abgelehnt und eine wesentlich schnellere Aktion verlangt. Doch mittlerweile schien dem Chef alles egal zu sein.

Das war langsam zuviel ungesunde Ignoranz für Lothar. Er schlug seinem Kollegen Helge eine Krisensitzung in der Düsseldorfer Altstadt vor.

Pünktlich um acht trafen sich die beiden im Poco Loco, einer geräumigen Szenekneipe in der Mitte der Düsseldorfer Altstadt. Helge schwitzte leicht in seinem Norwegerpullover mit Rollkragen, der eigentlich viel zu warm für diese Umgebung war, aber im normalen T-Shirt, das Lothar außerhalb des Büros zu tragen pflegte, wirkte er wie eine Bohnenstange. Die Kneipe war erst halb gefüllt und erlaubte noch eine Unterhaltung in normaler Lautstärke. Lothar setzte sich an die Bar und begann mit seinen Sorgen:

„Helge, irgendwas stimmt nicht. Seitdem ich bei JDP eingestiegen bin, hat das gesamte Team kein richtiges Geld verdient. Gut, wir zwei stehen im Plus, Randolf hat in etwa das Doppelte verdient, aber was ist mit Piet, Gordon und Frans? Mein Gott! Hast du mitbekommen? Ich glaube, Frans hat heute schon wieder zwanzigtausend verloren. Wie soll das weitergehen?", fragte er besorgt. Er fürchtete sich auch um seinen Arbeitsplatz.

„Ruhig Blut. Solange wir als Trainees keinen Verlust produzieren, brauchen wir uns keine Sorgen zu machen. Aber, sicherlich, letztes Jahr um diese Zeit hatte das Team mit drei Mitgliedern schon über zwei Millionen DM verdient", erklärte Helge.

„Wie lange kann sich das Mutterhaus in Amsterdam das noch leisten?"

„Ich weiß es nicht. Aber ich denke, daß dort grundsätzlich das Bedürfnis herrscht, im deutschen Markt präsent zu sein. Für uns stellt sich allerdings ein Problem: Die schnelle Handelstechnik, die bisher an der DTB profitabel war, weil Arbitrage funktionierte, wird in Zukunft immer schwieriger. Der Markt ist einfach liquider geworden."

„Wie lief es eigentlich, als Gordon zu Beginn der DTB handelte?"

„Das Geld lag auf der Straße! Die DTB war etwas völlig Neues für den deutschen Wertpapierhandel und keiner der inländischen Händler kannte sich mit den ungewohnten Instrumenten aus. Deshalb waren die kleinen holländischen, englischen und amerikanischen Trading-Häuser mit ihrer Erfahrung auch so erfolgreich. Sie wußten ganz einfach, wie man die Preise für Derivate stellen mußte", erläuterte Helge und kam dabei sichtlich ins Schwitzen.

„Schade, daß wir nicht schon in dieser Zeit im Markt waren."

„Pah!" Helge wischte mit der Hand durch die Luft. „Was glaubst du denn, was damals allein Gordon mit seiner Liffe-Erfahrung im deutschen Terminhandel abgezockt hat? Das ging in die Millionen. Und am Jahresende bekam er einen Bonus in Höhe von mehreren Hunderttausend DM!"

„Wie alt war er damals?", fragte Lothar neugierig.

„Zweiundzwanzig!" Die Antwort klang eher wie ein Vorwurf.

„Ich bin jetzt auch zweiundzwanzig!"

„Ja und? Du verdienst aber noch keine Millionen", stellte Helge klar.

„Das kann ja noch kommen", befand Lothar und bestellte einen Drink.

„Es wird schwieriger Lothar, glaub mir das. Damals funktionierte der Optionshandel nahezu risikolos. Man mußte einfach nur gute Preise erwischen und sich mit einem Gegengeschäft absichern. Conversions und Reversals waren früher mit einer DM-Preisspanne zu handeln. Die haben doch schon bei Handelsbeginn mehrere zehntausend DM abgeräumt."

„Wer?"

„Na Gordon, Piet. Und Randolf!"

„Nein, nein. Ich meine, wer war denn so dumm, diese schlechten Preise in den Markt zu stellen?", wollte Lothar mit einem Longdrink in der Hand wissen.

„Privatanleger. Teilweise auch noch Bankangestellte!" Helge regte sich auf. Wenn er etwas haßte, dann Unfähigkeit. Die Vorstellung, schon damals als Optionshändler tätig gewesen zu sein, machte ihn wütend.

„Als die DTB startete, begannen sehr viele Privatzocker mit Optionen zu hantieren. Sie hatten natürlich keine Ahnung von Optionspreismodellen und dem fairen Wert ihrer Instrumente. Wenn sie beispielsweise einen Call gekauft hatten und die Aktie stieg, warfen sie ihre Option mit einem fast willkürlichen Preis auf den Markt. Oftmals viel zu billig! Denen war egal, ob sie eine Mark mehr oder weniger zurückbekamen, die wollten einfach nur Gewinne realisieren. Wenn du damals als Market Maker den billigen Call kaufen und gleichzeitig den entsprechenden Put teurer verkaufen konntest, ..."

„..Call-Put-Parität. Das weiß ich mittlerweile auch!", betonte Lothar.

„Ja eben! Aber davon hatten die wenigsten Teilnehmer eine Ahnung! Deshalb war es eben für die Profis ein leichtes Geschäft", verdeutlichte Helge.

„Ich glaube ganz einfach, das man das große Geld nicht im Tageshandel verdienen kann. Die Bewegungen sind viel zu gering und kaum vorherzusehen. Statt dessen würde ich mittelfristige Positionen aufbauen, die auf größere Bewegungen ausgerichtet sind. Außerdem müssen die Positionen größer gemacht werden", schlug Lothar vor.

„O.K. Kollege, das kannst du ja morgen Gijsbert vorschlagen", unterbrach ihn Helge. Seine Augen waren schon während der letzten Ausführungen in eine andere Richtung gewandert und signalisierten nun eine erhebliche Konzentrationsstörung.

Zwei affektierte, jüngere Frauen lehnten hinter Lothar an der Bar und erregten seine Aufmerksamkeit. Eine der beiden trug einen viel zu dunklen Lippenstift mit schwarzer Umrandung, was den Eindruck erweckte, als käme sie soeben aus Alaska und leide an Erfrierungen zehnten Grades. Obendrein zeugten diverse Einschußlöcher in ihren Ohren von erfolglosen Piercingversuchen, die trotz der langen, schwarzen Haare nicht geheim blieben. Ihre Begleiterin, auf die es Helge zweifellos abgesehen haben mußte, entsprach dem kompletten Gegenteil: Groß, blond, blaue Augen. Bei jedem Lacher, den sie in regelmäßigem Abstand von zwanzig Sekunden ausstieß, wippte ihr gesamter Körper inklusive der respekteinflößenden Wölbungen, die sich auf ihrem Jackett abzeichneten.

Seit mehreren Minuten fixierten die zwei Mädchen den Tisch der Börsenhändler, bis es Helge zuviel wurde:

„Ich glaube, da muß ich mal ein Steinchen in den Teich werfen. Bin gleich wieder da", erklärte er kurz und trabte die wenigen Schritte zu den beiden hinüber. Das einzige, was Lothar dann noch verstehen konnte, war Helges halb professionelles „Hallo, was macht ihr denn so hier?".

Lothar nutze die Pause für einen Gang zur Toilette. Als er nach einigen Minuten wieder auf der Bildfläche erschien, beobachtete er Helge, der lässig an der Theke lehnend sein übliches Repertoire an Geschichten und Erzählungen vortrug. Die zwei Frauen schienen halbwegs interessiert, und so widmete Lothar sich dem nächsten Getränk. Seine Gedanken umkreisten immer noch die Frage nach dem Erfolg und dem Sinn oder Unsinn der Spekulation. Bei seinem Eintritt als Trainee hatte er sich den Job leichter vorgestellt. Nicht nur das tägliche Kalkulieren und Berechnen der Positionen, sondern auch die Erfolgswahrscheinlichkeit der ganzen Tätigkeit. Was machte es für einen Sinn, zehn Stunden täglich vor Monitoren zu sitzen und mit dem Ergebnis dieser Arbeit kaum die anfallenden Unkosten zu decken?

Lothar wischte die Gedanken beiseite und schaute zu Helge hinüber. Letzterer schien auf den ersten Blick kurz vor einer Eroberung zu stehen, denn er stand immer noch an der Seite der beiden Frauen und schöpfte aus seinem großen Fundus an Anekdoten. Lothar schaute näher hin und erkannte, daß das Interesse der zwei Mädchen gehörig abgenommen hatte. Sie blickten verdächtig oft in andere Richtungen und ihr Gesprächsanteil entsprach dem einer Pappwand. Helge versuchte zu retten, was zu retten war, ließ sich vom Ober einen Stift kommen und spendierte bei der Gelegenheit zwei großzügige Drinks.

Nun kam der schwierige Moment. Helge fuchtelte mit einem Bierdeckel in der Luft und stellte mit überzeugendem Grinsen die Frage. Die Blondine zögerte kurz, aber nach Blickverständigung mit ihrer Beraterin hauchte sie ihm doch die Telefonnummer ins Ohr. Der schaute, während er schrieb, triumphierend in Lothars Richtung und zwinkerte mit einem Auge.

Als Helge mit dem Bierdeckel in der Hand wedelnd zu Lothar zurück stolzierte, begannen die beiden Frauen lautstark zu kichern und verließen hastig die Bar.

„Was hast du denen denn erzählt?", fragte Lothar erstaunt. Er reichte Helge ein neues Getränk.

„Ach, die übliche Sache: Die Spitze des Rheinturms hätte eine 17,5 Meter hohe, glasfaserverstärkte Kunststoffkonstruktion, in der sich die Antennenanlagen für den Mannesmann-Mobilfunk befänden. Und der Architekt des Turms hieße soundso und blabla und so weiter", berichtete Helge.

„Was?"

„Na ja. Bevor ich fremde Frauen mit einer aufgesetzten Geschichte langweile, erzähle ich lieber gleich völligen Unsinn."

Die zwei lachten und prosteten sich zu. Langsam füllte sich der Laden und die Musik erzwang eine lautstarke Unterhaltung. Helge setzte zur nächsten Runde an, aber bekam nun wirklich ernste Probleme mit dem Norweger.

„Gleich mal an einen anderen Ort wechseln, Lothar. Es wird mir zu eng", brüllte er durch den Lärm und setzte sein Glas ab. „Hier ist sowieso nichts mehr zu holen. Unterhalten kann man sich besser woanders."

Auf dem Weg nach draußen zwängten sich die beiden an etlichen Gruppierungen vorbei, die ihnen den Weg versperrten. Der Kellner kämpfte sich mit seinem Riesentablett in der Luft durch die Masse und Lothar, der sich mit dem Kommando „Platz da!" den Weg freimachen wollte, bekam einen Ellenbogen in die Rippen. Helge stolperte an den beiden Türstehern vorbei und landete neben Lothar auf der Straße, auf der eine zehn Meter lange Schlange darauf hoffte, hereingelassen zu werden.

„Scheiß Laden!"

„Die wissen zwei gestandene Börsenhändler überhaupt nicht zu würdigen. Schau dir den rechten Türsteher an. Der Tölpel hat mich letzte Woche nicht reingelassen, weil ich Stoffschuhe anhatte und er behauptete, es wären Turnschuhe!" regte sich Helge auf.

„Tja, kannst dir ja ein Schild umbinden auf dem steht: Hier kommt Helge, der Börsenhändler! Ich schlage vor, wir nehmen die Ratinger Straße in Angriff. Da können wir draußen stehen."

Auf der Ratinger Straße war die Hölle los. Etwa 300 Jugendliche standen auf der Straßenkreuzung vor der „Uehl" und dem „Einhorn" und plauderten, lachten und grölten und machten jedem Auto, das verzweifelt versuchte, die gepflasterte Gasse zu passieren, das Leben schwer. Unzählige Biergläser lagen zertrümmert im Rinnstein. Einige landeten sogar in einem Cabrio, das den Fehler begann, offen, im Schrittempo, die Menge zu durchschneiden. Lothar steuerte sofort in die Mitte der Ansammlung und gesellte sich zu einigen Bekannten und Freunden aus der Studentenszene.

„Aha, da kommen die zwei Broker!" schallte es ihnen entgegen. Lothar zog Helge hinterher und sagte grimmig: „Erklär denen mal den Unterschied zwischen Händler und Broker. Ich bestelle in der Zwischenzeit etwas zu trinken".

„Zwei Alt für mich, bitte."

„Geht klar."

Er verschwand in der Kneipe und kam zwei Minuten später, grinsend, mit einem Riesentablett hoch über dem Kopf zurück. Auf dem Tablett schwankten zwölf randvolle Alt. Taumelnd hangelte er sich durch die Menge und rief: „Altbier, Altbier! Wer hat was bestellt?" Sofort bildete sich eine Traube um ihn herum, die versuchte, ihm die Gläser abzukaufen. Helge traute seinen Ohren nicht.

„Ein Alt fünf Mark!", verlangte Lothar. Er fing an zu übertreiben. Standardpreis eines Altbieres war 2,50 DM.

„Ja, was guckst du? Normalerweise wird hier draußen nicht ausgeschenkt. Ich mach 'ne Ausnahme und das kostet mehr. Ist doch klar", erklärte er einem konsternierten Käufer. Lothar wedelte mit einem Arm in Luft und verhandelte mit der mißmutigen Meute. Der Student schnaubte verächtlich und auch die anderen brummten mürrisch.

„O.K. Leute. Mein letztes Angebot. Ich bin 4,50 DM Brief", erklärte Lothar. Ein fragender, unverständlicher Gesichtsausdruck legte sich auf die Gesichter der Umstehenden.

„Drei Geld!", schallte es plötzlich aus der Menge. Es war Helge.

„Zwei Bier mit drei an den Herrn im Norwegerpullover. Der Preis bleibt drei auf 4,50 DM!", brüllte Lothar sofort zurück und wühlte sich in Helges Richtung. Die Traube tippte sich mit dem Finger an die Stirn.

„Real Time Settlement. Hier die zwei Bier." Er reichte sie Helge und verteilte die restlichen Gläser an die erstaunten Freunde.

„Die Runde geht auf mich, schließlich habe ich auch nichts dafür bezahlt. Das Tablett stand herrenlos auf dem Tresen", erklärte er, zuckte mit den Schultern und prostete den anderen zu. Zwölf Alt verschwanden in den Kehlen und der Abend setzte sich fort.

Zwischendurch legte Lothar diverse Rundgänge mit schwebendem Tablett ein, auf dem er leere Gläser einsammelte. Mit seiner Requisite präsentierte er sich als perfekter Kellner, pries lauthals Phantasiegetränke zu Spottpreisen an und nahm Bestellungen auf. Dabei quatschte er mit sämtlichen Frauen, sprengte einige Gruppen, indem er dem einen oder anderen willkürlich ausgewählten Hausverbot erteilte und unterbot die Bierpreise aller restlichen Kellner. Aber anstatt die Orders in die Kneipe weiterzuleiten, kurvte er zu seiner Gruppe zurück, stellte das mit Leergut überhäufte Tablett ab und zündete sich eine Zigarette an.

„Braucht jemand Biergläser?", lachte er.

Mittlerweile warteten natürlich einige Ungeduldige auf ihr ausstehendes Bier und warfen bedrohliche Blicke in Lothars Richtung.

„Das gibt Ärger", erkannte eine Freundin Lothars, aber da war er bereits wieder unterwegs. Er wanderte direkt, mit Zigarette im Mundwinkel und Tablett auf den gespreizten Fingern, zu den Auswerfern der tödlichen Blicke und erklärte leicht lallend, daß der Zapfhahn zugefroren sei und die Bestellung aus diesem Grund auf sich warten ließe. Er bat überschwenglich um Verständnis. Danach drehte er ab, nahm noch eine Bestellung auf und verschwand wortlos in Richtung Altstadt.

Nach hundert Metern hatte Helge ihn eingeholt und fragte atemlos: „Was willst du mit dem Tablett?"

„Kellnern!", kam die trockene Antwort und Lothar streckte zur Verdeutlichung den Arm mit dem Tablett höher in den Abendhimmel. Und tatsächlich: Als sie in die Altstadt einbogen und einige Kneipen passierten, häuften sich die leeren Gläser auf der Schale. Lothar nahm weitere Orders entgegen und ging, ohne seine Miene zu verziehen, durch die Gassen der Altstadt.

Als sie um die nächste Ecke bogen, prallten die beiden direkt vor die mittlerweile 20 Meter lange Schlange der wartenden Poco Loco-Gäste. Hoch erhobenen Hauptes balancierte Lothar das Riesentablett auf seinem gestreckten Arm, taumelte, verlor dabei zwei leere Gläser, die krachend zu Boden gingen und kreischte: „Vorsicht! Vorsicht, Leute, aus dem Weg!"

Die Menge teilte sich und Lothar wandelte, wie Moses durchs Meer, mit Tablett und erhöhtem Alkoholspiegel durch die Schneise auf die Türsteher zu.

Einer der beiden Rausschmeißer stand langsam von seinem Platz auf, taxierte den herannahenden Lothar und schaute hoch zu dem Tablett. Lothar wirkte äußerst zielstrebig und scheinbar überzeugend. Der Sicherheitsmann drehte sich zum Eingang, streckte den Arm aus und hielt Lothar die rechte Eingangstür auf. Der rauschte, ohne ihn zu beachten, an ihm vorbei und verschwand im Innern.

Zwanzig Sekunden später sprang die linke Tür auf und Lothar erschien in Begleitung eines dritten Sicherheitsmannes auf dem Treppenabsatz, immer noch das Tablett tragend.

Der Sicherheitsmann machte unmißverständlich deutlich, daß Lothar von nun an zu den unerwünschten Gästen dieses Etablissements zähle und unterstützte seine Autorität, indem er die Arme verschränkte und sich anschließend breitbeinig vor den Eingang postierte.

Lothar grüßte noch freundlich und lief dann zurück durch die aufbrausende Menge, die mittlerweile erkannt hatte, daß der Tablett-Träger nicht zu den Angestellten gehörte.

„Dumm gelaufen, was?", brüllte einer der Wartenden. Lothar winkte nur ab und marschierte durch die Schneise zurück zu Helge, der sich vor Lachen den Bauch hielt.

„Scheiß Laden", zischte Lothar.

„Sag ich doch. Dachte fast, die hätten dich drin behalten", keuchte Helge.

Die zwei setzten sich wieder in Bewegung und durchkreuzten weiter die Altstadt. Sie passierten einige Betrunkene, vereinzelte Penner und viele grölende und lachende Nachtschwärmer, die sich auf dem Heimweg befanden oder noch einmal die Kneipe austauschten. Es war mittlerweile weit nach Mitternacht und Helge und Lothar beendeten den Abend mit einem Besuch des Karaoke-Studios. Nachdem sie fünfmal hintereinander „That's life" und „I did it my way" ins Mikrofon geschmettert hatten, machten sie sich endgültig auf den Heimweg.

„Guten Morgen, Gijsbert. Wie geht es?"
Helge hatte seinen Krawattenknoten nur unter höchster Konzentra-
tion als faustgroßen Wulst zustandegebracht. Die Spitze der Krawatte baumelte zwischen dem Revers seines Nadelstreifenanzuges.
Es war kurz vor Acht, als Gijsbert, Helge und Lothar auf dem Weg
zum Büro im Fahrstuhl zusammenstießen. Helge lächelte freundlich und reichte dem Abteilungsleiter die Hand. Offiziell war der
Lift für vier Personen ausgelegt, aber schon mit drei Personen gefüllt wurde es unangenehm eng. Das bemerkte auch Helge nach seinem Ausspruch und nestelte sofort in seiner Jacke, um der Tasche
eine Pastille zu entlocken. Leider zu spät. Hätte jemand ein Feuer-
zeug entzündet, wäre der gesamte Fahrstuhlschacht explodiert.
    „Morgen! War es gestern gesellig?", fragte der Holländer und drehte
seinen Kopf zur Wand.
    „Ja, ja", sprang Lothar ein. „Wir trafen gestern ein paar DTB-Händ-
ler von Trinkaus und Burkhardt und haben uns über den Markt unterhalten. Wir sollten die Trader öfter mal anrufen und mit ihnen
Geschäfte machen." Er war unschlagbar in guten Ausreden.
    „Ja, gut gemacht. External contacts sind sehr wichtig. Habt ihr die
Spesenabrechnung?", erwiderte Gijsbert.
    „JDP hätte die Kosten übernommen?", fragte Helge verblüfft.
    „Ja, natürlich wollen wir euch keine Brauerei schenken, aber wenn
ihr denkt, daß ein Abendessen zu profitablen Kontakten führt, könnt
ihr die Rechnung selbstverständlich absetzen", erklärte Gijsbert und
klopfte auf Helges Schulter.
Der Fahrstuhl erreichte die vierte Etage und die Händler traten in
das Büro. Piet und Gordon waren schon anwesend und saßen still an
einem Tisch. Ihre Computer waren noch nicht eingeschaltet und
keiner der beiden sah geschäftig aus. Sie standen auf, begrüßten
Gijsbert und verschwanden sofort mit ihm zusammen in ein Nebenzimmer.
    „Helge, was geht hier vor? Es sieht fast so aus, als wollten Piet und
Gordon heute nicht handeln. Wie geht es deinem Kopf? Du siehst

vollkommen zerstört aus!", fragte Lothar besorgt und mußte lachen.
„Die Telefonnummer ist falsch", bemerkte Helge sichtlich leidend.
„Was ist falsch? Du redest wirr."
„Die Telefonnummer. Von dem Mädchen. Im Poco Loco. Ich habe
es gestern noch ausprobiert." Helge verdrehte die Augen und ballte
die Faust.
„Kein Anschluß unter dieser Nummer", rief er entrüstet. Seine Faust
knallte auf die Tischkante.
Die beiden setzten sich vor ihr Handelsterminal und begannen ihre
Positionen anhand der frisch ausgedruckten P/L zu kontrollieren.
Tatsächlich wies die P/L einen Gewinn von 15.000 DM aus, wovon
10.000 DM auf die gestrige Manipulation zurückzuführen waren.
„Die Wall Street hat gestern fast unverändert geschlossen, der Dollar notiert bei 1,4650 DM. Was machen die Bunds?" resümierte
Helge, nach einem Blick auf den Reuters-Schirm.
„Sie stehen 10 Ticks tiefer. Was meinst du? Sollen wir den Straddle
in Thyssen weiter stehen lassen, oder ihn abbauen?" fragte Lothar.
„Ich denke, daß heute wenig passieren wird. Wenn wir die Position
noch über das Wochenende halten können, verdienen wir mindestens 20.000 DM."
„Aber nur, wenn sich Thyssen nicht bewegt. Das ist die Frage. Ich
schlage vor, wir greifen erst ein, wenn die Unterstützung bei 280
DM nach unten durchbrochen wird. Und wenn es höher gehen sollte, drehen wir die Calls, oder kaufen Aktien dazu. Wobei ich nicht
glaube, daß der Gesamtmarkt steigen wird. Gibt es schon Kurse im
IBIS?", fragte Lothar und drehte den Kopf zum IBIS-Schirm. Es
war 20 Minuten nach acht Uhr und die ersten Geld- und Briefkurse
tröpfelten herein. In Thyssen standen nur zwei Briefkurse mit jeweils 500 Stück auf 283 DM.
„Wir warten erst einmal den Handelsbeginn ab", beruhigte Helge.
In den Zwischenzeit trafen auch Frans und Randolf ein.
„Morning Chappys. Everythings under control?", rief Frans in ausgezeichneter Stimmung. Er kam mit schnellen Schritten angelaufen.

„Well, Frans. Gijsbert just arrived!" antwortete Helge, deutete mit seinem Kinn in Richtung des Nachbarraumes und beugte sich danach über diverse Charts, die er soeben ausgedruckt hatte. „Oh! Does he want to fire me?" witzelte Frans und hängte seinen konservativen, ockerfarbenen Mantel in den Garderobenschrank.

Hektisch und überaus geschäftig setzte sich unterdessen Randolf an seinen Platz, knipste die Monitore an und durchblätterte seine P/L. Für ihn war es unerträglich, als letzter das Büro zu betreten.

„Gijsbert ist schon da?", bemerkte er nebenbei.

„Sitzt im Konferenzraum, mit Piet und Gordon."

„Dann werden wir demnächst ja viel Platz haben."

„Was?"

„Die zwei gehen."

„Wohin?"

„ING und Sal. Oppenheim."

„Nein!"

„Doch."

„What's going on? Who is going?", schaltete sich Frans neugierig ein.

„Wait a minute, they will tell you."

Piet und Gordon verabschiedeten sich tatsächlich. Sie hatten, wie sie anschließend berichteten, bereits vor einigen Wochen nach anderen Banken und Handelshäusern gesucht und wechselten jetzt nach Amsterdam bzw. nach Frankfurt. Der Grund für ihr Ausscheiden waren verschiedene Differenzen, die sie mit der Führung JDP Holdings in Amsterdam hatten. Die Probleme waren mit Sicherheit auch auf ihr schlechtes Handelsergebnis in diesem Jahr zurückzuführen. Die beiden Seniorhändler kramten ihre letzten Sachen zusammen, setzten sich noch einmal kurz zu den verbleibenden vier Tradern, klopften ihnen auf die Schulter und wünschten viel Erfolg.

Um neun Uhr, zum DTB-Handelsbeginn, war alles vorbei. Nur noch zwei leere Stühle und acht schwarze Monitore zeugten von den zwei Seniorhändlern.

Gijsbert klatschte kurz nach ihrem Abgang in die Hände und setzte sich in die Mitte des Handelsraumes. Er war ein hochgewachsener Holländer, etwa 30 Jahre alt und eine Person von der Sorte, vor der man Respekt hat. Trotz seines jungen Alters hatte er sich sehr schnell profiliert und war nun, nach erfolgreicher Händlerkarriere in Amsterdam und London, verantwortlich für alle Terminmarktaktivitäten der JDP Holding. Er jettete permanent zwischen London, New York und Düsseldorf umher und versuchte, seine internationalen Trader ins rechte Fahrwasser zu lotsen. Bei seiner Arbeit erzeugte er regelmäßig eine motivierte Atmosphäre und vermittelte den Eindruck, den Markt, die Konkurrenz und alles andere im Griff zu haben.

„O.K. Herrschaften! Ihr habt es mitbekommen. Noch einmal kurz zur Information: Piet und Gordon sehen ihre Zukunft nicht mehr bei JDP Holding und haben sich entschieden, zu anderen Banken zu wechseln. Gut. Das ist ihre Entscheidung. Ich respektiere das. JDP Deutschland besteht jetzt nur noch aus vier Händlern. Ich will, daß ihr mit neuen Ideen und Strategien absolut erfolgreich werdet. Herrschaften!", rief er plötzlich anfeuernd. „Der Markt bietet euch alle Möglichkeiten. Ihr werdet Vorschläge im Team diskutieren und dann innerhalb eurer Handelslimite umsetzen. Das gilt auch für die Werte, die bis heute von Piet und Gordon gehandelt wurden - es gilt für sämtliche Werte, die an der Terminbörse und im IBIS gehandelt werden. Auch Helge und Lothar werden ab sofort völlig selbständig handeln. Ihr sollt Geld verdienen! Einverstanden?"
Die rhetorische Frage wurde von allen mit energischen Kopfnicken bestätigt.

„Lothar!", fuhr Gijsbert fort. „Du bekommst eine eigene Handelsstation und ein eigenes Account. Such dir aus den vorhandenen Werten zwei aus, in denen du als Market Maker tätig sein willst. Du hast die DTB- und die Börsenhändlerprüfung bestanden und bist nun offiziell von JDP als Börsenhändler autorisiert. Das gleiche gilt natürlich auch für dich, Helge. Du kannst ebenfalls zwei Werte handeln. Was denkt ihr darüber?"

„Ich will die Banken, Deutsche als Market Maker und je nach Bedarf die Co-Bank, Dresdner und die Bayerische als Principle. Thyssen hätte ich auch gern als Market Maker. Dann könnte Helge die Chemie übernehmen", schlug Lothar sofort vor. Er wollte die Chance sofort annehmen.

Helge war mit seinem Plan einverstanden.

„Aber ich hätte gern Siemens dazu", forderte er.

„Sollst du haben. Ich denke, das ist in Ordnung", befand Gijsbert und schlug auf den Tisch - ein untrügliches Zeichen dafür, daß die Arbeit nun unverzüglich begönne.

„Herrschaften! Ich will sehen, daß ihr dabei seid, daß ihr den Markt beherrscht. Besorgt euch alle Informationen, die ihr braucht: Zeitungen, Kontakte, Charts und Analysen. Ich will keinen im Team haben, der nicht über seine Werte Bescheid weiß. Die Verantwortung über eure Geschäfte tragt ihr gemeinschaftlich. Natürlich werde ich sämtliche Trades von Amsterdam aus kontrollieren und im ständigen Kontakt mit euch stehen, aber die einzelnen Handelspositionen werden von euch allein entwickelt und umgesetzt. Und zwar schneller als der restliche Markt. Wissen ist Macht. Also los!" Gijsbert fuhr sich mit der Hand durch die Haare und schien noch einen weiteren Moment zu überlegen.

„Helge und Lothar! Kommt ihr bitte mit in das Konferenzbüro?", sagte er.

Dort angelangt, schloß Gijsbert die Tür hinter sich und fuhr fort: „Ihr zwei seid nun Juniorhändler. Das bedeutet natürlich, daß ihr eine große Verantwortung tragt und wesentlich aggressiver arbcitcn werdet. Deshalb bekommt ihr ab sofort einen neuen Vertrag mit einem anderen Gehaltssystem. Ich schlage vor, daß euer Grundgehalt auf 85.000 DM erhöht und zusätzlich eine Bonusvereinbarung von zehn Prozent vereinbart wird. Seid ihr damit einverstanden?"

Die beiden waren einverstanden.

KAPITEL VI

- ES GEHT LOS -

Am Montag, den ersten April war das Team bereits um zwanzig vor acht im Dealing-Room. Nicht weil es viel Arbeit gab oder im Vorfeld der Handelszeit wichtige Entscheidungen getroffen werden mußten - nein. Alle vier Händler waren motiviert und wollten gut vorbereitet in den Handel einsteigen. Lothar hatte bereits Tassen verteilt und servierte heißen, aufweckenden Kaffee, während die anderen drei sich über alle Wirtschaftsteile der Tageszeitungen beugten, die abonniert wurden. Financial Times, Wall Street Journal, Handelsblatt und FAZ. Also bekam jeder Trader ein Blatt und anschließend startete die Rotation der Zeitungen. Alle Monitore summten und vermittelten erste Nachrichten aus der Finanzwelt. Die Atmosphäre war angenehm ruhig, da noch kein Markt gehandelt wurde und sämtliche Nachrichten und Vorbörsen auf eine ruhige Eröffnung deuteten. Helge legte lässig seine Füße auf die Tischplatte, schlürfte aus seiner Tasse und biß danach krachend in ein frisches Brötchen. Sein Blick streifte dabei über alle Überschriften des Handelsblatts und blieb dann bei einem Artikel über Siemens hängen.

Da fast keiner eine größere Position in seinen Werten hatte, wartete jeder auf die große Chance. Irgend etwas, was einen Wert bewegen konnte - eine Information, eine Meldung oder eine eindeutige Chartformation. Nichts dergleichen passierte an diesem Morgen und dennoch hatte eine große Veränderung stattgefunden. Jeder Händler hatte mehr Freiheiten denn je und jeder konnte seine eigene Meinung verwirklichen.

Besonders Helge und Lothar spürten, daß sie bei der Umsetzung ihrer Ideen auf niemanden Rücksicht nehmen mußten. Es war aber sogar mehr als das. Vier Trader handelten in einem Büro in Düsseldorf und alle waren gleichgestellt. Jeder trug nur die Verantwortung über seine eigenen Aktionen und konnte innerhalb der Vorgaben traden, wie er wollte. Der Anreiz für alle Tätigkeiten war natürlich der Bonus am Ende des Jahres, der theoretisch keine Grenze nach oben kannte. Hier wurden Träume geweckt, die von einem Porsche bis zur Segelyacht reichten und bei IBIS-Handelsbeginn um acht Uhr dreißig endeten.

Denn dann saßen alle konzentriert vor ihren Handelsstationen und beobachteten sämtliche Vorgänge des Aktien- und Optionshandels. Ohne Arbeit wird niemand reich, aber die selbständige Arbeit ohne Vorgesetzten hatte seine Reize. Und so plätscherte ab sofort im Hintergrund die neueste Musik von MTV anstatt der letzten Nachrichten von ntv.

Der Handel begann mit ängstlichen und weit voneinander entfernten Geld- und Briefkursen. „Lustlos" wäre das offizielle Wort in der Beschreibung dieser Situation im Wirtschaftsteil gewesen.

Die vier Händler strotzten hingegen vor Selbstbewußtsein und gaben Quotes und Kurse in den Handel, die oftmals innerhalb einer Minute von der Geld- auf die Briefseite wechselten. Jeder wollte handeln und natürlich auf der richtigen Seite der Bewegung stehen. Nur wußte keiner, in welche Richtung diese Bewegung ging. So spielte jeder in den verschiedenen Optionsserien und auch im Aktienmarkt wurden diverse Orders plaziert. Frans hatte ein paar Punkte im Dax-Future gewonnen und drehte schon wieder von long auf short. Es war der reine Tageshandel mit dem Ausnutzen kleiner Schwankungen und Preisunterschiede in den Optionsserien.

„Weshalb lese ich Wirtschaftszeitungen, versuche Zins- und Währungsentwicklungen im Auge zu behalten und längerfristige Entwicklungen zu prognostizieren, wenn ich nur diese geringen Preisunterschiede für mich ausnutze?", fragte sich Lothar und beobachtete die anderen bei ihrer Tätigkeit. Für Lothar war diese Art des Handels nur Kleinkram. Er wollte an den richtigen Bewegungen partizipieren und durch eine Chartanalyse diese Bewegungen erkennen. Er löschte alle Quotes in seinen Serien und schüttelte den Kopf.

Randolf, der typische Intraday-Trader, saß kerzengerade in seinem Stuhl und begleitete seine Tätigkeiten immer mit lautstarken Kommentaren.

„Ja, ja. Ihr kauft bestimmt", rief er und meinte damit den Markt in Volkswagen.

„Watch it! Watch it!", warnte er.

„Oh 60, schon wieder...", bemerkte Helge. Er hatte soeben Puts gekauft.

„Aufpassen, aufpassen Leute!"

„Sell the future, es geht schon los!..."

„Seven sold in Volkswagen!", bestätigte Randolf.

„Ja Randolf. Ja, ja."

„Jaha, man braucht ein geschultes Auge, um das zu sehen!"

„Going down", murmelte auch der Dax-Trader Frans.

„Massiv selling in Volkswagen!", schrie Randolf.

„La, la, la, la..." Lothar begann zu singen. Er hatte bislang noch keine Position plaziert.

„Ohhh 62!"

„Es geht doch höher!", diagnostizierte Randolf enttäuscht.

„Think before you drink before you drive", bemerkte Frans, was immer das heißen sollte.

„In VW geht ganz schön was um heute. 250.000 Stück!"

Die Türklingel unterbrach die Stimmung. Helge rannte eilig zur Sprechanlage und raunzte in den Hörer: „Ja hallo?"

Eine Stimme: „Anzeigärrr Düsseldorfärrr..." Es war der türkische Zeitungsmann.

„Fuck off!" Helge schmiß den Hörer zurück auf die Gabel und setzte sich wieder hastig auf seinen Platz.

„Versteh es nicht, versteh es nicht! Man kann Geld sein was man will, kein Schwein verkauft!", beklagte sich Randolf. Er wollte wieder long gehen.

Die nächsten zwanzig Sekunden herrschte Stille, doch dann gellte ein Schrei durch den Raum: „Raus! Raus! Raus!"

„Wieso raus? Ich habe gerade Siemens gekauft", fragte Helge überrascht.

„Ich sage nur was ich sehe. Und hier wird VW verkauft", stellte Randolf dar.

„Buying Siemens", freute sich Helge im Gegenzug.

„Selling VW!"

„Ich bin neutral", proklamierte Lothar und Frans meldete: „Well, I don't know".

„Es kann nur tiefer gehen."

„Wär´ ich nicht so sicher..."

„Große Geldkurse in at the money Calls. Entweder die Aktie oder die Calls..."

„Verkauf doch die Puts. Haha."

„Leute, keine Chance! Die haben es gemerkt! Buying VW! Scheiße, Scheiße, Scheiße!"

Lothar schaute mittlerweile gar nicht mehr auf seinen Handelsschirm, sondern widmete sich ausschließlich seinem Chartsystem. Er druckte zehn verschiedene Bilder aus, jeweils fünf für die Deutsche Bank und fünf für Thyssen. Zu den Kursverläufen fügte er das Volumen und verschiedene Indikatoren hinzu. Nachdem er sich fünf Minuten mit den Kurven befaßt hatte, schmiß er alle in den Papierkorb.

Er setzte sich erneut an sein Programm und änderte mehrere Programmeinstellungen. Anschließend ließ er nochmals den Drucker arbeiten. Diesmal zog Lothar nur vier verschiedene Ausdrucke aus dem Printer und vertiefte sich sofort in die Darstellungen. Er notierte einige Bemerkungen in sein Notizheft und kritzelte Unterstützungslinien und markante Punkte auf die Charts. Danach zog er die P/L seiner bisherigen Ergebnisse hinzu, den er zusammen mit Helge erarbeitet hatte. Er verglich den Kursverlauf mit seinen Transaktionen.

Seitdem Gordon und Piet das Team verlassen hatten, konnte jeder der Händler mehrere Bildschirme gleichzeitig nutzen und so hatte sich Lothar zwei 17-Zoll-Monitore für seine Chartanalysen positioniert. Die Monitore waren über den Handelsschirmen angeordnet und miteinander verbunden. Damit konnte Lothar den Maus-Pfeil von einem Schirm zum anderen hinüberfahren lassen und verschiedene Fenster anordnen. Seine speziellen Einstellungen hatte er für jeden seiner Aktienwerte unter den Funktionstasten abgespeichert. Für jede einzelne Aktie stellte er ein Bild zusammen, das aus einem

Tick-Chart, einem Langfristchart, verschiedenen Indikatoren, gleitenden Durchschnitten und Volumina bestand. Zusätzlich probierte er eine Analyse mit Candlestick-Charts.

Für einen Laien hätten die verschiedenen Kurven wahrscheinlich überhaupt keinen Sinn ergeben, aber Lothar versuchte, anhand seiner Erfahrungen und Erkenntnisse persönliche Spielregeln abzuleiten. Er beobachtete das Verhalten von mehreren Indikatoren, bevor eine größere Bewegung in der Aktie stattfand und fand einige brauchbare Ansätze.

Worüber er sich noch nicht sicher war, war die Fristigkeit, das „Timeframe" seiner Spekulationen. Er war durch seine Ausbildung mit den Lehrern Piet und Gordon an den äußerst kurzfristigen Charakter aller Positionen gewöhnt und es fiel ihm schwer, sich anders zu verhalten.

Die Frage des Time-frame eines Trades ist absolut bedeutend, denn oftmals kommt es vor, daß kurzfristige Charts ein entgegengesetztes Bild zum langfristigen zeigen. Entscheidet man sich als Trader für eine Ansichtsart, sollte man unbedingt diese Einstellung der Laufzeit beibehalten. Ist er beispielsweise long in einem Aufwärtstrend und die kurzfristige Situation deutet auf eine Korrektur nach unten, macht es keinen Sinn, überstürzt auszusteigen. Der Trader sollte erst glatt oder short gehen, wenn auch die Darstellung negativ erscheint, die zum Kauf führte.

Das bemerkte Lothar, als er seine eingegangenen Positionen mit den tatsächlichen Kurszeitreihen verglich. Oftmals hatte er die richtige Idee für eine Bewegung gehabt, war zum richtigen Zeitpunkt eingestiegen, aber hatte schon nach wenigen Ausschlägen seine Position liquidiert. Er hatte zu wenig Durchhaltevermögen gezeigt, um einen Trend richtig auszunutzen.

Der Grund für die schnellen Glattstellungen war die Angst davor, einmal erreichte Gewinne wieder zu verlieren. Mit dieser Methode machte er zwar keine Verluste, aber auch nur geringe Profite.

Als Thyssen, nach Ausbildung eines Double Tops, vor einigen Tagen von 294 auf 260 abstürzte, hatte Lothar die richtige Meinung und ging mit 5000 Aktien short. Nach einem freien Fall der Aktie gab es eine kurzfristige Korrektur um 2 DM und Lothar bekam Angst, glaubte an einen Bungee-Sprung Thyssens und deckte alle Shorts ein. Danach riß anscheinend das Bungee-Seil und Thyssen krachte weitere 15 DM tiefer. Von den 34 DM Kursverlust konnte er nur 4 DM für sich nutzen - 150.000 DM Unterschied.

Allerdings war die mentale Belastung in dieser Situation ganz erheblich gewesen. Zusätzlich hatte ihn die Stimmung der anderen Trader zum unüberlegten Eindecken angestachelt. Während Frans und Randolf sich aufgrund ihrer Long-Positionen über jeden weiteren Up-Tick freuten, bekam Lothar ernstliche Probleme mit seinen Nerven und deckte seine Shorts ein. Kurz danach setzte sich die Abwärtsbewegung fort.

Jetzt analysierte Lothar seine Verhaltensweisen, notierte sich sämtliche Fehler und kam zu einem ersten Ergebnis: In bestimmten Situationen war Ignoranz gegenüber einer kleinen Marktbewegung eine profitable Eigenschaft!

Lothar machte an diesem Vormittag nichts anderes als zu beoachten, analysieren und notieren. Er hatte in keinem Wert eine Position und konnte entspannt und objektiv seine Fehler auch an den Verhaltensweisen der anderen Trader beobachten. Er erkannte Fehler, die ihm während seines aktiven Handels überhaupt nicht aufgefallen waren. Fast immer handelte das Team in der Richtung der momentan vorherrschenden Bewegung und vergaß dabei den Trend, in dem sich ein Wert befand. Es war mental einfacher, mit der Masse zu schwimmen. Aber die Masse lag falsch. Niemand hatte scheinbar die Disziplin, konsequent nach seiner eigenen Meinung zu handeln.

Als gegen Mittag immer noch kein einziger Trade in Lothars Account verbucht wurde, setzte sich Helge interessiert neben ihn und blätterte in Lothars Aufzeichnungen.

„Willst du Kunst studieren, oder weshalb malst du, anstatt zu handeln?", fragte er spöttisch.

Lothar zog einen Thyssen-Chart hervor, auf dem die Ein- und Aus-
stiegspunkte ihrer damals noch gemeinsamen Aktionen eingezeichnet waren, zeigte ihn Helge und tippte wortlos mit dem Bleistift auf
die Notizen.

„Ja und?" Helge konnte nichts erkennen.

„Frustrierend, Helge! Frustrierend. Schau mal, hier ist Thyssen von
260 auf 280 gestiegen und wir waren long ab 265."

„Ja war doch toll."

„Nun ja. Leider sind wir bei 270 glatt gegangen und bei 271 sogar
short. Thyssen stieg weiter auf 275, an deren Marke wir doppelt
drehten. Die Aktie ging noch weiter hoch bis 280, um kurz danach
wieder auf 274 zu fallen. An diesem Punkt gingen wir mit einer DM
Verlust glatt. Kurz danach steigt der Preis wieder auf über 280, wir
kaufen, dann wieder tiefer, wir verkaufen, dann doch wieder höher,
wir drehen und so weiter. Was fällt dir auf?"

In diesem Moment knallte es wieder aus Randolfs Ecke: „Selling in
Volkswagen, der Dollar geht tiefer!"

„Ich bin long in meinen Werten!" zischte Helge hektisch, drehte
sich sofort um und rollte mit seinem Stuhl zurück an seinen Platz.

„Genau das meine ich", bemerkte Lothar kopfschüttelnd und schaute Helge unvermittelt an. Dieser war schon wieder mit Quote-Ein-
gaben beschäftigt und konzentrierte sich auf den Markt in Bayer,
BASF und Siemens. Nach einigen Sekunden hatte er einige Puts
zurückgekauft und war somit Delta-glatt. Mental fühlte er sich nun
wesentlich besser, lehnte sich entspannt zurück und widmete sich
wieder Lothar.

„Was meintest du?"

„Genau diese Verhaltensweise. Du entscheidest dich zur Glattstellung, weil der Markt ein wenig tiefer geht. Aber zu dem Zeitpunkt,
an dem du tatsächlich glatt gehst, ist der Markt bereits tiefer und im
Augenblick spricht nichts dafür, daß er weiter fallen wird. Die einzige Motivation für dein Handeln ist die Angst davor, eine gegentei-
lige Position zum Markt zu haben. Mittlerweile haben alle Angstha-

sen verkauft und es geht gleich wahrscheinlich wieder höher."

„Aber was ist, wenn nicht?", zweifelte Helge.

„Zeig mir einen Grund, der deine ursprüngliche Entscheidung zum Kauf zunichte macht", bohrte Lothar.

„Es geht tiefer!" Helge zurrte seine Krawatte zurecht und beharrte auf der Richtigkeit seiner Entscheidung.

„Es *ging* tiefer!", verbesserte Lothar. Tatsächlich stagnierte der Markt nunmehr auf gleichem Niveau. Lothar analysierte weiter. „Weshalb bist du eigentlich vorher long gegangen? Und sag jetzt bitte nicht: Es ging höher!"

„Es ging höher!" Helge war trocken.

„...und dann wieder tiefer."

„Ja schon gut. Ich verstehe was du meinst. Ich bin eigentlich long gegangen, weil Bayer einen charttechnischen Widerstand durchbrochen hat."

„Und dieser Widerstand ist doch jetzt eine Unterstützung oder ist der Kurs zurück in die alte Trading-Range gefallen?", fragte Lothar und rief den Bayer-Chart auf seinem Monitor auf.

„Da". Er deutete auf den Ausbruch. „Du kannst doch weiterhin long bleiben. Ich habe mir gerade verschiedene Charts angeschaut. Es kommt sehr häufig vor, daß ein Wert aus einer Range ausbricht, ein paar Punkte in die Richtung des Ausbruchs weiterläuft, aber dann wieder zurückfällt. Springt er dann wieder in die alte Range zurück, sollte man auf jeden Fall cutten. Aber soweit sind wir in Bayer noch nicht. Denn wenn der Kurs jetzt wieder ansteigt, sehen wir bestimmt neue Höchstkurse."

„Aber was spricht dagegen, jetzt den Gewinn mitzunehmen? Schließlich bin ich seit drei DM Long. Wenn ich warte, bis Bayer zur Unterstützung zurückfällt, habe ich überhaupt keinen Profit", erwiderte Helge. Er ließ sich immer noch nicht überzeugen.

„Let your profits run, Helge. Denn wenn du genauso schnell Gewinne einfrierst, wie du Verluste cuttest, ergibt sich ein Nullsummenspiel", erklärte Lothar.

„Ja, Moment mal. Wie du sicherlich richtig weißt, steht mein Account gut im Plus. Da kann von Nullsummenspiel ja wohl keine Rede sein." Helge ruckte noch einmal an seiner Krawatte herum und klopfte mit dem Mittelfinger seiner linken Hand fordernd auf den Tisch.

„Aber wenn du ehrlich bist, Helge, gehen die Gewinne zum größten Teil auf deine Optionstrades zurück. Will sagen, du hast nur die Preisunterschiede in den Optionsserien ausgenutzt", stellte Lothar folgerichtig fest und trommelte nun ebenfalls mit dem Mittelfinger seiner Hand.

„Wenn wir einmal richtige Kursbewegungen in den Griff bekommen und diese mit den richtigen Options- und Aktienpositionen ausnutzen, Helge, dann..."

„...du meinst, dann verdienen wir richtig Geld?", unterbrach ihn Helge. Er spitzte die Lippen, runzelte die Stirn und klopfte nun doppelt so stark auf den Tisch.

„Ganz richtig! Ich habe mir den halben Vormittag meine verpaßten Chancen angeschaut. Wenn ich nur die Hälfte der richtig erkannten Bewegungen mitgemacht hätte, dann wäre mein Account mittlerweile siebenstellig." Lothar verschränkte die Arme und schaute Helge fordernd an.

„Und noch etwas, Helge. Das Problem ist nicht, daß wir Bewegungen falsch einschätzen. Im Gegenteil, wir können die Kursveränderungen oftmals voraussagen. Nur unsere Umsetzung ist schlecht. Wir verzetteln uns viel zu oft in den Seitwärtsbewegungen und verpassen so den richtigen Move. Durch kleine Korrekturen in die falsche Richtung bekommen wir Angst und steigen aus. Hier.." Er deutete auf einen Chart. „...wenn du nachträglich diese kleinen Kurssprünge siehst, erkennst du die Belanglosigkeit der Schwankungen."

Helge war nun doch sichtlich überzeugt. Er beugt sich über die Charts und studierte die Notizen, während Lothar weiter referierte: „...und das hängt oft mit dem Time-Frame zusammen, die wir benutzen. Dort..." Er tippte auf einen weiteren Ausdruck „...ist ein Tick-Chart mit einer Zeiteinteilung von einer Stunde. Was würdest du zu dem weiteren Kursverlauf sagen?"

Helge kramte einen Bleistift hervor und zeichnete mit einem Lineal mehrere Linien ein. Er nahm alles sehr genau.

„Ich würde mit einem Cut-Punkt knapp überhalb dieser Linie short gehen", schlug er vor.

Lothar triumphierte: „Ja ja ja! Genau! Und jetzt sieh dir den Tageschart an."

Das gleiche Prozedere mit Bleistift und Lineal wiederholte sich. Anschließend kam ein Räuspern aus Helges Kehle.

„Äh gut. Na ja. Das sieht eigentlich eher bullish aus", gab er zu.

„Ach!"

„Das ist aber auch ein blödes Beispiel", wiegelte Helge ab.

„Nein, Helge. Das ist genau das, was wir den ganzen Tag machen. Es braucht bloß einer aus der Ecke zu schreien - selling in was weiß ich wo - dann flattern deine Nerven und du fummelst an deiner Position herum. Und diese kleinen Bewegungen sieht man auf dem Tick-Chart. Die großen Verläufe aber - und das erkennt man auf dem Tageschart – sollten die wichtigen Faktoren für unser Trading sein."

Wie in einer Komödie schallte es prompt aus Randolfs Ecke: „Buying! Paßt auf Leute, die kaufen alles!"

Helge verdrehte die Augen, reckte den Kopf, um den Kursverlauf der Bayer AG zu beobachten und erkannte einen Anstieg, wie Lothar es prognostiziert hatte. Sofort schaute er ihn verkniffen an und schnitt eine drohende Grimasse.

„Schon gut, Helge. Ich sage ja nichts. Ich sage ja nichts", beschwichtigte Lothar lachend.

Der gepeinigte Helge ließ sein Lineal mit einem peitschenden Knall auf den Tisch niedersausen, flüchtete zurück an seinen Arbeitsplatz und versuchte, seine ursprüngliche Long-Position wieder aufzubauen.

Als der Tag dem Ende zu ging, hatte Lothar keinen einzigen Trade vollzogen, aber dennoch den Grundstein für seine weitere Tätigkeit gelegt.

Er wußte, weshalb die Arbeit von Piet und Gordon nicht mehr erfolgreich gewesen war und er wußte genauso, daß er künftig in einer völlig anderen Art und Weise handeln würde.

Kapitel VII

- Vom Tagesgeschäft zum Positionshandel -

Dienstag, 2. April. Um es vorwegzunehmen: Es passierte wenig. Der letzte markante Ausbruch des Dax über die 2500 Marke schien gestoppt. Er fiel zurück in die alte Trading-Range von 2400-2500 Punkten. Die letzten Höchststände waren von geringem Handelsvolumen geprägt, und der Anstieg wurde im großen und ganzen nur von den Chemiewerten getragen. Eine klassische Situation übrigens, in der viele Dax-Trader auf beiden Seiten ausgecutted wurden.

Der Index beschrieb eine zickzackförmige Seitwärtsbewegung, wobei die Spitzen der Kurve jedesmal knapp über den letzten Höchstkursen lagen. Sobald neue Höchstkurse notiert wurden, sprangen viele Händler auf die Long-Seite, um danach mißmutig zuzusehen, wie das Spekulationsobjekt wieder mit Preisverfällen zu kämpfen hatte.

DAX-INDEX

Das Umfeld war eigentlich überhaupt nicht bullish eingestellt, obwohl mehrmals in den Tagesthemen von neuen historischen Höchstständen berichtet wurde. Viele Aktien, wie beispielsweise die Banktitel, zeigten überhaupt kein Anzeichen von Luftsprüngen. Im Gegenteil, sie testeten eher die Kellergewölbe ihrer Kursgebilde. Auf der fundamentalen Seite sprach man vom Durchschreiten des Zinstals und außerdem nahm der Dow Jones zum fünften Mal den aussichtslosen Anlauf zum Durchbrechen seiner alten Höchststände. Und was denkt ein schlauer Trader, wenn ein Wert einfach nicht weiter steigen will? Richtig. Der Wert muß fallen.

Frans war in den letzten Wochen öfter ausgecutted worden als je zuvor. Doch mittlerweile war er felsenfest davon überzeugt, daß in den nächsten Tagen die große Korrektur an den Weltbörsen kommen würde.

Kommentare wie „Sell your house and buy puts" machten die Runde und viele Händler diskutierten über den Zeitpunkt und die Höhe des Kursverfalls. Selbst ein Dax-Händler von Trinkaus und Burkhardt, der für seine bullishen Prognosen bekannt war, telefonierte mit Frans und erzählte ihm vom Aufbau eines Put-Spreads. Daraufhin vergrößerte Frans natürlich noch einmal seine Put-Spreads, die er bereits gekauft hatte.

Sogar Privatanleger, die ansonsten um die Sicherheit ihrer Anlagen besorgt waren, riskierten den spekulativen Kauf von Put-Optionsscheinen auf den S&P, denn keiner glaubte, daß der langjährige Aufwärtstrend in Amerika weitergehen könne.

Wie sich herausstellen sollte, versuchten das viele Anleger das ganze Jahr über.

„Wann kommt die Konsolidierung?", war die Frage, die in diesen Tagen am häufigsten gestellt wurde. Sichtlich unwohl saß Helge an seinem Arbeitsplatz und berechnete sein Positionsrisiko, denn er war immer noch long in Bayer.

„Bei zehn Prozent Verlust verliere ich eine halbe Million Mark", resümierte er und studierte den Chart auf der Suche nach etwaigen Umkehrformationen und Widerständen.

DIE BÖRSENHÄNDLER

„Ich könnte Put-Spreads zur Absicherung kaufen... im out-of-the-money Bereich... die kosten nur 50 Pfennig", kommentierte er seine Tätigkeit. Nervös versuchte er, sein Risiko zu vermindern.

„Yeah. Be careful to the downside", unterstützte ihn Frans.

Nur Randolf und Lothar interessierte das Thema kaum. Randolf tradete weiter im Intraday-Bereich und verfolgte nur äußerst kurzfristige Bewegungen, und Lothar hatte immer noch keine Position. Er arbeitete weiter an seinen Charts und überprüfte einige von ihm programmierte Indikatoren. Gegen Mittag setzte er sich sogar in einen Nebenraum, um sich ganz in Ruhe seinen Analysen zu widmen.

Der Dax hing unter der 2500 Punkte-Marke, und das sollte sich auch in den nächsten Tagen bis zum kommenden Osterwochenende nicht ändern.

Am folgenden Tag, um zehn vor acht, öffnete Lothar die Bürotür und stolperte als erstes über ein Regencape, das auf dem Fußboden lag. Er strauchelte und konnte sich gerade noch abfangen, um nicht in den Schirmständer zu fallen, der im Eingangsbereich aufgestellt war. Das Licht war noch aus. Er tastete sich mit ausgestreckten Armen nach vorn und trat gegen einen Schuh, der einzeln dalag. Ein weiterer Schritt nach vorn und er berührte die Wand mit dem Lichtschalter. Flimmernd erstrahlten die Glühbirnen und warfen ein helles Licht über die Sofaecke im Foyer.

Lothar traute seinen Augen nicht. Sekunden später begann er schallend zu lachen. Auf dem Fußboden präsentierte sich eine Ansammlung von Kleidungsstücken, ein Paar Schuhe, ein aufgespannter Regenschirm und auf dem Sofa lag ein zusammengerolltes Knäuel mit einer Financial Times bedeckt. Es war Frans. Lothar hielt sich den Bauch.

„Morning Frans! How was your night?", rief er in seine Richtung. Doch dort regte sich gar nichts.

„Hey Frans! It's eight o´clock!"

102

Die Financial Times rutschte vom Bauch des Knäuels.

Lothar rief lauter: „Frans! Wake up!"

Frans dachte nicht daran aufzustehen, sondern rollte sich mit einem Grunzen auf die andere Seite. Lothar griff zu anderen Mitteln. Er schritt in den Dealing-Room zum Fernseher. Grinsend schaltete er einen Musiksender ein und drückte den Volume-Regler so lange, bis die Plastikhaube des Gerätes zu vibrieren anfing. Auf dem Bildschirm erschien ein Video von ACDC: „Thunderstruck"

Die morgendliche Stille verwandelte sich abrupt in ein bullerndes Dröhnen, das wahrscheinlich die halbe Königsallee erschütterte. Das Gekreische des Sängers wurde durch die Überbeanspruchung der Lautsprecher zusätzlich verzerrt, so daß sich Lothar die Ohren zuhielt und sich um das Herz-Kreislaufsystem von Frans sorgte.

Als er die Lautstärke wieder zurückfuhr, hörte er im Hintergrund die Toilettenspülung. Kurze Zeit später erschien Frans, zerknittert und mit zusammengekniffenden Augen auf der Bildfläche. Seine Krawatte steckte in der Brusttasche und die wenigen Haare, die seinen Kopf bedeckten, flatterten in alle Richtungen. Frans steuerte zielstrebig den Wasserspender an und führte zitternd einen Becher in den laufenden Strahl. Mit der anderen Hand massierte er seine Schläfen.

„Mein Gott Frans! What happened?", fragte Lothar.

Frans brachte nur ein schweres Stöhnen über die Lippen und wankte mit dem Wasserbecher an seinen Platz. Dort sackte er haltlos in den Stuhl, der nun aufgrund des Rückstoßes mit Frans gemeinsam rückwärts beschleunigte. Nach einem halben Meter stoppte die Fahrt, denn die Lehne krachte gegen die Tischplatte eines Desks. Ein fragender Ausdruck legte sich auf Frans´ Gesicht und durch den Aufprall schleuderte sein Arm mitsamt des Wasserbechers in die Höhe. 200 Milliliter reinstes Tafelwasser verließen den Pappbecher, spritzten durch die Luft und landeten klatschend in einer Tastatur.

Wie sich anschließend beim Säubern des Keyboards herausstellte, hatte sich Frans gestern abend mit einem Händler von Trinkaus und

Burkhardt verabredet. Was erst als interessanter Erfahrungsaustausch startete, entpuppte sich später als handfestes Zechgelage in der Düsseldorfer Altstadt. Der Händler war ein alter Kollege von Frans, und da dieser mittlerweile ebenfalls auf die bearishe Seite der Marktteilnehmer gewechselt war, fand er Frans´ vorbehaltlose Sympathie. Als gegen fünf Uhr morgens die letzte Kneipe schloß, entschied sich Frans aus logischen Gesichtspunkten dazu, sein kurzweiliges Nachtquartier ins Büro zu verlegen.

„I got pissed like mad! You know if I do something I do it serious", betonte er. Außerdem legte er großen Wert auf seine Pünktlichkeit. Er sei noch nie zu spät ins Büro gekommen, nachdem am Abend zuvor den Getränken zugesprochen wurde, erklärte er weiter. Allerdings hätte er schon des öfteren während seiner Tätigkeit in London im dortigen Büro übernachten müssen.

Als an diesem Mittwoch die Märkte eröffneten, zeigte sich ein nahezu unverändertes Bild. Der Dax begann bei einem Zählerstand von fast genau 2500, der Dollar tradete ebenfalls nahezu unverändert bei 1,48 DM und Helges Hauptwert Bayer bei 50,60 DM. Mit dem weiteren Verlauf des Handelstages waren alle zufrieden. Bayer kletterte 30 Pfennig höher und der Dax rutschte auf 2490 Punkte ab. Auffällig waren gegensätzliche Bewegungen in verschiedenen Werten. Auch die Bankwerte und Thyssen zeigten sich im Gegensatz zum Index sehr stabil.

Lothar war immer noch neutral in seinen Werten, aber er konzentrierte sich auf das aktuelle Geschehen, denn Thyssen lag knapp unterhalb einer starken Widerstandszone. Nach seiner Meinung war dies ein guter Punkt, um eine Position aufzubauen. Entweder sprang der Kurs über die Barriere und machte so den Weg frei für weiter Anstiege oder aber er prallte zurück. In jedem Fall stand eine größere Bewegung bevor. Die Situation schien insgesamt sehr ruhig, wie schon zuvor, denn, und das machte alle Akteure vorsichtig, am kommenden Ostermontag sollten wichtige US-Wirtschafts- und Inflationsdaten veröffentlicht werden.

Die Prognosen für diese Indikatoren reichten vom Horrorszenario einer Zinssteigerung bis zum Ausbruch eines Bullenmarktes. Allerdings mehrten sich die vorsichtigen Stimmen und Händler hielten sich mit Aktienengagements zurück. Mit einem Wort: Alle hatten Angst und keiner wollte etwas falsch machen. Das zeigte sich besonders deutlich im Optionshandel, in dem die Umsätze immer weiter zurückgingen. Randolf hatte überhaupt keine Chance zum Abschluß profitabler Intraday-Trades, denn der Spread zwischen den Geld- und Briefkursen in den Optionsserien war zu groß. Die Volatilität in den Optionspreisen stand angesichts der flauen Umsätze dennoch recht hoch. Daran konnte man ablesen, daß viele Marktteilnehmer eine große Bewegung voraussahen. Theoretisch hätte man ein wenig Prämie verkaufen können. Aber das traute sich wiederum niemand, denn die alles entscheidenden Zahlen, auf die jeder Händler stierte wie ein Kaninchen auf die Schlange, sollten am Montag veröffentlicht werden und Ostermontag war bekanntlich keine Börse in Deutschland geöffnet. Also hätte niemand auf eine Bewegung reagieren können.

Die Positionen des Teams bestanden aus einer kleineren Long-Affäre in Bayer, die Helge mittlerweile durch Put-Spreads nach unten abgesichert hatte und einer gewaltigen Bear-Position im Dax. Frans predigte trotz gewaltiger Kopfschmerzen vom Weltuntergang und sah schon wieder Blut auf den Straßen. Er telefonierte mit verschiedenen Händlern in Frankfurt und schnappte immer neue Argumente für eine bevorstehende Korrektur auf, die er anschließend dem Team vortrug. Der Tag endete ohne größere Überraschungen.

Donnerstag, 4. April. Der deutsche Markt eröffnete leicht höher mit noch weniger Volumen. Die wenigen Aktien, die über den Tresen geschoben wurden, drückten allerdings den Kurs von Thyssen gefährlich nahe an den Widerstand bei 270 DM, den Lothar ausgemacht hatte. Einige Handelsabschlüsse notierten sogar bei 270,20 DM, was entsprechend seiner These nahezu einen Ausbruch darstellte. Aber die Umsätze reichten absolut nicht aus, um eine signifikante Reaktion zu rechtfertigen. Dennoch: Gegen Mittag wanderte der Dax-Future stetig höher und auch andere Aktien schlichen aufwärts.

Nach Aussage von Frans bestand allerdings kein Grund zur Panik, denn spätestens am Dienstag nach Ostern würde es ganz bestimmt tiefer gehen. Diese Meinung vertraten die meisten Händler und bekamen am Nachmittag ihre Bestätigung, als der kurze Anstieg stoppte und die Notierungen wieder zurückfielen. Keine der bestehenden Positionen wurde geändert, ausgenommen natürlich der unzähligen Intraday-Trades von Randolf. Als um fünf Uhr der Markt schloß, stürzten sich die vier Trader auf ihre Programme und berechneten noch einmal die Worst-Case-Szenarien ihrer Positionen, für den Fall, daß am Dienstag, als Reaktion auf eventuelle Kursstürze in Amerika, die deutschen Werte einbrachen.

Lothar hatte die Märkte aufmerksam beobachtet und interessierte sich natürlich besonders für Thyssen. Er hatte ebenfalls eine bearishe Grundstimmung, die ihn vom Aufbau einer Long-Position in Thyssen abhielt. Doch die wenigen, aber stetigen Käufe in diesem Wert erzeugten ein ungutes Gefühl. Er simulierte für jeden Fall eine Optionsposition, die er sofort beim Eintreten einer Reaktion am kommenden Dienstag aufbauen wollte. Sein Kollege Helge befand sich in den letzten Stunden der Handelswoche in einer gewaltigen mentalen Zwickmühle. Einerseits hatte er aus charttechnischen Gesichtspunkten keinen Grund für einen Ausstieg aus der Long-Position in Bayer. Andererseits erzeugte die vorhandene Baisse-Stimmung im Büro einen gewaltigen Druck. Bei jedem leichten Down-Tick Bayers druckte er einen neuen Chart aus und legte sein Lineal an, um eine Begründung für einen Ausstieg zu finden. Aber er hatte aus seinen Fehlern gelernt und zwang sich dazu, seine Handelskriterien beizubehalten.

Die Händler verließen anschließend nacheinander das Büro und gingen mit gemischten Gefühlen in das lange Osterwochenende.

Frans hatte es kommen sehen! Die Inflationsdaten signalisierten zwar ein geringes Geldmengenwachstum, aber die Wirtschaft begann laut Indikator zu brummen. Und wie immer waren gute Zahlen in diesem Bereich schlechte Nachrichten für Aktionäre. Gift für den Dow. Dieser knickte im Verlauf des Montagshandels um 90 Punkte ein, was natürlich von Helge mit ernster Mine am Fernseher verfolgt wurde. Er saß in seinem Düsseldorfer Appartement und telefonierte mit Lothar.

„Scheiße, Scheiße, Scheiße! Ich wußte es. Wahrscheinlich habe ich morgen überhaupt keine Chance, meine Bayer zu verkaufen. Die gehen doch bestimmt sofort zwei, drei Prozent tiefer. Na ja, wenigstens wird Frans morgen beim Crash Geld verdienen", erläuterte er enttäuscht. Er übertrieb ein wenig. Lothar mußte beruhigen: „90 Punkte im Dow sind doch gar nicht so viel. Ich denke nicht, daß der Markt morgen richtig einbricht. Abwarten Helge, abwarten..."

Verschlafen und mit Ostereiern bepackt, stationierten sich die vier Händler am Dienstagmorgen vor ihren Terminals und harrten der Dinge, die da kommen sollten. Die Quotes der Vorbörse um viertel nach acht waren schwach, das war klar. Die Frage war: Wie schwach? Helges Nerven lagen blank und er spielte im Bayer-Markt mit einigen Geldkursen.

Helge stellte sich mit einigen Bids an die erste Stelle, um den anderen Teilnehmern einen starken Markt vorzugaukeln. Er wollte natürlich nicht wirklich kaufen, denn er war ja schon long. 10 Sekunden vor Handelsbeginn löschte er alle Quotes und schloß die Augen.

„Opening! Es geht los!", brüllte Lothar und Frans fügte hinzu: „That´s the way I like it!"

Helge machte die Augen wieder auf und sah den ersten Trade in Bayer: 50,47 DM. Das war nur dreißig Pfennig leichter als zuletzt - Peanuts!

Die restlichen Dax-Werte wurden alle schwächer bewertet, aber der große Kursrutsch blieb aus. In der nächsten halben Stunde stabilisierte sich der Markt auf diesem Niveau und veranlaßte Frans zu ersten Flüchen. Er saß untätig vor seinen Schirmen, denn der Dax-Future öffnete erst um 9 Uhr - zeitgleich mit den Aktienoptionen der DTB. Lothar beobachtete den Handel in Thyssen. Sie hielten sich bei 269 DM - sehr stabil. Was tun? Kaufen? Verkaufen? Neutral bleiben? Er entschied sich für letzteres.

Um neun Uhr startete der Dax-Future ein halbes Prozent tiefer. Das war für Frans ein glasklarer Verkauf. Er ging zusätzlich zu seinen bestehenden Put-Spreads 20 Futures short und quasselte los: „Death to the bulls... take no prisoners..."

Er schmiß seine baumelnde Krawatte über die linke Schulter nach hinten, was jedesmal als Zeichen höchster Unzufriedenheit zu werten war.

„Blood on the streets... blood on the rocks...", zischte er.

Es hatte ihn erwischt. Er war so von seiner Meinung überzeugt, daß er den Markt nicht mehr objektiv beobachten konnte. „Kaputt hauen" war seine Devise und das waren die einzigen deutschen Wörter, die er an diesem Tag benutzte. Randolf meldete sich zu Wort: „VW geht höher".

Sofort schlug Frans auf seine Tastatur und rief: „Kaputt hauen!".

„Äh... die Chemie auch", freute sich Helge.

„Kaputt hauen!"

Tatsächlich ging es von nun an nur noch höher. Frans "kotzte". Sein „Kaputt hauen" wurde immer leiser und verstummte schließlich gänzlich. Ein leichtes Rosa überzog seine Gesichtsfläche und mehrere Male trat er wirsch mit seinem Schuh gegen die Holzabsperrung seines Fußraumes, hinter der sich die Computer befanden. Er hatte dem Markt den Kampf angesagt und stand nun alleingelassen auf der falschen Seite. Mit jedem weiteren Punkt nach oben klackerten seine Tastaturschläge lauter und wilder.

Was Frans tatsächlich handelte, bekam keiner der anderen Händler mit, denn sie konzentrierten sich auf ihren eigenen Markt. Randolf bekam endlich wieder einiges zu tun, denn der Umsatz in seinen

Werten war beachtlich. Er gab seine üblichen Marktkommentare ab und sprang innerhalb des Anstiegs von einer auf die andere Seite. Zwei Stunden nach Handelseröffnung hatte er 8000 DM verdient und konnte mit sich zufrieden sein, als das Telefon klingelte. Seine Hand zuckte zum Hörer.

„Ja!", herrschte er in die Muschel.

Auf der anderen Seite war ein Kommissionshändler der WGZ Bank. Er wollte im Auftrag eines Kunden eine größere Position in Volkswagen unterbringen und fragte nach Randolfs Gebot.

„480-500 DM Call-Spread?... Laß mal sehen... Kauf oder Verkauf?... Wieviel Kontrakte?... O.K., Moment", rief er in den Hörer. Er griff zum Taschenrechner, tippte die Zahlen ein und kam zu einem Ergebnis

„Ja kann ich machen. Was ist dein Kurs?", fragte er den Handelspartner. Er hob die Hand, um den anderen zu signalisieren, daß hier ein größerer Deal durchgezogen wurde.

„Alles klar! Ich zähle rückwärts... bist du bereit?... Drei, zwei, eins,..." Randolf hackte auf seine Tastatur und gab den entsprechenden Gegenauftrag in das DTB-System ein.

„Gemacht! Vielen Dank!", meinte er noch und warf den Hörer auf die Gabel. Danach sprang er auf seinen Stuhl und klopfte sich mit den Fäusten auf die Brust.

„Wahnsinn! Die sind so blöd!", rief er und stieg zurück in seinen Sessel, um sofort weitere Quotes einzugeben. Die anderen Trader, bis auf Frans, schauten ihn verwundert an und rollten zu ihm hinüber.

„Was ist los, Randy?", fragt Helge erstaunt.

„Die sind blind! Schaut euch das an!" Randolf zeigte auf den Bildschirm.

„Ich habe gerade 400 Call-Spreads mit einem Preis gekauft, der 50 Pfennig unter dem Marktpreis liegt! Wenn ich den Spread direkt im Markt verkaufe, sind das 10.000 DM Gewinn ohne Risiko!"

„Wieso geben die den Auftrag nicht sofort in den Markt ein?", fragte Lothar staunend.

„Sondern rufen dich an und verteilen Geschenke?", führte Helge fort.

„Tja, weiß ich auch nicht. Jedenfalls habe ich mich bedankt."

„Bedankt?", rief Lothar „Du solltest dem Händler eine Kiste Champagner schicken. Wer war das denn?"

Randolf lachte: „Boris heißt der, ... den kann man sich vormerken, ... der verschenkt Geld."

Kopfschüttelnd und immer noch ungläubig über den Vorfall setzten sich Lothar und Helge wieder vor ihre eigenen Monitore und verfolgten den weiteren Anstieg des Marktes. Die Käufe in allen Dax-Werten waren stetig und regelmäßig und versprachen den Anbruch einer Hausse. Und das trotz der schlechten Vorgaben aus Übersee.

Lothar, der langsam fühlte, daß bald sein Zeitpunkt zum Kauf von Thyssen-Aktien kommen würde, wartete auf das eindeutige Chartsignal. Thyssen kratzte zum zweiten Mal an der 270 DM-Marke, über der allerdings noch einige Briefkurse den weiteren Weg versperrten. Erst bei absolutem Durchstoßen dieses Deckels wollte Lothar zugreifen und allen Bären das Fürchten lehren.

Als gegen 12 Uhr Thyssen auf 270,50 DM gekauft wurde, bekam er seinen Startschuß. Lothar sah das nächste Angebot von 500 Stück auf 270,80 DM und tippte das „K" für einen Kauf in das Programm und bestätigte mit der Eingabe-Taste. 271 DM erschien schon auf der Kauf-Leiste. Lothar überlegte nicht, sondern gab durch einen Reflex den Handel frei - 2000 Stück zu 271 DM gematched, stand nun in der Zeile.

„Auch gut", murmelte er und notierte den Kauf.

Von da an ging alles sehr schnell. Die anderen Marktteilnehmer bemerkten ebenfalls das bullische Chartsignal in der Stahlaktie und kauften den Markt hoch. Innerhalb von Sekunden prasselten die Kauf-Orders auf die noch verbleibenden Briefkurse und trieben die Notierungen in die Höhe. „273" blitzte auf und weitere Geldkurse knallten in den Handel. 2,70 zu 3 blieb der Markt. Plötzlich sah Lothar nur noch vier Briefkurse auf der IBIS-Seite. Er addierte die

VOM TAGESGESCHÄFT ZUM POSITIONSHANDEL

Volumina der Angebote und kam auf 4500 Stück. Ein Kauf von 4500 Stück hätte ausgereicht, um den Thyssen-Markt leerzufegen. Ein verlockender Gedanke.

Aufgrund der Chartkonstellation hatte der Wert Platz bis 280 DM. Erst in diesen Kursgefilden regte sich ein Widerstand und würde höchstwahrscheinlich die Aktie abbremsen. „4500 Stück..." Lothar starrte gebannt auf den Schirm.

„Helge! Ich brauche mentale Unterstützung! Schau dir den IBIS-Markt in Thyssen an. Soll ich die 4500 kaufen?", fragte er seinen Kollegen.

Der Chemiehändler klinkte sich ein und studierte die Situation. Es dauerte alles zu lange. „Was ist, Helge! Soll ich, oder..." schrie Lothar, aber da passierte das Gegenteil: Ein Verkauf.

„Bullshit! Wer wagt es...", konnte er noch knirschen, da fiel der Preis der Stahlaktie schon wieder. 272,50 DM, ...272,30 DM, ...272 DM. Der Markt blieb auf 1,50 DM zu 2 DM.

„Ignoranten! Pessimisten! Spielverderber!", regte sich Lothar auf und sah seinen Gewinn dahinschmelzen. Fünf Minuten später brach der Kurs weiter ein und produzierte die Zahl 271 DM - Lothars Einstandskurs.

„Helge! Was denkst du?" Er saß verkrampft vor dem Schirm und konnte nicht glauben, was er sah.

„Abwarten und Tee trinken!" konnte Helge weise und ruhig anmerken, denn es war nicht seine Position. Er gab die gleichen Tips, die Lothar einige Tage zuvor selbst formuliert hatte. Der Teamkollege setzte sich neben den Thyssen-Künstler und analysierte folgerichtig.

„Das sieht wie ein typischer Pull-Back aus. Also setze deinen Cut-Punkt unterhalb von 270 DM und warte ab, ob sich der Markt zurück in die Richtung des Ausbruchs bewegt. Noch sieht alles positiv aus. Ganz ruhig, Lothar, es läuft."

Er hatte recht. Der Markt stabilisierte sich auf diesem Niveau.

Als um halb zwei Uhr der Parketthandel in Frankfurt schloß, stand Frans von seinem Stuhl auf, um sich ein Glas Wasser zu besorgen.

Der Holländer war in den letzten Handelsstunden zu einem Taubstummen mutiert. Selbst die anfänglichen Aggressionsausbrüche, die sich durch wilde Fußtritte äußerten, waren zu leisen, undefinierbaren Zischlauten verkümmert. Fraglos war dies ein schwerer Tag für den Dax-Händler, denn er begann ihn mit der großen Hoffnung auf einen Preisverfall und jetzt, gegen Halbzeit, belehrte ihn der Markt eines Besseren. Aber theoretisch hätte Frans nach der anfänglichen Preislage des Handels seine Position in die gewinnträchtige Richtung drehen können. Soweit die Theorie. Aber Frans handelte praktisch. Und das, was er da gehandelt hatte, führte zu seiner absoluten Verstummung. Traditionell war der Holländer extrovertiert und immer einer der Lautesten, auch, oder gerade, in Phasen der Geldvernichtung.

Als er sich nun erhob, um seinen Durst zu stillen, zog er unvermittelt die Blicke der anderen auf sich. Sie hatten den Dax-Trader über ihren eigenen Handel völlig vergessen und nun blitzte bei ihnen die Erinnerung auf: Frans war ja zu Anfang short gewesen.

Helge, Randolf und Lothar sahen in ein hölzernes, verkrampftes Gesicht, das sich zu einem bitteren Lächeln verzog, bis einer die Frage stellte:

„How was your day so far?"

Frans antwortete ohne zu antworten: „Well, yeah, how was it?" Er verdrehte die Augen und stellte sich drei bis viermal diese Frage. Währenddessen wanderte er geistesabwesend zum Wasserspender, wohin ihn die Blicke der anderen verfolgten. Randolf, der in solchen Situationen die Führung des Teams übernahm, wurde härter:

„How is your P/L, Frans?", fragte er eindringlich.

Der Angesprochene drehte sich um und kalkulierte im Kopf. „Forty in the Dax, ..., fifty,..., no,... sixty in the position, ..., something like, well, I have to calculate."

Das hörte sich entweder sehr gut an, oder sehr schlecht.

„Well to be honest, Randy. I think it's minus onehundredfifty", flüsterte er.

„Onehundredfifty what?"
„Onehundredfiftythousand"

Im Thyssen-Schirm regte sich etwas. Lothar hatte schon starken Zweifel an seiner bullishen Meinung gehegt. Nachdem er tagelang Chartformationen studiert hatte und schließlich einige Handelssystematiken erstellen konnte, galt es nun die Theorie in die Praxis umzusetzen. Aber was war, wenn sich gerade jetzt der Kurs eigenmächtig in eine andere Richtung bewegen würde? War der Ausbruch ein Failure? Alles Fake? Falsch gesehen?
Der Markt dümpelte bei 271 DM - null-fünfzig auf eins, um genau zu sein, als Lothar beobachtete, wie sich fulminante Geldkurse in der Region um 270 DM ansammelten. Es waren große Geldkurse, mit einem Volumen von 5000 Stück und mehr. Das war es. Es konnte nicht mehr tiefer gehen.
Diesmal zögerte er keine Sekunde. Erleichtert rief er: „Kaufen, man muß kaufen!", tat wie angekündigt und brachte das Angebot auf 271 DM an sich. Der nächste Briefkurs lautete auf 271,50 DM. Auch den legte er sich in sein Depot und brachte mit diesem Schub eine Lawine ins Rollen. Das Kartenhaus des letzten Bären wurde zum Einsturz gebracht. Keiner der Thyssen-Aktionäre war mehr bereit, sich zu den üblichen Preisen von ihren Anteilen zu trennen und so marschierte der Kurs an diesem Tag bis auf 274 DM. Lothar hatte mit seiner Einschätzung recht behalten und „Rechthaben" war Balsam für die Seele. Er fühlte sich euphorisch.

Um Mißverständnissen vorzubeugen: Hier ging es nicht um einen Millionen-Deal. Aber selbst der kleine Kursanstieg bedeutete für Lothar einen ersten Schritt in die richtige Richtung. Er fühlte, daß er es diesmal verdient hatte, mit seiner Meinung Geld zu verdienen. Oftmals spielte der Faktor Glück eine schrecklich große Rolle im Leben eines Händlers und nur dieser Faktor war die Ursache für viele Kursgewinne. Wie oft hat man schon von wundersamen Vorah-

nungen gehört, die zu sagenhaften Gewinnen führten. Nachträglich stellte sich diese Vorahnung als simples Glück heraus, zur richtigen Zeit in der richtigen Position zu stecken.

Aber genau das war der Punkt. Ob Glück oder richtige Meinung, das verdiente Geld war das gleiche. Dauerhaft war allerdings nur derjenige erfolgreich, dessen Entscheidungen nicht auf Glück aufbauten, sondern auf Systematik.

Falls Sie sich nun zu den Glückspilzen dieser Welt zählen, raten wir im übrigen von der Börsenspekulation ab. Denn über kurz oder lang werden Sie leider erfahren, daß Sie dann doch kein Glückspilz sind.

Anbei bemerkt legen Börsenhändler großen Wert auf die Formulierung „Verdienen". In der Branche gilt es als verpönt, die gemachten Profite als „Gewinn" zu bezeichnen, denn schließlich sollte es kein zufälliger Gewinn sein, der da entstanden ist, sondern ein Verdienst - ein Resultat aus einer Arbeit. Auf der anderen Seite deklarieren Trader ihre Verluste niemals als Resultat ihrer Arbeit. Nein! In diesem Fall sollte man beim Zufall bleiben. Es war Pech. Verloren.

Lothar, der systematische Thyssen-Händler, kalkulierte nach Handelsschluß seinen Verdienst. Er kam auf einen Betrag von 12.000 DM, den er aufgrund der Closing-Preise berechnete. Sein Kollege aus der Chemie, der Bayer-Market-Maker Helge, hatte den ganzen Tag das Richtige gemacht, nämlich gar nichts. Er wurde für seine Geduld belohnt und verdiente an diesem Dienstag ebenfalls etwa 10.000 DM. Randolfs Berechnung seines Handelsresultates konnte, wie immer, nur geschätzt werden. Er hatte im Verlauf des hektischen Tages unzählige Trades abgeschlossen, deren Ergebnisse nur kalkuliert werden konnten. Die einzige Kennziffer, die ohne Umschweife dargestellt werden konnte, war das Handelsvolumen seiner Aktienkäufe- und verkäufe. Der ehrgeizige Tageshändler betrachtete diese Zahl als persönliche Leistungskennziffer, wie die Umsatzzahl eines Unternehmen. Heute waren es 12 Millionen DM. Obwohl das Volumen in keiner Weise Auskunft über den Profit gab,

war für den schnellen Trader klar, daß viel Handelsvolumen die Kassen klingeln ließ. Er war in seinem Wert ein sehr aktiver Market Maker, der tatsächlich dem Anspruch eines Marktmachers entsprach, und dementsprechend häufig stellte er in allen Optionsserien aggressive Quotes, wirbelte in sämtlichen IBIS- und Parkettaktien-märkten herum und lehrte die restlichen VW-Trader dieser Welt das Fürchten.

„Ja, Leute. Natürlich ein guter Tag bei mir", resümierte er selbstbewußt gegen fünf Uhr. „Etwa plus fünfundzwanzig."

„Na, dann sind das ja schon siebenundvierzig...", rechnete Helge schnell das Teamergebnis zusammen. „Und jetzt kommt Frans."

Frans war direkt und unkompliziert.

„Minus 300", gab er an.

„Das ist viel", wußte Randolf nur zu antworten.

„What went wrong?" versuchte es Lothar.

„I was short", antwortete Frans, als wäre überhaupt nichts schief gelaufen.

„Yes, we know. But why didn' t you turn the position?", fragte Randolf ungläubig. Die drei jüngeren Händler verstanden die Selbstverständlichkeit ihres älteren und erfahrenen Kollegen nicht.

„The market is wrong", meinte Frans nur. Aber diese Begründung befriedigte in keiner Weise das Bedürfnis nach einer Erklärung für seinen Verlust. Schließlich war der Markt für jeden Börsianer ein heiliges Symbol, dem sich jeder unterzuordnen hatte. Der Markt war niemals falsch.

„I am right! The market is not!", behauptete er standhaft und lächelte den anderen freundlich zu.

War das nun ein lächerlicher Versuch für die Erklärung eines Fehlers, für den es keine Erklärung gab, oder spiegelte dieser trockene Kommentar seine tatsächliche Auffassung wider? Letzteren falls wäre die Meinung des Engländers eine reichlich kostspielige Angelegenheit für das Team. Ein Tagesverlust von rund dreihunderttausend DM weil der Markt falsch war? Wem sollte man das erklären?

Diese und ähnliche Gedanken durchforsteten die Hirne der drei anderen. Die Verantwortung für das Team trug Gijsbert, dem tagtäglich, spätestens nach Börsenschluß, ein Rapport über die Geschehnisse zu liefern war. Üblicherweise gestaltete sich dieser Vorgang durch ein Telefonat, das Randolf mit dem Tradingmanager in Amsterdam führte, aber heute wollte er diesen Part angesichts der Brisanz der Situation nicht übernehmen.

„Frans, you'd better call Gijsbert and tell him the market was wrong", verlangte er.

Ein lässiges Schulterzucken von Frans kommentierte den Vorschlag, er griff zum Hörer, um das Problem zu lösen und verblüffte die Anwesenden wiederum durch seine Leichtfertigkeit. Um dem ganzen die Krone aufzusetzen, warf sich Frans im Stehen und mit einer Hand den Hörer haltend, seinen Trenchcoat über. Er hatte es eilig. Nur noch mal eben Bescheid sagen, daß morgen dreihunderttausend

DM in der Kasse fehlen, weil der Markt falsch ist. So konnte seine Verhaltensweise beschrieben werden.

Kopfschüttelnd und verständnislos widmeten sich die Jüngeren ihren eigenen Problemen, die in der Fragestellung mündeten, wie man möglichst schnell alle Computersysteme herunterfuhr und die Positionen checkte, um nach erledigter Arbeit nach Hause entschwinden zu können.

Die Frage war um halb sechs Uhr beantwortet und Lothar, Helge und Randolf verließen das Schlachtfeld. Sie hinterließen einen hochroten Engländer im Trenchcoat, der ein lang andauerndes, unangenehmes Telefongespräch führen sollte.

KAPITEL VIII

- HAST DU EINE MEINUNG ZUM MARKT? -

Mittwoch, 10. April. Die vier Händler waren nicht allein. Gijsbert war da. Der Cheftrader war aus Amsterdam angereist und wollte sich einmal einen Markt anschauen, der falsch war. Nach seiner Aussage hatte er das in seiner zehnjährigen Börsenerfahrung noch nie gesehen. Das war jedenfalls die freundlich ironische Version für den Grund des Besuches, die er gegenüber Lothar, Helge und Randolf vertrat. Frans, das schwarze Schaf, hatte eine andere Version zu hören bekommen. Er saß mit verschränkten Armen in seinem Stuhl, wie ein uneinsichtiger Schüler, der trotzig einen Rüffel entgegennimmt. Das gestrige Telefonat sollte heute, direkt vor Ort, fortgesetzt werden.

Nachdem Gijsbert einige Gespräche mit London und Amsterdam erledigt hatte, konnte dies im Nebenzimmer des Dealing-Rooms erfolgen. Gijsbert verströmte eine ruhige Gelassenheit, die im Gegensatz zu dem brisanten Grund des Besuchs stand. Doch allein die Tatsache, daß er gekommen war, reichte aus, um eine prickelnde und angespannte Atmosphäre zu schaffen. Er nahm sich eine Tasse Kaffee und winkte mit einer Kopie der Dax-Trading-Position zu Frans, was soviel heißen sollte, als daß er nun bereit wäre, die Unterhaltung zu beginnen. Der Cheftrader und der Dax-Trader verließen den Raum.

Kaum daß sich die Tür hinter ihnen schloß, prasselten die Spekulationen los.

„Ob er gefeuert wird?", fragte Helge besorgt.

„Quatsch, Leute! Nicht wegen einer viertel Million", stellte Randolf fest. „Macht euch mal keine Sorgen. Wegen so einer Summe wird keiner geschmissen. Schließlich kann Frans diesen Betrag an einem guten Tag wieder reinholen. Leute! Scheißt euch nicht in die Hosen!"

Das ließ Lothar nicht gelten. Er meinte: „Das ist ja auch nicht das Problem, Randolf. Viertel Million hin oder her, die Begründung von Frans ist einfach lächerlich. Hätte er einfach gesagt - Sorry, ich habe es falsch gesehen - wäre Gijsbert mit Sicherheit gar nicht angereist.

Aber Frans ist wie ein sturer Bock, er will einfach nicht einsehen, daß er falsch lag. Deswegen hat er seine Position während des Anstiegs auch nicht gedreht."

„...Sondern vergrößert. Im übrigen handelt es sich bei der fraglichen Summe um Dreihunderttausend", ergänzte Helge mit erhobenen Zeigefinger. Er nahm wieder alles sehr genau.

„Toll, Helge. Die fünfzig mehr oder weniger."

„...Entsprechen immerhin dem Gegenwert eines Dreier-BMW und wurden durch harte Arbeit erschaffen!" Helges Zeigefinger stieg bedrohlich in die Höhe.

„Geschätzter Helge. Du willst dich doch durch diese latente Äußerung nicht von unserem allseits beliebten Kollegen und Mitstreiter Frans distanzieren?" Lothars Stimme hob an. Er spielte den Brüskierten.

„Nichts läge mir ferner, verehrter Berufsgenosse. Aber man sollte doch bei den Zahlen bleiben." Die beiden hätten eine Bühne gebraucht.

„Zahlen, Zahlen. Hier geht es um ein Schicksal, welches als Exempel statuiert, auch dir, lieber Helge, widerfahren könnte. Scheinbar vergißt du, daß der Lebensweg unserer Berufskaste nicht nur über Höhen führt. Wie schnell strauchelt ein selbst erfahrener Aktieninvestor über die Knüppel, die ihm das Leben zwischen die Beine wirft? Auch du, Helge, könntest stolpern", rief er und zeigte auf Helges Beine. Er begleitete die geschwollene Ausdrucksweise mit rudernden und ausbreitenden Armbewegungen.

„Und gerade du, mit deinen ein Meter fünfundneunzig, ..., das gäbe einen Krach!"

Helge und Randolf mußten lachen. Und wie immer, wenn Witze über ihn gemacht wurden, lachte Helge am lautesten.

„Ich appelliere für Frans´ Freispruch", beendete der Thyssen-Trader seine Vorstellung.

„Ich pflichte dem bei." Helge grinste.

„Wir werden es sehen, Leute", konnte auch Randolf noch beisteuern, bevor sich die drei zu ihren Handelssystemen umdrehten, um sich auf die Geschehnisse des Marktes zu konzentrieren. Denn die hatten vor zwei Minuten begonnen, die Preise für deutsche Firmenanteile weiter in die Höhe zu treiben. Die drei begannen ihre Arbeit, indem sie sämtliche Optionspreise begutachteten, verschiedene Preisbewegungen analysierten und mehr oder weniger am Handel teilnahmen.

Eine auffällige Preisbewegung weckte zweifellos besonders starkes Interesse in dem Düsseldorfer Büro, in Frankfurt und in der gesamten Kapitalwelt. Es war die des Dollars. Die Notierung strebte in die Höhe und machte Anstalten, den ausgemachten Widerstand bei 1,50 DM anzutesten. Diese Bewegung war scheinbar der Auslöser für ein breites Kaufverhalten im deutschen Aktienmarkt. Besonders Automobilwerte, die stark exportabhängig waren, wurden gesucht und rissen andere Werte mit in ihren Bann.

Die Stammwerte der drei Market Maker verhielten sich genau richtig und bereiteten den Händlern viel Freude. Es entstand eine redselige und freudige Stimmung in dem Handelsraum, die nur durch den hohen Verlust des Dax-Traders eingetrübt wurde. Lothar und Helge vergnügten sich durch einfaches Beobachten der Verhaltensweise anderer Marktteilnehmer, während Randolf zwischen der Geld- und Briefseite seiner Optionsserien hin- und hersprang.

„Och, schau mal da. Hier scheint noch einer short zu sein", amüsierte sich Helge über einen Geldkurs in einer Call-Serie in Bayer. Ein Marktteilnehmer wollte unbedingt 40 Calls erwerben, aber keiner war bereit, seinen gebotenen Preis zu akzeptieren. Die Aktie wurde währenddessen im IBIS teurer gehandelt und zwang den Spekulanten zu immer höheren Geldkursen. Er lief dem abgefahrenen Zug hinterher.

„Ja, komm zu Papa. Na los. Ja? Nun denn aber jetzt", kommentierte der Bayer-Trader.

„Was denn? Nur drei sechzig? Das kann ich ja sogar besser", stellte er überheblich fest und überbot den Geldkurs, indem er ein höheres Gebot eingab. Damit verschwand das alte Bid aus dem Schirm und Helges Gebot erschien. Der bedauernswerte Optionskäufer mußte noch tiefer in die Tasche greifen.

„Ja-ha. Hallo! Ich warte. Wie lange braucht der denn? Muß der erst um Erlaubnis fragen? Aha. Na also", meinte Helge, selbstgefällig mit drehenden Daumen im Sessel sitzend. Ein neuer Geldkurs erschien in Schirm.

„Was denn! Das ist aber zu teuer, lieber Kollege." Helge verkaufte dem unbekannten Teilnehmer kurzerhand die Calls zu dem hohen Preis und kaufte zeitgleich 2000 Bayer-Aktien im IBIS.

„So. Ich habe mein Handwerk gelernt. Laß dir das eine Lehre sein. Wer dem Markt hinterherläuft, der wird mit Helges Preiskontrolle bestraft", sprach er zu sich und seinem imaginären Gegner.

Es war halb zehn und eine Stunde später, als der Chef des Hauses mit Frans im Schlepptau zum Händlerraum zurückkam. Sie unterhielten sich über PSV Eindhoven und Ajax Amsterdam. Kein Anzeichen einer Auseinandersetzung oder sogar eines Streits war zu erkennen. Statt dessen erweckten die beiden den Eindruck einer eingeschworenen Kollegialität, die durch einen so lapidaren Vorfall wie dem Verlust von 300.000 DM nicht zu erschüttern wäre. Gijsbert setzte sich in einen unbesetzten Stuhl und griff direkt zum Hörer, um weitere Auslandsgespräche zu führen. Frans klatschte dreimal in die Hände, schnalzte mit der Zunge, nahm Platz und begann, in alter Manier zu traden.

„Frans be careful! The Dollar has gone up", unterrichtete Randolf und versuchte ihn sogleich vor weiteren bearishen Allüren zu warnen. Frans blickte kurz auf den Reuters-Schirm mit der Dollar-Notiz und erwiderte nur: „Oh really?"

„Are you still short?", fragte ihn Lothar leise. Er saß neben dem Trader.

„Well, I bought my Futures back but I still have my put-spread on. That means ... let's have a look." Der Händler schaute auf seinen DTB-Schirm.

123

„I already lost my hole premium so I can't loose anymore."

„Was sagt Frans?" fragte Helge neugierig.

„Frans ist glatt im Future. Er hat bereits alles verloren."

Der weitere Verlauf des Tages zeigte die Börse im sonnigsten Gewand. Der Dax schien nicht mehr aufzuhalten zu sein, und der Dollarkurs blies frischen Wind in die Segel der Haussiers. Lothar hatte seine Segel durch die Long-Position richtig ausgerichtet und saß den ganzen Tag zurückgelehnt vor seinem Desk. Der Kurs der Thyssen-Aktie entwickelte sich planmäßig und gab keinen Grund zur Klage. Nach der Eröffnung bei 274,80 DM sprang er im Stundentakt eine DM höher und prallte letztendlich an die auf den Pfennig genau vorausgesagte Widerstandsmarke bei 280 DM.

Lothar aalte sich in seinem Erfolg und machte keinen Hehl aus seiner Freude. Dann und wann flogen Triumphschreie durch den Raum, gemischt mit selbstlobenden Beschreibungen. Er bezeichnete sich als Meister und Magier des Marktes.

Gegen Ende der Börsensitzung des IBIS-Handels stellte Lothar seine Aktienposition glatt. Vierzig Pfennig unter Tageshöchstkurs verkaufte er seinen Bestand und realisierte knapp 34.000 DM Gewinn. Nein! Falsch. Für ihn war es Verdienst. Knapp 34.000 DM Verdienst.

„Gut gemacht", kommentierte des Chefhändler seine Tätigkeit.

„Du hast heute eine tolle Show gemacht, Lothar. Wieso bist du eigentlich so ruhig, wenn du kein Geld verdienst?", fragte Gijsbert und klopfte auf Lothars Schulter.

„Dann führe ich einen inneren Kampf mit mir selbst, der keine laute Äußerung erlaubt", erwiderte Lothar. Ihm fiel nichts anderes ein.

„Was sagt er?" Gijsbert wandte sich Helge zu.

„Warst du schon in London?" fragte er Helge plötzlich.

„Ja, mehrmals. Warum?", antwortete Helge.

„Hast du die Liffe gesehen?"

„Nein. Nur Madame Tussaud und den Tower. Und Pubs."

„Lothar,..." Er drehte sich zu Lothar herum. „Was ist mit dir?"

„Die europäische Finanzmetropole London. Hab ich gesehen", antwortete er und beugte sich unter sein Desk, um seine Computer auszuschalten. Dadurch kam seine Stimme leicht quäkend hervor. „Schöne Stadt. Viel zu sehen. Gute Musik", zählte er auf.

Der Holländer drehte sich wieder zurück.

„Ihr könnt nächsten Montag hinfliegen. Natürlich nur dann, wenn ihr wirklich wollt. Die Händler von JDP auf der Liffe wollen euch kennenlernen."

Lothar knallte mit seinem Kopf unter die Tischplatte. „Was? Helge und ich nach London?"

„Ja, wenn ihr wollt."

„Natürlich. Warum nicht?", Helge versuchte seine Begeisterung zu unterdrücken, was ihm allerdings nicht ganz gelang.

„Gut, dann sage ich den Jungs in England Bescheid, damit sie euch am Montag empfangen können." Der Holländer verfiel in ein typisch lallendes Deutsch mit einer weichen Artikulation, die ganz weit hinten im Rachen lag. „So, meine Herrschaften. Es ist alles geklärt. Ich werde jetzt zurück nach Amsterdam fahren. Auf den deutschen Autobahnen weiß man ja nie, wie schnell man sein kann."

Der Boss stand auf, schüttelte jedem die Hand, motivierte noch einmal mit einem aufmunternden „Weiter so" und rauschte durch den Flur hinaus.

Helge wedelte mit der Hand, als würde er Schweißperlen abschütteln. Er schaltete mit der Fernbedienung von CNBC auf MTV um und läutete den Feierabend ein, indem er seine Füße auf den Tisch legte. Nach diesem aufregenden Tag brauchte jeder der Händler eine kurze Entspannungsphase. Die vier Trader setzten sich mit kühlen Getränken zusammen und plauderten über das Leben, Gott und die Welt und über Gijsbert.

„What did he say?" fragte Lothar den Dax-Händler.

Frans gab in groben Zügen den Gesprächsablauf wieder und betonte durch seine Ausdrucksweise und Gestik, daß der Verlust einer
Spekulation nun mal zum Handel dazugehöre. Die Höhe von
dreihunderttausend sei aber absolut kein Beinbruch, sondern höchstens eine Prellung. Gijsbert hätte ihm geraten, wie bisher weiter zu
handeln. Allerdings solle er das nächste Mal ab einem Tagesverlust
von fünfzigtausend DM die Position glattstellen und nach Hause
gehen. Insgesamt wäre Gijsbert dennoch mit der Situation und dem
bisherigen Ergebnis unseres Teams zufrieden.

„Na also, Leute! Wie ich gesagt habe", rief Randolf und mußte das
Eintreffen seiner Voraussage hervorstellen. „Wegen einer sechsstelligen Summe wird hier keiner gefeuert. Sonst würde ich sofort zu
einer anderen Bank wechseln. Schließlich bekomme ich genug Angebote."

„Aha."

„Natürlich! Was denkst du denn. Ich könnte jederzeit auf das Par-
kett wechseln." Understatement war noch nie seine Art. „So, Leute.
Meine Freundin wartet unten in meinen Cabrio. Ich muß gehen."
Helge sank immer tiefer in seinen Sessel und nippte an der Cola.

„Welche Freundin, Randy? Bienemaus oder die andere?", fragte er
gedehnt.

„Hey! Keine Witze! Ich kann auf euch zählen. Das bleibt unter
uns." Damit meinte er eine seiner kürzeren Liaisons. Er setzte sich
die Ray Ban-Brille auf und verschwand.

Randolf war keine Sekunde aus dem Raum, als die drei verbliebenen Trader an die Fenster stürzten und die Lamellen auseinanderzo-
gen, um die Freundin ihres Kollegen in Augenschein zu nehmen.
Tatsächlich versuchte gerade ein roter Fiat-Barchetta, in eine Parklücke einzulaufen. Er stand quer und mitten auf der zweispurigen
Königsallee und zielte mit dem Heck in eine enge Parklücke. Am
Steuer saß etwas Blondes.

Aufgrund des langsam anschwellenden Hupkonzerts der wartenden
Autos wurden die Bewegungen der Chauffeuse hektischer. Randolfs

Freundin, denn zweifelsohne handelte es sich bei dem Blondschopf um diese, ruderte heftig mit dem Steuer, ließ krachend, mit heulendem Motor, einen Gang einrasten und schoß sogleich zwei Meter nach vorn. Scheinbar entsprach diese Bewegung nicht ihrer ursprünglichen Absicht, denn sie schaute während des gesamten Vorgangs angestrengt nach hinten.

Damit versperrte das Vehikel den gesamten Verkehr der Trasse. Die Huptöne vermischten sich mit ersten Pfiffen und als Randolf auf der Bildfläche erschien, hatte bereits ein Autofahrer seinen Wagen verlassen, um der Blondine zu helfen, ihr die Meinung zu sagen oder um ihren Führerschein zu konfiszieren.

Die Absicht konnte nie geklärt werden, denn Randolf griff ein. Er öffnete, nicht ohne seinen Wagen flüchtig auf verdächtige Kratzspuren zu untersuchen, die Fahrertür und half der Blondine, freundlich aber bestimmt, aus dem Sitz. Sichtlich erleichtert befolgte sie den Befehl. Was dann geschah, könnte man als einen kurzen Wortwechsel beschreiben, wobei die Dominanz eindeutig auf der Seite des Börsenhändlers lag.

Dieser setzte sich hinters Steuer, öffnete im Sitzen die Beifahrertür zwecks Einlaß der Partnerin und brauste sodann mit quietschenden Reifen davon.

„Ja, so ist er eben, unser erfolgreicher Randy. Immer Ärger mit den Frauen." Lothar ließ die aufgeschobenen Lamellen wieder zurückschnappen und schritt zurück an seinen Platz. Die anderen folgten ihm lachend und ließen die Frage nach der Identität der Blondine an diesem Tag ungeklärt.

Donnerstag. Ein neuer Tag. Ein neues Spiel. Die Vorzeichen waren eindeutig uneindeutig. Am Vorabend war der Dow ausgerutscht. Die Zitterpartie um die Leitbörse ging weiter. Dafür unterstrich der Dollar seine Absicht, aus einem aufsteigenden Dreieck nach oben auszubrechen. Der langfristige Abwärtstrend des Greenback schien sich zu drehen.

Es war nicht leicht, in dieser Zeit zu handeln, denn es gab keinen Trend. Die Aktienwerte vollzogen unterschiedliche Bewegungen, und der Dax faßte diese Situation in einer aufstrebenden Seitwärtsbewegung zusammen. Damit aber die Marktteilnehmer nicht den Spaß an der Sache verloren, und die Makler ihre Courtage bekamen, startete in solchen Phasen eine unerklärliche Sportart unter dem Namen „Branchenrotation". Diesmal waren die Bankenwerte dran. Sie wurden angeblich gegen Chemiewerte getauscht und brachten so den Kommissionshändlern wenigstens etwas Umsatz. Der Auslöser für diese Betätigung war wieder einmal ein Analystenkommentar, der zur rechten Zeit den richtigen Anstoß gab. Ein paar negative Unternehmensprognosen hier, ein paar positive dort, und schon startete die Sportart. Im Sport verliert der Langsamste und im Börsenhandel kostet „Verlieren" Geld. Das Team hatte keinerlei Positionen in den Banken und war in Bayer long. Somit nahm immerhin Helge an dem Wettbewerb teil und konnte auch an diesem Tag mit dem Verlauf zufrieden sein. Zu Beginn des Handels entschied sich der Dax für einen widerwilligen Gipfelsturm und gegen Nachmittag, nach einer kurzen Rast am Gipfelkreuz, wurde der Abstieg eingeläutet. Lothar konnte kein Geld verlieren. Er hatte aufgrund einer fehlenden Meinung keine Positionen und verbrachte den Tag mit seinen üblichen Chartanalysen. Dabei stieß er auf eine interessante Konstellation: Während die Spitzen der Dax-Kurve immer neue Höhen erklommen, zeigten die Spitzen des RSI-Indikators eine absteigende Tendenz. In der Vergangenheit war diese Stellung oftmals das erste Anzeichen einer Korrektur einer Aufwärtsphase.

Eine kurze Exkursion in den Bereich der technischen Indikatoren möge dem Unwissenden weiterhelfen: Der Relative Stärke Index (RSI) nach Welles Wilder ist eine besondere Darstellungsweise des Momentums. Die Berechnung des Momentums erfolgt durch fortlaufende Subtraktion des Aktienkurses durch den Kurs vor n Tagen. Der Vorteil dieses Indikators ist das frühzeitige Erkennen einer Trendumkehr.
Wilders Ansatz erlaubt durch die Berechnung von Relativwerten den Vergleich von verschiedenen Werten. Die wichtigen Marken dieses Indikators sind die 70er-Linie und die 30er-Linie. Bei Über- bzw. Unterschreiten dieser Marken entsteht ein Verkaufs- bzw. ein Kaufsignal. Darüber hinaus kann ein Chartist zusätzlich zur Kurszeitreihe Trendlinien an den Verlauf des Indikators anlegen und Divergenzen feststellen, die ein Abschwellen der Dynamik indizieren.

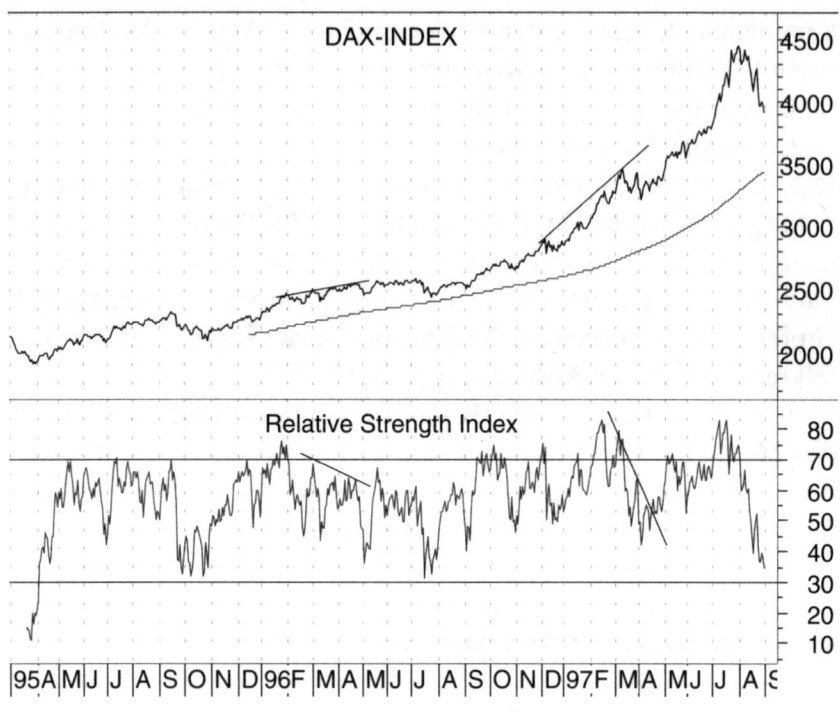

Lothar hatte eine Divergenz zwischen dem Chart und dem Indikator festgestellt und versuchte nun, durch andere Indikatoren eine Bestätigung zu entdecken. Die modified Stochastik lieferte ihm eine vergleichbare Konstellation. Allerdings war diese Spitze noch ansteigend und konnte immer noch die bisherigen Tops überspringen. Also keine großartige Hilfe. Er versuchte es fundamental und rief seinen Kollegen zu Hilfe:

„Helge! Nenn mir Gründe für einen weiteren Anstieg", rief er kurz. Helge holte weit aus und verfiel in einen lehrhaften, strebsamen Ton. „Nun. Wie sich zeigt, ist ein starker Dollar ein Stützpfeiler unserer Wirtschaft. Durch den hohen Exportanteil des Außenhandels bringt ein höherer Dollarkurs auch höhere Gewinne. Insbesondere..."

HAST DU EINE MEINUNG ZUM MARKT?

„Jajaja. Weiter!"

„...die Automobilindustrie profitiert davon. Die technische Situation zeichnet ein absolut positives Bild und erlaubt uns die Prognose von weiter steigenden Notierungen. Des weiteren spricht die allgemeine Konjunktur eine deutliche Sprache. Nach magereren Jahren zeichnet sich letztendlich eine Konjunkturbelebung ab, die durch positive Unternehmensergebnisse in jüngster Zeit dokumentiert werden."

„Komm zum Punkt."

„Äh, ..., ja! Tarifabschlüsse! Die Einsicht der Gewerkschaften brachte annehmbare Tarifverträge zustande, die den Unternehmen die nötige Luft zum Atmen geben. Der Standort Deutschland kann so der Gefahr der ausländischen Bedrohung gelassen in die Augen schauen. Dennoch bedarf es einiger Anstrengungen, um die hohen Lohnkosten in deutschen Unternehmen durch Innovation und technologischen Fortschritt auszugleichen."

„Liquidität!"

„Unterbrich mich bitte nicht! Schließlich: Die Liquidität. Das aktuelle Zinsniveau zwingt die Anleger zum Umdenken. Innovative Finanzprodukte erfahren hierzulande eine Nachfragebelebung und tragen damit auch zur Sicherheit dieses..." er deutete auf die Monitore „...unseres eigenen Arbeitsplatzes bei. Die Aktie wird als lukrative Anlagealternative immer bedeutender und...", der lange Zeigefinger kam ins Spiel, „...sollte von der Masse der Anleger nicht länger ignoriert werden. Schließlich besteht meine Altersvorsorge auch aus einem beachtlichen Aktienportfolio..."

„...das in der letzten Zeit mit Kursverlusten zu kämpfen hatte!"

„...Scheiße ja." Helge suchte nach Ausreden. „Langfristig jedoch, und das ist empirisch belegt, wird sich auch mein Depot als der Grundstein für Reichtum und Wohlstand erweisen. Dies ist allein mit Schuldverschreibungen und Renten nicht zu erreichen. Aufgrund der niedrigen Zinserträge drängt das Kapital in Unternehmensanteile. Ich verweise in diesem Zusammenhang auf die stattfindende

Bundeszentralbankrats-Sitzung am kommenden Donnerstag. Sie wird in ihrer Resolution meine Meinung insofern unterstreichen, als daß eine Zinspolitik beschlossen wird, die meine genannten Aspekte bekräftigt. Moment, ich muß einen Quote Request beantworten." Helge widmete sich deinem DTB-Schirm und kam danach richtig in Fahrt.

„Wo war ich stehen geblieben? Ah, ja. Die Buba. Herr Tietmeyer wird gezwungen sein, die Leitzinsen mindestens auf dem derzeitigen Niveau zu halten. Es bestehen keine Anzeichen einer Inflation, was die aktuellen M3-Zahlen..."

„Schwafel hin, Schwafel her. Also, ..." Lothar faßte zusammen „... starker Dollar, niedrige Zinsen, angebliche Konjunkturbelebung und Liquidität."

„Ja genau!"

„Nun denn. Ein optimistischer Ausblick. Ein wenig zu optimistisch für meinen Geschmack", befand Lothar. Er mußte den Gegenpart übernehmen, denn die beiden waren nie einer Meinung. Helge trommelte bereits in Erwartung des Kommenden mahnend mit den Fingern auf den Tisch.

„Ich denke, ich muß den Ausführungen deines Referats die nötige Bodenhaftung verleihen. Fangen wir beim Dollar an. Die langfristige Tendenz des Dollarkurses zeigt trotz der gegenwärtigen, und da muß ich dir recht geben, Spitzenkurse eine abwärtsgerichtete Ausprägung. Aber wie das Wort „Spitzenkurse" schon implementiert, könnte es sich bei den jetzigen Notierungen um den Gipfel der kurzfristigen Bewegung handeln." Er zeigte mit dem Bleistift auf einen langfristigen Dollarchart, auf dem eine abwärtsgerichtete Trendlinie zu erkennen war. Lothar hatte sich bereits mit dem Chart beschäftigt.

„Zum zweiten Punkt: Die Konjunktur. Es erscheinen zwar erste Anzeichen einer Belebung, doch sind diese eher kümmerlicher Natur. Fraglich bleibt, ob diese jüngste Indikation bleibenden Charakter trägt, oder die Wirtschaftsentwicklung auf kontinuierlich niedriger Stufe äh, ..., hilf mal."

„Steht."

„Danke. Stehen bleibt. Oder besser: ihr Dasein fristen wird. Schließlich zeugen Einsparungspläne und Entlassungen von keinem gesunden Zustand unserer Handelsobjekte. Doch in unserer Branche gilt es, den Blick in die Zukunft zu wagen. Das ist der springende Punkt an deiner gesamten Schilderung. Und da braucht dein Tischklopfen auch nicht lauter zu werden, Helge. All deine, wohlgemerkt richtigen Bemerkungen beziehen sich auf die Gegenwart - auf den Ist-Zustand. Aber was sagt uns die Zukunft? Wohin geht die Zinsentwicklung? Haben wir nicht schon die Talsohle des Zinsgebirges erreicht? Zuspruch für diese These liefert das aktuelle Geschehen am amerikanischen Rentenmarkt, das wie immer der deutschen Entwicklung vorauseilt. Und damit kommen wir zu einem weiteren Argument für eine realistische Kursentwicklung: der amerikanische Aktienmarkt. Wer sitzt denn abends, tagein, tagaus, zitternd vor dem Fernseher und beobachtet die gefährlich hohe Position des Dow, der nach achtjähriger Hausse einen Einbruch verdient hätte? Na?... Ja. Bitte sehr. Was war noch dein letztes, mickriges Argument? Ah ja. Die Liquidität. Auch hier muß ich dir leider vor den Kopf stoßen, Helge. Seit zwei Monaten höre ich nichts anderes als Liquidität, Liquidität. Ja, wo bitte schön, ist die denn? Wenn davon immer noch soviel übrig wäre, hätten die Dax und Dows und die Footsies und Fatzies dieser Welt ja wohl nicht so große Probleme, höher zu kommen. Sind die impotent? Ich bitte dich! Die Marktteilnehmer krähen danach, weil schon alle drin sind - im Markt! Ansonsten spräche ja wohl nichts gegen ein kleines Kursfeuerwerk, das deine Liquidität anzetteln könnte. Ach! Was sag ich. Wenn ich dich so reden höre, müßte jede Sekunde eine Jahrhunderthausse vom Stapel brechen."

„Kann ja sein", kam es kleinlaut.

„Kann ja sein. Pah! Wenn das deine Auffassung wäre, hättest du doch sicherlich sämtliche out-of-the-money Calls an dich gerissen und eine exorbitante Bull-Affaire in deiner Position stehen. Und?

Was sehen meine trüben Augen?" Lothar fummelte mit der Maus herum und klickte auf die Bayer-Position von Helge. Als diese auf dem Schirm erschien, legte er theatralisch die flache Hand an die Stirn und bewegte den ganzen Kopf in alle Richtungen. Zuletzt schaute er auch noch qualvoll unter dem Tisch nach.

„Ich sehe keine!" stellte er fest.

„Na, das kannst du auch nicht. Die hab ich nämlich heute glattgestellt."

„Ach!", rief er und haute dröhnend auf den Tisch. „Und wieso dann die Fanfarenklänge?"

„Das Gesagte bezieht sich jawohl auf die langfristige Entwicklung."

„Langfristig sind wir alle tot!"

„Der Ausspruch ist nicht von dir!"

„Ruhe! Also kurzfristig runter. Dann aber doch wieder hoch?"

„Wieso nicht."

„Mein Gott! Mit welcher Präzision du die Voraussagen triffst. Beachtlich."

„Mach dich ruhig lustig. Meine P/L spricht für mich!"

„Hast du an der heutigen Branchenrotation teilgenommen?"

Helge stutzte. Mit der Frage konnte er nichts anfangen.

„Was? Welche Rotation?"

„Sag bloß nicht, du hast in deinen vielzähligen Telefonaten nicht mitbekommen, daß Chemie in und Banken out sind?"

„Nö."

„Ja was, ..., mit wem telefonierst du denn die ganze Zeit? Ich dachte, da sitzt hier ein Spitzenspekulant, der mit einer vortrefflichen Prägnanz sekundengenaue Preisbewegungen verheißen kann und was sehe ich? Eine taube Nuß!"

Das war zuviel. Die bisherigen offensichtlichen Sticheleien von Lothars Seite waren für den Chemie-Händler eher amüsant und trafen auf hartes Gestein. Aber jetzt hatte der Kollege die Grenze erreicht. Gegenangriff! Der Bogen war überspannt.

Helge wurde lauter und schaute von oben herab: „Was willst du denn?

Hast du nichts besseres zu tun als den ganzen Tag vor deinen Klapperkisten zu sitzen und Bildchen zu schauen?"

„Welch geistloser Versuch, vom Thema abzulenken."

„Handelt in einem Monat mit ein paar Aktien und schimpft sich Market Maker! Ist ja lächerlich."

„Um mit deinen Worten zu kontern, Helge. Meine P/L spricht für mich."

„Zufall! Alles Zufall...", wimmerte Helge. Er fing fast an zu singen. Das Grinsen war aus seinem Gesicht verschwunden. Er nahm jetzt alles ernst. Schluß mit lustig.

„Gib doch einen Börsenbrief raus: Lothars letzte Warnung - oder so. Das kannst du doch. Oder besser noch: Apokalypse now! Und darin kannst du dann auch deine Bildchen veröffentlichen mit schönen bunten Linien und, ...und, ...und dem Kommentar, daß du leider auch nicht wüßtest, was das alles zu bedeuten hätte", rief er.

„Immer noch besser als: Erst runter. Dann aber doch wieder hoch." Lothar mußte lachen. Er hatte Helges wunden Punkt gefunden. „Aber dein brillantester Kommentar... Einfach Spitze..." Lothar äffte nach: „Branchenrotation? Nö! Nicht bei mir!" Er winkte ab und fing danach schallend an zu lachen.

Helge hatte genug. Er drehte um und widmete sich, ohne mit der Wimper zu zucken, seiner Handelstätigkeit. Damit war ein Graben zwischen den beiden geschaufelt, der jede weitere Kommunikation absolut unmöglich machte. Das Schweigen war unüberhörbar. Selbst für Frans und Randolf, die sich lautstark den ganzen Tag mit ihren imaginären Gegnern am Bildschirm unterhielten, war die plötzlich eingekehrte Stille unangenehm.

Der in solchen Fällen von Verantwortungsbewußtsein heimgesuchte Randolf versuchte nun erstens zu schlichten und zweitens seinen Führungsanspruch zu untermauern. Er sprach, ohne den Blick vom Monitor abzuwenden:

„Hey, hey. Ich möchte, daß ihr beiden Geld verdient und nicht hier herumstreitet. Leute, konzentriert euch auf den Handel!" Und um seiner Person laut besuchtem Managementseminar noch mehr Autorität zu verleihen, sprach er nun die Streithähne direkt an.

„Lothar, laß den Helge in Ruhe und du Helge, solltest dich besser über den Markt informieren. Wenn ihr beide nach London fahren wollt, müßt ihr besser zusammenarbeiten. Leute! Das hier ist kein Kindergarten!"

„Hoho! Das geht dich gar nichts an."

Randolf hatte eine Spur zu dick aufgetragen. Laut Beschluß war jeder Händler eigenverantwortlich und nur Gijsbert unterstellt. Die zwei Kollegen vernahmen hier eine Anweisung eines Gleichgestellten und damit eine nicht annehmbare Verzerrung der Autoritätsverhältnisse.

„Wenn wir uns hier in Ruhe über den Markt unterhalten, bedeutet das noch lange nicht, daß wir streiten", stellte Helge unversehens klar und verbündete sich wieder mit seinem Diskussionspartner. Ein neuer Feind machte Freunde aus alten Feinden.

„Und darüber, ob wir nach London fahren, oder nicht, hast du ja wohl nicht zu entscheiden.", verdeutlichte Lothar. Hier ging es um Machtverhältnisse, die nicht angetastet werden durften.

„Helge und ich diskutieren absolut sachbezogen über die Zukunftsaussichten des deutschen Aktienmarktes."

„Ganz richtig!" bestätigte Helge und überließ Lothar die weitere Klarstellung.

„Und wenn es währenddessen zu unterschiedlichen Auffassungen kommt, so spiegelt dies nur das Recht zur freien Meinungsäußerung eines Börsenhändlers wieder. Da kann ja wohl keine Rede vom Kindergarten sein. Schließlich besteht dieses Team aus vier autarken Händlern, denen freie Hand in bezug auf ihre Entscheidungen gelassen wurde. Ich bitte dich, dies zu beachten!"

Randolf beachtete mittlerweile nur noch seinen Volkswagenmarkt.

„Hach! Wie brillant formuliert", fand Helge genüßlich und rieb sich die Hände. Das Gewitter war verzogen, und die alten Gemeinsamkeiten wiederhergestellt.

Der weitere Verlauf des Handelstages stand im Zeichen der Wall Street, deren Notierungen nach Handelsbeginn um 15 Uhr 30 mitteleuropäischer Zeit abbröckelten. Der Dax konnte sich dem Einfluß der Amerikaner nicht entziehen und machte ebenfalls ein paar Punkte Verlust. So bekamen alle Recht. Helge betonte, das wäre nun seine prognostizierte kurzfristige Abwärtsbewegung, und Lothar definierte den Vorgang als Beginn einer langfristigen Korrektur. Eigentlich hatte der Thyssen-Händler gar keine Meinung. Er wollte ganz einfach diese Tatsache überspielen, indem er den Gegenpol zu Helge einnahm und sämtliche Argumente präsentierte, die er aus dieser Position nennen mußte. Immerhin war er in bezug auf seine Handelstätigkeit konsequent. Keine Meinung. Also auch keine Position.

Der letzte Tag der Woche war der letzte Handelstag vor dem Londonbesuch und motivierte Helge und Lothar zusätzlich zur Untätigkeit. Sie wollten kein Risiko eingehen, denn während ihres Aufenthaltes in England hätten sie ihre Positionen nicht beeinflussen können. Das börsenbezogene Geschehen dieses Freitags läßt sich in wenigen Silben zusammenfassen: wenig Volumen, Dollar höher, Dax unverändert. Deshalb legten Helge und Lothar Wert auf andere Prioritäten, die sich alle auf die Vorbereitungen ihrer Stippvisite bezogen. Sie telefonierten geschäftig mit den Londoner Kollegen und verabredeten diverse Treffen. Zusätzlich gab der erfahrene Frans einige Tips und versorgte sie mit Informationen über die Londoner Aktienbörse und der Options- und Futurebörse LIFFE.
„Open-outcry" war das Stichwort. Die beiden jungen Händler hatten bisher nur den elektronischen Optionshandel kennengelernt und waren gespannt auf die Abläufe, das Gebrüll und Geschrei der bunten Parkett-Trader. Und, so lautete die Empfehlung von Frans, man solle unbedingt auf die Yellow-Jackets acht geben. „Nice young ladies" versprach er und schwelgte sehnsüchtig in alten Erinnerungen an seine damalige Tätigkeit. „They kiss your lips!"

KAPITEL IX

- EIN FUTURE AUF SCHWARZE SCHUHE -

Es war ein schöner kühler, klarer Montagmorgen, als Helge und Lothar sich um halb acht Uhr im Flughafen in Mönchengladbach trafen. Lothar trug einen konservativen, mausgrauen Anzug mit Weste und nörgelte bereits mit einer Bediensteten an einem der drei Schalter. „...Was ist das überhaupt für ein Provinzflugfeld?", beklagte er sich wild gestikulierend und brachte die junge Dame arg in Bedrängnis.

Der Flughafen in Mönchengladbach hatte diverse Vor- und Nachteile, die alle aus seiner Kleinheit resultierten. Der Vorteil, der den Ausschlag für die Wahl dieses Airports brachte, war die Möglichkeit, von dort direkt auf Londons Cityairport in den Docklands landen zu können. Das ersparte den langen Transfer von Heathrow in die City of London. Außerdem bot er im Gegensatz zum Düsseldorfer Standort genügend und kostenlose Parkmöglichkeiten. Im Gegenzug mußte man bedauerlicherweise einige Abstriche in punkto Service und gewohntem Komfort hinnehmen. Die Atmosphäre ließ die übliche Professionalität und Weltstädtigkeit eines großen Flughafens vermissen.

„...Wieso? Unser Flieger geht in 15 Minuten, da wird es doch wohl möglich sein, jetzt einzuchecken!" Lothar hüpfte von einem Bein auf das andere. Er sprach betont laut und deutlich und ließ die anderen Wartenden an seinen Reklamationen teilhaben. Die Bedienstete saß hinter dem Abflugschalter und nuschelte leise etwas in seine Richtung. Man wollte keinen Aufruhr.

„Was? Ihr Computersystem? Soll ich also solange warten, bis ihre Rechenmaschine wieder funktioniert und ich meinen Flieger verpasse?", sagte er diesmal noch lauter, was die anderen Fluggäste natürlich aufmerksam und bedenklich zur Kenntnis nahmen. Schließlich ging es hier auch um ihre Wartezeit.

„Und was, wenn ihr Kasten in fünfzehn Minuten immer noch nicht funktioniert?", wollte er wissen. Die Dame wurde sichtlich nervös und rief eine Kollegin zu Hilfe. Mit einem Blick entdeckte der gerade angekommene Helge seinen Kollegen in der Abflughalle, schob

sich durch die Warteschlange nach vorn und begrüßte ihn freundlich.

„Morgen Lothar.“

„Helge! Ich hab es gewußt! Ich hab es *gewußt*! Nichts als Ärger.
Wir hätten doch den Flieger von Düsseldorf nehmen sollen. Hast du
das Rollfeld gesehen? Das sieht hier aus wie auf einem Segelflug-
platz... und die Maschinen! Hast du die Maschinen gesehen?“, entgegnete Lothar aufgebracht. Mit diesen Sorgen traf er scheinbar den
Nerv der anderen Passagiere, denn ein älterer Herr beugte sich zu
ihm und fragte spöttisch: „Wissen Sie, wieviel Personen in das Flug-
zeug passen?“

Der Flughafen war erst in jüngster Zeit für den Passagierverkehr
geöffnet worden und keiner der Gäste war mit den Gegebenheiten
vertraut. Etwas Neues erzeugte Mißtrauen, gerade im Luftfahrtge-
schäft.

„In Segelflieger passen zwei. Viel mehr kann hier auch nicht rein-
gehen.“ Lothar übertrieb. Den Angriff auf die Seriösität ihres Arbeitgebers ließ die Angestellte nicht gelten und stellte standardmä-
ßig klar: „Sie fliegen mit einer Fokker 50 mit fünfzig Sitzplätzen.
Meine Herren, es kann sich nur noch um wenige Augenblicke handeln, bis unser System wieder funktioniert. Bitte haben sie bis dahin noch ein wenig Geduld. Die Maschine wird nicht eher starten,
bis wir sie eingecheckt haben.“

Lothar drehte sich zu Helge und brabbelte los: „Fokker, Helge! Eine
Fokker! Das ist das Gerät, von dem ich dir erzählt habe. Da muß der
Pilot aussteigen und den Propeller anwerfen, um zu starten.“

„Nimm dich zusammen!“

„Hab ich dir die Geschichte erzählt von dem Flieger, dem über
Hawai ein Teil des Dachs weggeflogen ist? Hat glatt eine Sitzreihe
mit in die Luft genommen. Ja, Helge, das kann dir hier auch passieren!“

Und damit wandte sich Lothar an die anderen in der Schlange und
verbreitete Horrorgeschichten und Panikanekdoten aus der Geschich-

te der Luftfahrt. Helge versuchte mit einem erklärenden Lächeln das Verhalten seines Kollegen zu entschuldigen und stand mit peinlichem Gefühl an der Seite der Gruppe, bis endlich ein freundliches „Wir können jetzt anfangen" von Seiten des Pultes das Startsignal zum Einchecken gab.

Die zwei wurden anstandslos in die Dateien aufgenommen und da kein Gepäck vorhanden war, verließen sie mit eiligen Schritten den Schalter in Richtung Ausgang. Selbst der folgende Sicherheitscheck konnte nicht den Eindruck einer gewissen Behelfsmäßigkeit verwehren und die Tatsache, daß nach dem Sicherheitsraum nur noch eine offene Tür auf das Rollfeld verwies, machte Lothar endgültig nervös. Dröhnender Motorenlärm schlug ihnen entgegen, als sie auf das sonnige Vorfeld hinaustraten. Da standen mehrere einmotorige Privatflugzeuge und eine größere Maschine mit surrenden Propellern.

„Helge!" Lothar mußte brüllen, sein Anzug flatterte vom aufgestaubten Wind.

„Helge. Das muß sie sein!" Er deutete überflüssigerweise auf das Gefährt und setzte sich in Bewegung.

Nach einigen Schritten wurde das Paar von der bekannten Bediensteten eingeholt. Sie wedelte mit zwei Bordkarten und rief etwas, was angesichts des anschwellenden Motorengeräusches nicht zu verstehen war. Scheinbar hatte sie die vorschriftsmäßigen Bordpässe vergessen und reichte sie nun, auf dem Rollfeld, nach. Wozu das allerdings jetzt noch gut sein sollte, wußte keiner der Drei.

London empfing sie mit strahlend blauem Sonnenschein. Der Flughafen war groß genug, um eine angemessenen Professionalität an den Tag zu legen. Die beiden demonstrierten während des Ankunftprozederes eine gewohnheitsmäßige, ihrer Stellung entsprechende, gelassene Geringschätzung und begaben sich dann zum Bahnhof Canary Wharf. Von hier aus starteten die Züge in die City. Sie traten in das Bahnhofsgebäude ein und fuhren mit einer willkürlich ausgewählten Rolltreppe auf eine der vielen Plattformen hinauf. Die routinemäßige Gewandtheit hätte es ihnen nicht erlaubt, einen längeren Blick auf die Fahrpläne zu werfen, aber als sie auf den Bahnsteig traten, an dem bereits ein eingefahrener Zug wartete, wollte sich Lothar schlußendlich doch vergewissern, ob dieser Zug der richtige sei. Er strebte zielstrebig einen uniformierten Bahnschaffner an und fragte, in seiner Meinung nach perfektem Englisch:

„Excuse me Sir. Is this the train to the city, please?" Der Angesprochene musterte Lothar, zupfte sich mit einer Hand am Schnurrbart, legte den anderen Arm hinter seinen Rücken und spitzte ironisch die Lippen. Gleichzeitig fingen seine Hacken an, auf und ab zu federn. Bis er schließlich anfing zu sprechen, vergingen einige Amplituden dieser Schaukelbewegungen.

„Well. We've got several trains to the city. But this is one of them, Sir!", antwortete er höflich.

Die beiden stiegen vorbei an dem weiter wippenden Schaffner, der sich vor lautlosem Lachen zu schütteln schien, in den Zug und setzten sich.

„Hör auf zu grinsen, Helge. Du wirst mit deinem Englisch auch noch Probleme kriegen. Da kannst du zehnmal in der Berlitz-Schule gewesen sein, diesen Tonfall beherrschst du nicht."

„Wie der dich angeguckt hat. Köstlich!", fand Helge.

„Das ist der britische Humor, Helge. Den spitzfindigen Sarkasmus findest du hier an jeder Ecke."

„Den findest du vorläufig genau dort, wo ein Deutscher kein Englisch kann", stellte Helge fest.

„Ja ja. Schon gut. Wir werden ja sicherlich noch häufiger Gelegenheit zum Test deiner englischen Sprachkenntnisse haben. Schließlich sollst du beweisen, daß sich die hohe Investition in deine Person durch den Berlitz-Kurs rentiert hat. Ich bin gespannt."

Die beiden fuhren auf der hohen Trasse der Dockland-Railway Richtung Bank Station und genossen den Ausblick über die modernen Gebilde der Hafenlandschaft, die einen unpersönlichen aber ausfallenden Eindruck verströmten.

Die Underground war zu diesem Zeitpunkt angenehm leer, denn die schweißtreibende Stoßzeit, in der sich die Fahrgäste wie Würstchen in einer Dose zusammenquetschen mußten, war schon vorbei. Ausstieg an der Zielstation.

Durch die Ticketsperren hindurch, an denen sich Helge fast die Hüfte prellte, und endlich hinauf ans Tageslicht.

„Ahhh!", keuchte Lothar, breitete die Arme aus, reckte den Kopf in den Himmel und drehte sich mehrmals im Kreis.

„Helge, das ist es! Weltstadt. Flair. Atmosphäre. Atme diese Luft!" Die beiden blinzelten in das helle Tageslicht, während sie am Straßenrand der Cannon Street standen, inmitten der Square Mile.

„Bankenmetropole, Helge. Bankenmetropole. Es riecht nach Geld. Hier konzentriert sich alles, was in unserer Branche Rang und Namen hat. Schau dir diese Bürogebäude an. Hinter jedem Fenster werden Millionen verschoben, Aktien gehandelt, Fonds gemanagt und Reichtümer verdient! Wo ist überhaupt die Liffe?"

„Cannon-Bridge. Man sollte nachfragen." Lothar blickte suchend umher und blieb mit seinen Augen an einem Punkt haften.

„Nicht nötig. Mir nach. Ich hab's", rief er, beschleunigte um die Ecke und zeigte richtungweisend die Straße hinab.

„Siehst du den Clown?" Am Ende der Straße trippelte eine Person mit farbig gestreiftem Jackett.

„Du meinst den Händler."

„Der geht garantiert zur Liffe."

„Recht so."

Unverzüglich verfolgten die beiden Börsenhändler in sicherem, gleichbleibendem Abstand die Person mit den Großbuchstaben auf dem Rücken. Sie bogen in eine kleinere, ruhige Seitenstraße ein und konnten plötzlich durch die Häuserfronten hindurch die Themse erblicken. Glänzend und dunkel bewegte sich das Wasser in der Strömung und lenkte den Blick eine Weile von dem Trader ab. Als sie wieder die Peilung aufnahmen, war der Brite verschwunden.

„Das muß hier irgendwo sein. Ich hab doch auf der Karte gesehen..." versicherte Helge und nestelte in der Innentasche seines Jak-
ketts. Lothar zückte sein Handy und rief die Nummer des Londoner
Büros an.

„Wie heißt die Gasse?", fragte er hektisch.

„Suffolk Lane"

„...Yes we' re in the..." Er legte die Hand über das Gerät und fragte
nochmals: „Wie?"

„S-u-f-f-o-l-k L-a-n-e"

„... Suffolk Lane...yes...yes... o.k....right...and then... allright see
you in a minute."

Er packte das Handy wieder ein. „Es ist angerichtet, Helge. Man
erwartet uns im Foyer der Liffe. Ist übrigens gleich um die Ecke."

Das große, schwarze Gebäude fügte sich leicht bedrohlich in die
Häuser und Bürobauten ein und erstreckte sich in Form einer Brük-
ke über eine große Straße hinweg. Vor dem unscheinbaren, aber gut
gesicherten Eingang standen mehrere bunte Jacken, die sich, teilweise mit Zigarette in den Fingern, lautstark unterhielten. Neben
den bunten Tradern konnten die zwei auch ein Yellow-Jacket ausmachen, das, wie von Chris versprochen, aus einer verblüffend hüb-
schen Blondine bestand.

Lothar lief, von Helge gefolgt, an den Umstehenden vorbei und gelangte durch die Drehtür ins Innere der Liffe.

Ein gigantisches Pult mit Sicherheitspersonal, eine langgezogene
Rolltreppe und bunte Jacken waren die ersten Merkmale, die den
beiden DTB-Händlern ins Auge sprangen, und überall zeigte sich
ihnen eine geschäftige Betriebsamkeit, die schon andeutete, was sich
in der großen Arena der Börse tagtäglich vollzog. Kaum waren Helge und Lothar eingetreten, wurden sie von dem Bundhändler JDP's
entdeckt.

„Hey, how are you? I'm John", rief John. Er streckte ihnen die
Hand entgegen und hätte dabei beinahe zwei polierte Eisenkugeln

verloren, die in seiner Handfläche lagen. Die Kugeln klackerten aneinander und rutschen geschickt von der Rechten in die Linke, worin sie anschließend fröhlich weiter eine ruhige schoben. Der Trader bemerkte den fragenden Gesichtsausdruck der beiden Deutschen und ließ verschmitzt seine Hand mitsamt den Bällen in der ausgebeulten Jackettasche verschwinden. Automatisch setzte sich dort die Tätigkeit fort.

„Das sind meine Glücksbringer", meinte er erklärend. „Durch die Bewegungen kann ich mich besser konzentrieren und sie leiteten die Anspannung ab."

John war 23 Jahre alt und hatte braune, zerzauste Haare, die sein freundliches Gesicht umrahmten. Er lächelte bei jeder Gelegenheit und verbreitete auf Anhieb eine sympathische Atmosphäre, die von einer jugendlichen Unvoreingenommenheit ausging.

„Ich muß gleich zurück in die Pit. Ihr könnt mich begleiten", schlug er vor. Ohne lange Vorreden führte er die beiden Besucher zum Pult, an dem sie vorgefertigte Händlerkarten bekamen, und weiter die Rolltreppe hinauf. Fast im Laufschritt überholten sie auf der fahrenden Treppe andere Händler und gelangten zu einer Absperrung, die durch Johns Magnetkarte Einlaß gewährte.

Überall wuselten Händler und Broker umher, die teilweise in den Gängen entlang hasteten, während andere in kleinen Gruppen standen und sich auffallend lautstark und ausdrucksvoll unterhielten - offensichtlich eine Berufskrankheit der Floortrader. Entfernt konnte man die Pegelspitzen des Tumultes vernehmen, der sich hinter den schalldichten Türen abzuspielen schien.

John stieg zügig die Treppen hinab und öffnete eine der großen Eingänge zum teuren Spielfeld.

Es war beeindruckend. Das Innere der riesigen, farbenprächtigen Halle prallte ihnen entgegen, mit Gekreische, Radau, Brüllereien und Tausenden bunter Jacken, die, schneller als jeder Taubstumme, mit den Händen und Fingern wilde Zeichen vollführten. In einigen Metern Höhe dokumentierten große Monitore den jeweiligen Markt und durch die Gänge und Seitenwege eilten Trader, Broker und sonstige farbig gekennzeichnete Vertreter. Das gigantisches Spiel, mit eigenen Regeln und einer eigenen Welt, machte jeden Tag Millionäre. Andere wiederum wurden von diesen Summen und Sorgen erlöst.

John führte die beiden Fremden an den Rand der Handelszone, an den sich Reihen von Desks anschlossen. Hier war für jedes Börsenunternehmen ein kleines Pult reserviert, auf dem ein Computer und ein Telefon Platz fanden. Zusätzlich trafen sich hier die Händler einer Company und tauschten Informationen aus.

„Ich werde euch den anderen Händlern vorstellen. Pete und George handeln gerade, Dennis ist irgendwo und Jenna müßte hier sein. Moment", rief er mit guter Laune und verschwand fröhlich pfeifend im Getümmel.

„Tja, Helge. Hättest du dir das so vorgestellt?", fragte Lothar schwer beeindruckt und brach damit das stumme Staunen der beiden.

„Wahnsinn! Das ist doch Wahnsinn! Schau dir die Bund-Pit an. Darin befinden sich mindestens 200 Händler."

„...und Schiedsrichter in roten Jackets. Mein Vater versteht nicht, was ich mache." Helge setzte eine nachdenkliche Miene auf.

„Wie?"

„Ich meine die Tätigkeit, die wir machen. Die versteht er nicht."

„Ja und?"

„Ich habe tausendmal versucht, ihm zu erklären wie Optionen funktionieren und daß man mit Aktien Geld verdienen kann. Aber er versteht es nicht." Helges Augen starrten geistesabwesend in die Leere.

„Na ja. Hauptsache, du verstehst das."

„Nein, nein." Helge schaute Lothar sorgenvoll an. „Ich meine: Er begreift nicht, das unsere Tätigkeit sinnvoll ist. Wenn einer verdient, verliert ein anderer. Das ist doch nur ein Spiel. Wir machen eigentlich nichts, was in irgend einer Art produktiv wäre. Er behauptet sogar, wir kosten Arbeitsplätze. Wir handeln und jonglieren mit Unternehmen und degradieren sie damit zur Zweitklassigkeit."

„Ganz richtig!"

„Wir beurteilen ein Unternehmen anhand des Preises, den wir bereit sind dafür zu zahlen, wir geben Noten, wir begutachten und urteilen über den Wert eines Unternehmens. Die ganze Schar der Investmentbanker stürzt sich doch auf Firmen, um sie zu zerlegen, zu zerpflücken, dann wieder zusammenzusetzen und den Preis zu diagnostizieren. Die Unternehmen sind doch nur noch Handelsobjekte, gegeneinander austauschbar."

„Fungibel."

„Jaja. Da fragt keiner mehr, ob die Leistung der Firma sinnvoll ist oder ob das hergestellte Produkt einen wirklichen Wert hat. Ist das Produkt schön? Sieht es gut aus? Oder gibt es etwas her? Diese Aspekte interessieren die meisten gar nicht mehr! Statt dessen urteilt der Markt. Wenn etwas zu verkaufen ist, ist es auch sinnvoll. Basta. Und, und wir sind die Krönung! Wir hebeln das Ganze noch, schließen Wetten ab und können damit viel kaputtmachen. Wenn ich hier diese Arena sehe, kann ich die Ansicht meines Vaters gut verstehen. Es ist wie eine Sportveranstaltung: Einzelne Teams treten gegeneinander an und versuchen, innerhalb vorgegebener Zeit in diesen Spielfeldern möglichst viel Geld von den anderen Teams abzuluchsen. Alles passiert nach Spielregeln, die ein Schiedsrichter auf ihre Einhaltung kontrollieren. Das Geld sieht man natürlich nicht. Eigentlich könnten sie auch um Gummipunkte spielen. Oder um Äpfel."

„Oder um viereckige Papierstücke. Bedruckt mit viel Wert. Nämlich soviel, wie darauf steht."

„Haha."

„Tja, Helge. Das ist das System, in dem wir leben. Funktioniert aber doch gut."

„Es ist aber unfair! Dem Geld wird zuviel Wert beigemessen."

„Dann würde die Währung doch sinken?"

„Nein, ich meine nicht eine Währung. Ich meine Geld im Allgemeinen und im Verhältnis zu anderen Werten wie Gegenständen und vor allem Menschen."

„Großer Gott, Helge! Möchtest du hier, inmitten des Mammon-tempels anfangen, über Sinn und Unsinn des Kapitalismus zu sin-nieren? Das ist ein Thema für ein gemütliches Pub, bei Kaminfeuer und Zigarette."

„Man muß wichtige Gedanken mitteilen, die einem einfallen, sonst gehen sie unter", schloß Helge.

Zwischenzeitlich schob sich ein junges Mädchen in gelben Jackett an die beiden heran und versuchte zögerlich, an eine Schublade zu kommen, die von Lothar versperrt wurde. Sie lächelte und schien zu wissen, wer sich da die Frechheit erlaubte, ihren Schrank zu ver-sperren. Es war Jenna. Die blonde Mitarbeiterin des Londoner Teams war die Parkettbotin und trug deshalb das „Yellow Jacket".

„Ihr seit die beiden Besucher?", fragte sie, um die Konversation einzuleiten. Zweifelsfrei waren Lothar und Helge als solche zu er-kennen, denn sie stachen mit ihren dunklen Anzügen aus dem bun-ten Gewimmel heraus wie Touristen auf einem arabischen Basar.

Jenna begutachtete die deutschen Besucher und blickte neugierig an den beiden herunter. Irgend etwas schien ihr zu mißfallen, denn sie zischte kurz zwischen den Zähnen und schüttelte den Kopf.

„Seid ihr Trader?", fragte sie weiter und blies sich keck die Haare aus der Stirn. Die Antwort auf diese Frage schien von entscheiden-der Bedeutung für das Ausmaß ihres Interesses gegenüber den bei-den Gästen zu sein. Laut Aussage von Chris zeigten weibliche Yellow-Jackets außerordentliche Zuneigung gegenüber Floortradern. Ja, es ginge sogar soweit, daß viele junge Mädchen überhaupt nur als Bote arbeiteten, um gewisse Kontakte herzustellen. Scheinbar stieg mit der Faszination des Geldes auch die Ausstrahlung.

„Ja! Sind wir, sind wir!", preschte Lothar vor und startete eine be-langlose Konversation, die sich auf den Austausch von möglichen Gemeinsamkeiten beschränkte. Währenddessen kam John von sei-nem Ausflug zurück und zog im Schlepptau einen weiteren JDP Händler heran. Er mußte lachen, als er Jenna in der Unterhaltung mit Lothar sah. Der spezielle Umstand war allgemein bekannt.

149

„Das ist Helge, das George. Das da vorn ist Lothar, aber den stören wir besser nicht", lachte John. George begrüßte Helge per international bekannter Klatschform und wechselte anschließend ein paar Worte. Dabei schaute er plötzlich irritiert auf Helges Schuhe, ließ sich aber nichts anmerken und erörterte die Eigenarten des Open-Outcry-Systems. Er zeigte seinen Volazettel, auf dem Optionspreisveränderungen mit verschiedener Volatilität einer Position dargestellt wurden. Diesen Zettel führten die meisten Trader in der Jackettasche mit und benutzen ihn als einziges Hilfsmittel in der Pit. Ansonsten wurde die Charakteristika einer Optionsposition blitzschnell im Kopf berechnet, um den umstehenden Konkurrenten keine Geheimnisse zu präsentieren.

Über dies und andere Dinge fachsimpelten die Händler, als drei Männer, die anhand der Kurzbuchstaben auf dem Rücken als Trader der Chase Manhattan Bank zu identifizieren waren, ihren Weg kreuzten. Sie unterhielten sich lautstark, bis einer der drei plötzlich flüsterte und auf Helges Schuhe zeigte. Danach brachen die Trader in Lachen aus und schritten weiter Richtung Ausgang. Helge bekam den Vorfall aus den Augenwinkeln mit, fand die Reaktionen, die sich in letzter Zeit beim Anblick seiner Person häuften, äußerst bedenklich und kratzte sich irritiert an der Nase. Dabei begutachtete er unauffällig seine Schuhe. Da er auch dort keine Begründung für die sonderbaren Verhaltensweisen fand, setzte er zögernd die Unterhaltung fort. Zur Unterstützung, zur Ablenkung und aus anderen taktischen Gründen wurde Lothar hinzugerufen. Letzterer trennte sich nur schwer von Jenna und ihren strahlenden blauen Augen und gesellte sich widerwillig zu den anderen.

„Verdammt! Wieso haben wir keine Yellow-Jackets?", fragte er Helge auf deutsch, wobei die Briten den Inhalt der Frage sehr richtig erahnten.

„Yellow-Jackets?" Die zwei Trader grinsten kollektiv. „Yeah, nice young ladies."

Die englischen Trader zeigten auf verschiedene Kollegen, tippten auf einige weibliche gelbe Jacken und brachten durch Erzählungen vielsagende und besorgniserregende Beziehungen zu Tage, die alle mit einem pikanten und delikaten Anstrich gewürzt waren.

„...and what about you?" wollte Lothar aufgeregt wissen. Nein, auf keinen Fall! Man selbst habe doch damit nichts zu tun. Um Gottes Willen! Was die anderen da machen... na schön... aber man selbst?... Niemals!..., ..., sicherlich, man habe unter anderem dem Vorstellungsgespräch Jennas beigewohnt...

Den weiteren Vormittag verbrachten Helge und Lothar mit einem Rundgang auf dem Floor, wobei es beide Kollegen tunlichst vermieden, ihre Hände über Schulterhöhe zu heben, denn das hätte unter Umständen zu einem nicht gewollten Trade führen können. Helges Bewegungen waren zusätzlich von gewissen Einschränkungen begleitet, die alle von dem unmöglichen Versuch herrührten, seine Schuhe unsichtbar zu machen. So streifte er häufiger an den Seitenrändern der Pits entlang und wich allen großen, übersichtlichen Gängen aus.

Für ihn völlig unerklärlich waren die mißbilligenden Blicke, die dennoch dann und wann seine anstandslos polierten Schuhe straften. Auch an den Hacken und unter der Sohle, so hatte eine intensivere Inspektion auf der Toilette ergeben, waren keine Anzeichen eines Anstoßes zu erkennen. Helge fühlte sich langsam unwohl in dieser vermeintlich feindlichen Atmosphäre, die einem Mann wie ihm das Leben zur Hölle machte. Sachdienliche Kritik war akzeptabel, aber keine unverständliche Mißbilligung in geballter Form von scheinbar Hunderten von Eingeweihten. Folgenderweise empfand Helge die Einladung zur Mittagspause in ein Pub als vorläufige Erlösung.

Es war halb eins und das Fullers Pub „The Vintry" an der Queen Street voll. Bis in die letzte Ecke drängte sich das Publikum, das bis auf die Barkeeper aus banken- und bankenverwandter Jobs innehabenden Angestellten bestand. Helge war überglücklich, als er neben einem Pint Bitter einen kleinen freien Tisch sichtete, an dem er sich niederlassen konnte. Er streckte seine langen Beine aus und hätte sie fast, entgegen seiner Idee, wieder am anderen Ende des Tisches zum Vorschein gebracht. So rückelte er seinen Stuhl zurecht und stimmte die Entfernung zum Tisch exakt mit seiner Beinlänge ab. Die Schuhe verschwanden bestimmungsgemäß in den nicht einsehbaren Bereich.

Einige Gäste kamen aus der LIFFE und trugen weiterhin ihre identifizierenden Jackets. Andere entsprangen Bankbüros und trugen durchwegs dunkle Anzüge, die in dieser Region einer Uniformierung gleichkamen. John, der Bundhändler und George waren ebenfalls anwesend und diskutierten mit anderen Kollegen über den heutigen Markt. Dabei versuchten sie, die deutschen Gäste mit in die Gespräche einzubinden und als besondere Attraktion zu verkaufen, was Helge verständlicherweise gar nicht gerne sah. Ihm schwante schon wieder Böses.

Als die Unterhaltung auf Mode und Kleidung zu sprechen kam, war es soweit. John, das konnte Helge gerade noch verstehen, zeigte sich verwundert über die deutsche Schuhmode und deutete dann, Helge hatte es kommen sehen, auf Besagten. Die Diskussionsrunde kam langsam bedrohlich näher und auch Lothar, der die Vorgänge um seinen Kollegen belustigt aber verständnislos verfolgte, zeigte nun großes Interesse an Helges Schuhen. Als die Menge am Tisch angelangt war - Helge produzierte mittlerweile zu allem Überfluß Fußschweiß - beugte sich der erste unter den Tisch.

„Oh my God!", stieß er hervor und machte den Weg frei für die restlichen Besichtigungswünsche.

Helge bekam zuviel. Er fand keine, der Situation angepaßten, englischen Ausdrucksweisen und krächzte in seiner Basissprache: „Verfluchte Scheiße! Was wollt ihr Ärsche mit meinen verdammten Schuhen!" Die gesamte Anspannung der letzten Stunden entwich mit dieser zischenden und selbst für die umstehenden Floortrader erstaunlich durchdringenden Artikulation. Zusätzlich erhob er sich - der taktisch kluge Sitzplatz hatte ohnehin seine Bedeutung verloren - und brachte seine vollen ein Meter fünfundneunzig zur Geltung. Was er gesagt hatte, verstand die Meute nicht, sie trat aber, aufgrund der drohenden und eindrucksvollen Gebärde Helges, den Rückzug an.

„What's wrong with my shoes?", preßte er fordernd hervor und machte durch einen aggressiven Gesichtsausdruck deutlich, daß jetzt jeglicher britischer Humor unangepaßt wäre.

„They are brown", stellte eine Stimme sachlich fest.

„So *what*!?" Helges Organ überschlug sich fast infolge dieser völlig unbefriedigenden und banalen Antwort.

Für Helge war das nicht zu erklären. Für ihn brach in diesem Moment eine Welt zusammen. Es war die Welt des Stils, die Frage nach tadelloser und korrekter Kleidung, nach dem Angepaßten und dennoch Herausragenden. Helge, der sich durch sorgfältige Auswahl und seiner Meinung nach brillanten Kombinationen stilsicher, makellos und absolut fehlerfrei auf dem internationalen Parkett der Businessmode bewegte, sollte hier, in der Hochburg des guten Stils, auf dem Laufsteg der Börsianer, eine Bauchlandung erfahren? Er sollte eines Besseren belehrt werden? Alles umsonst? Helge hatte, vor Antritt der Reise, in seinem begehbaren Kleiderschrank recherchiert, hatte Für und Wider, Pro und Contra abgewägt und eine, unter Beachtung aller britischen Besonderheiten und den aktuellen modisch-abgeklärten Tendenzen entsprechende Entscheidung getroffen. Er hatte dem konservativen, nadelgestreiften Zweireiher den Vorzug vor dem abgedroschenen Anthrazit-Einreiher gegeben. Farbe: Dunkelblau, nicht zu dunkel, um aus der Entfernung als Schwarz mißverstanden zu werden, aber auch nicht zu hell, um als Hingucker und verzweifelter Trendsetter deklassiert zu werden. Dazu das kühle, fast in Rosa übergehende blau-violette Hemd mit Manschettenknöpfen und die leicht aufmüpfigen, aber doch integrationsfähige Krawatte, die in kalkuliertem Kontrast zum altehrwürdigen Charme

des Zweireihers einen Funken Fortune und Moderne versprühte. Knallgelb mit dezenten, unterwürfigen tiefblauen Tupfern. Und dann die
Schuhe! Sollte er doch zu überhastet, zu übereilt und unüberlegt in
die braunen Treter geschlüpft sein? Vielleicht war es der Zeitdruck,
der ihn zu diesem folgenschweren Schritt verführte. Vielleicht die
hohe Erwartungshaltung, das zu frühe Siegesbewußtsein? Aber was
war falsch an braunen Schuhen? Er verstand es nicht und konnte auch
nicht durch ein versöhnendes Pint Bitter beruhigt werden.

„Blue suit and brown shoes?" Die bekannte Stimme zweifelte an der
Möglichkeit dieser Kombination und fand Unterstützung durch
Kommentare der Meute wie „Oh my God" und „Never ever" oder
„What a style".

Tatsächlich bestätigte ein umfassender Kontrollblick die Tatsache,
daß keiner der anwesenden Briten braune Schuhe trug. Diese Er-
kenntnis machte Helge rasend. Er steckte in den falschen Schuhen
und würde sich mit jedem weiteren Schritt zum Gespött der Massen
machen. Ein Alptraum, der nach Eingriff verlangte.

„Wo kann man hier Schuhe kaufen?", fragte er als logische Reaktion.

„Bond Street. Left corner." Die Stimme aus der Menge.

Helge ließ das neue Bitter unbeachtet und sprang aus dem Pub. Er
hetzte aus dem Lokal, um die Ecke, auf der Jagd nach schwarzen
Schuhen. Nach zehn Minuten sah er den ersten Bekleidungsladen
auf der rechten Seite der Straße. Er sprang zwischen den hupenden
Autos hindurch und spurtete zu dem Geschäft.

„I need shoes. Black shoes!", verlangte er. Sein Wunsch klang eher
wie ein Befehl. Schon auf ersten Blick haßte Helge den Verkäufer,
der gut gekleidet in tadellosen schwarzen Schuhen und mit einer
fragenden, hochgezogenen Braue den Wunsch dieses überhasteten
Kunden befriedigen wollte. Die Nachfrage nach stilvoller Ausstattung äußerte sich in diesem Etablissement normalerweise nicht durch
so eine verletzend einfache Äußerung. Dennoch wollte er dem An-
sinnen des Klienten nachkommen.

„May you first have a look..." Er strich mit einer ausladenden Handbewegung über die gesamte, weiträumige Verkaufsanlage. Helge verzweifelte: „No! *Please!* Just black shoes!" Nun gut. Es gab auch diverse schwarze Schuhe in der Auslage. Kaufpreis ab 150 Pfund aufwärts. Helge war alles egal. Er hätte zur Not schwarzen Nagellack über seine braunen Treter gepinselt, aber um Gottes Willen weg mit dem Braun! Er riß sich, was aus der Sicht des Verkäufers einer Blasphemie gleichkam, ohne die Schnürbänder zu öffnen, die Schuhe von den Füßen und schritt barfuß, auf neutral schwarzen Socken die Regale ab. Als er das erste akzeptable schwarze Schuhpaar, Größe 45, anvisierte, hatte der Verkäufer bereits in weiser Vorausahnung einen riesigen Schuhanzieher in unmittelbarer Reichweite. Sie paßten. Jedenfalls war das Helges Eindruck, nach einem Probelauf von zwei Metern. 170 Pfund bezahlte die goldene Kreditkarte, die gerade in solchen Fällen unschätzbare Dienste erwies. Das alte Schuhpaar verschwand in Helges DTB-Tasche. Und beim letzten Betrachten dieses braunen Alptraumes empfand plötzlich auch Helge eine deutliche Abneigung gegen die Farbgestaltung seines alten Schuhwerkes.

Die LIFFE war der Tummelplatz von kuriosen, meist extrovertierten Personen, die alle etwas gemeinsam hatten. Sie alle glaubten an die Möglichkeit, innerhalb kürzester Zeit sehr viel Geld auf dem Floor verdienen zu können. Viel stärker als an der DTB, die durch das kühle, sachliche Computersystem die Gefühle und Empfindungen der Marktteilnehmer verdeckte, zeigte sich hier die brutale Raffgier der Trader. Die Tätigkeit auf dem Floor formte die Personen und beanspruchte oftmals eine übermenschliche Energie. Viele Trader entwickelten im Laufe der Zeit besondere Eigenarten, die sie als Ausgleich zu der ständigen Anspannung in der Pit brauchten. Der ständige Kampf mit den Konkurrenten war nicht anonym, sondern hautnah und persönlich. John beispielsweise mußte bereits eine halbe Stunde vor dem Opening der Bund-Pit vor Ort sein, um sich einen guten Platz im Ring zu erobern.

Besonders in hektischen Handelsphasen drängelten sich massenweise Trader in der Pit mit dem höchsten Handelsvolumen. Sie kämpften um gute Preise und reckten und streckten die Arme in die Höhe, dazu das animalische Gebrüll. Für Lothar und Helge war unerklärlich, daß mit dieser Methode ein erstaunlich fehlerfreier Handel abgewickelt werden konnte. Trotz der vielen Handzeichen und mündlichen Gebote war für jeden Insider der Ablauf des Handels absolut eindeutig. Falls es dennoch, was in einem Jahr erst dreimal vorgekommen sein soll, zu Unstimmigkeiten zwischen Handelspartnern kam, wurde in einem Nebenraum das entsprechende Videotape analysiert. Zwei Kameras zeichneten pro Pit den gesamten Handel auf, und die beiden Red-Jackets, die Schiedsrichter offizieller Seite, kontrollierten von ihren erhöhten Sitzen die Aktionen der Trader.

Natürlich tummelten sich auf dem Parkett nicht nur Trader, die reinen Eigenhandel betrieben. Ebenso verdienten vielzählige Broker ihr Geld durch die Provisionen ihrer Kunden und mußten deren Aufträge auf dem Parkett unterbringen. Tullett & Tokyo beispielsweise beherbergte Hunderte von Brokern, die auf den verschiedenen Handelsplätzen der Börse aktiv waren. Die Broker, die sich in der Pit befanden, standen durch die Zeichensprache in direktem Kontakt mit einem ihrer Kollegen am Randbereich. Dieser Bereich bestand aus vielen kleinen Boxen, die durch die Form einer Tribüne einen guten visuellen Kontakt erlaubten. Der Kollege in diesem Bereich nahm die Aufträge per Telefon entgegen, übersetzte sie in die Zeichensprache und gab damit die Orders direkt zum Executer in die Pit weiter.

Andere Verteter waren reine Einzelgänger. Diese sogenannten Locals handelten mit ihrem eigenen oder geliehenem Geld und versuchten, es durch entsprechende Transaktionen zu vermehren. Oftmals stand im Hintergrund ein wohlhabender Geldgeber, der die Trader mit einem bestimmten Prozentsatz an ihrem Erfolg beteiligte.

Auffällig war in jedem Fall das sehr niedrige Durchschnittsalter der Aktiven. Viele junge Burschen, die gerade ihren Schulabschluß bewältigt hatten, kamen zur LIFFE und begannen den Kampf um Gewinne. Diese schillernde und von Außenstehenden kaum zu verstehende Welt brachte Geschichten und Anekdoten hervor, die in dem fruchtbaren Umfeld eines Pubs rege Nachfrage erfuhren. So war dieses britische Wohnzimmer an der Queen Street nicht nur Stätte der Erholung, sondern auch Arbeitsplatz und Knotenpunkt im Informationsfluß börsenrelevanter Nachrichten. Was der gemeine deutsche Optionshändler aus seinen hochprofessionellen Computersystemen erarbeitete, erfuhr der britische Kollege im gemütlichen Kneipengespräch.

Als sich Helge mit seinen brandneuen, schwarzen Schuhen dem Pub näherte, hatte Lothar in der Zwischenzeit durch eingehende Geschehnisse mehr gelernt als durch die Lektüre von zehn Büchern über den englischen Börsenhandel. Allein das Umfeld, die Mentalität der Trader und deren Verhaltensweisen vermittelten einen tiefen Einblick in die Londoner Szene. Dazu kamen erst die Berichte von John und George und zweier Fondsmanager von Salomon Brothers, die sich zu ihnen gesellten und die Eigenarten des britischen „Way of life" erläuterten.

Die Arbeitsmentalität war hier wesentlich praktischer angelegt und verlangte von einem Aspiranten den totalen Einsatz, zumindest im Bank- und Börsengewerbe. Ein 12-Stundentag gehörte hier ebenso zur Tagesordnung, wie die Möglichkeit, verlockend horrende Summen zu verdienen.

Briten hatten eine ausgeprägte Spielernatur. Sie zockten auf alles, was sich bewegte. Pferderennen, Fußballspiele oder persönliche Geschehnisse mit ungewissem Ausgang wurden als Handelsgrundlage verwandt. So erweckte die anstehende Fußballeuropameisterschaft bei den meisten englischen Händlern ein sehnsüchtiges und erwartungsvolles Blitzen in den Augen. Selbst der Kaufpreis von Helges neuen Schuhen war als Ausgangspunkt eines Marktes gewählt worden.

Kaum war Helge aus dem Lokal getreten, hatte John mit verschmitztem Lächeln den Handel mit diesem Schuhkontrakt definiert. Lieferung, so hatte er erklärt, in Form von Cash Settlement und Laufzeit bis zur Wiederkunft Helges. Ein Pfund Preisunterschied im Underlying, also im tatsächlich bezahltem Schuhpreis, entsprach auch einem Pfund im Handelskontrakt. Der Gewinn bzw. Verlust eines Kontraktes berechnete sich aus der Differenz zum Schuhpreis. Unter Abwägung aller speziellen Umstände, zu denen er auch den hohen Kaufwillen Helges und das obere Preisniveau der umliegenden Ladenlokale zählte, erfolgte die erste defensive Preisstellung mit 140 auf 180 Pfund.

Damit rief er den Hohn seines Kollegen George hervor.

„40 Pfund Spread? Ist ja lächerlich. Das muß enger gestellt werden. Ich bin 150 auf 175 Pfund!", rief er laut aus.

Das Interesse an diesem Vorgang war groß. Tatsächlich stellten sich einige andere Gäste mit einem Pint in der Hand dazu und fragten nach den Spielregeln dieses Handels. Nach fünf Minuten hatte sich bereits ein Kreis mit acht Handelsteilnehmern gebildet, der den Handel des Schuh-Futures beobachtete und nach weitergehenden, relevanten Informationen fragte.

Lothar erklärte noch einmal ausführlich die Ausgangsbasis: „Also, Helge ist zu Besuch und trug bis vor kurzem braune Schuhe."

„Jesus Christ" und sogar in den hinteren Reihen: „Stupid bastard"

„Jaja. Schon gut. Das hat er auch gemerkt. Deshalb kauft er sich momentan schwarze."

„Alles klar. Erstens: Wo kauft er? Zweitens: Wieviel Geld hat er zu Verfügung? Drittens: Wieviel gibt er normalerweise für Kleidung aus?" Ein bulliger Typ, etwa ein Meter neunzig groß und mit einem tiefen, lautstarken Organ drängte sich in den Kreis. Er fragte präzise und ließ keinen Zweifel daran, daß er gewillt war, diesen Markt aufzurollen. Lothar gab bereitwillig Auskunft und staunte über den Ernst, mit dem die Händler diese Angelegenheit inzwischen betrachteten.

„Übrigens noch eine Frage zur Reglementierung: Was passiert eigentlich für den Fall, daß Helge überhaupt keine Schuhe kauft?", fragte Lothar.

„Stimmt! Gute Frage. Ich würde sagen, das Underlying steht dann sozusagen bei Null. Demnach müßten alle Short-Positionen ausbezahlt werden", erwiderte John und ließ mit dieser Bemerkung die Quotes der Vorbörse einknicken. Der Schuh-Future stand justament bei 140 auf 160 Pfund.

„150 Pfund Geld für fünf!" Der bullige Typ brüllte ein Stakkato, als stünde er auf einem Flugfeld und müßte mit Piloten im Cockpit kommunizieren.

Mit fast ebenso erschreckend hoher Lautstärke platzte John heraus: „Done! Fünf Kontrakte an dich!" Dazu gestikulierte er automatisch und völlig überflüssig in der typischen Zeichensprache.

„150 auf 160 Pfund", rief ein weiterer Händler und übernahm damit die Preisstellung.

„Geld für zwei."

Ein kleiner LIFFE-Händler mit Nickelbrille schob sich neben Lothar und fragte leise: „Wie teuer sind Schuhe in Deutschland?"

„Das kommt darauf an. Ich würde sagen, gute Schuhe kosten zwischen zwei- und dreihundert DM. Allerdings sollte man die absolute Notsituation berücksichtigen, in der sich Helge befindet. Er steht quasi unter Kaufzwang."

„Aber generell sind sie billiger? Wieviel sind zweihundert DM in Pfund?"

„So etwa siebzig."

Die Nickelbrille nickte nachdenklich und schien etwas im Kopf zu kalkulieren. Kurze Zeit später beobachtete er aufmerksam die anderen Händler und deren Verhaltensweisen. Als eine kleine Handelspause mit einer sachfremden Konversation überbrückt wurde, stieß er in die Mitte und installierte einen Briefkurs: „155 Pfund Brief für zehn", sagte er klar aber relativ leise. Überhaupt machte er den Eindruck eines kühl kalkulierenden Traders, der nur bei hervorragendem Informationsstand eine Position einging. Wie sich nachträglich herausstellte, war die Nickelbrille ein angesehener Local, der bereits einige Millionen auf dem Floor gemacht hatte. Auf die Frage, wieviel es denn genau wäre, wußte keiner eine Antwort. Allerdings wäre er finanziell gesehen absolut zum Ruhestand fähig, hieß es. Einige Floortrader handelten sogar in seinem Windschatten und kopierten seine Positionen, denn er schien jederzeit einen Wissensvorsprung zu haben.

„155 Pfund Brief für zehn", wiederholte die Nickelbrille.

„Buy ten!" Der Bulle ging brüllend long und der Schuh-Future knallte hoch.

„155 auf 160 Pfund!"

„Fünf Geld für sechs!"

„An dich!" Die Nickelbrille blieb beharrlich bearish.

„Äh, einhundertneunundfünfzig Pfund Brief, für einen." Lothar wollte auch einsteigen und tastete sich langsam heran.

Der Future notierte bei fünf auf neun, als Helge um die Ecke bog. Er ging mit langen Schritten auf dem Bürgersteig der gegenüberliegenden Seite und drehte gerade zur Kontrolle des Straßenverkehrs den Kopf zwecks Überquerung der Queenstreet. Man konnte das gut beobachten, denn der Pub hatte in dieser Richtung eine große Fensterscheibe.

„Ahhh! Er kommt", kreischte John und machte durch seinen ausgestreckten Zeigefinger auf Helge und damit auf die unmittelbar bevorstehende Expiration des Schuh-Futures aufmerksam. Die Blikke schossen aus dem Fenster, und eine allgemeine Aufregung stieg in den Raum. Einige Marktteilnehmer kannten Helge gar nicht und mußten erst auf diese Sachlage aufmerksam gemacht werden. Andere kombinierten unvermittelt scharfsinnig, daß aus der fundamentalen Tatsache des Nichtvorhandenseins einer Einkaufstüte zu schließen sei, daß Helge das Underlying überhaupt nicht gekauft hätte. Damit brach der Markt zusammen.

„150 Brief!" Der Bulle. Das Brüllen hätte diesmal zweifellos einen startenden Kampfjet übertönt. Er bekam Panik und wollte aus seiner Long-Position. Aber keine Chance.

„140 Brief für zehn!"

„135 Brief!"

Helge hatte nur noch wenige Meter zurückzulegen und schien in seiner Unbekümmertheit nicht zu wissen, daß seine Bewegungen genauestens von zehn LIFFE-Tradern unter die Lupe genommen wurden. Die Köpfe der Trader zuckten zwischen dem Fenster und der improvisierten Pit hin und her, aber Helge war noch zu weit entfernt, als daß sie die Farbe seiner Schuhe ausmachen konnten.

„Was ist das für'ne Tasche? Die schwarze Tasche, die er trägt?", rief John hektisch zu Lothar herüber.

„Aktentasche"

„Passen da Schuhe rein?"

„Könnte sein."

Die ersten Trader stürzten zur Scheibe, um das genauer beobachten zu können. Es war nicht zu erkennen, denn Helge transportierte das Indiz auf der dem Fenster abgewandten Seite. Auch die Farbe seiner Schuhe war nicht zu deuten. Die Situation spitzte sich zu und ließ die Nickelbrille in Aktion treten. Sie rief „Geld für 140!" und zielte betont unaufdringlich in die Richtung des Bullen. Dieser schaute angestrengt in eine andere Richtung, verstand aber sehr wohl das Angebot zum Ausstieg. Mit einer Hand nestelte er nervös in der Tasche seines gestreiften Trader-Jackets, zog sie plötzlich heraus und feuerte seinen stämmigen Arm, begleitet von dem finalen Urschrei „Sell'em all" in die Mitte des Kreises.

„Done." Die Nickelbrille nickte zufrieden mit dem Kopf und blickte danach unbeteiligt in die Runde. Er war ohne Frage ein brillanter Trader, der wußte, wann man aussteigen sollte.

Nach wie vor versuchten mehrere Händler, geldwerte Informationen aus der genauen Beobachtung Helges zu ziehen. Sie standen direkt hinter der Scheibe und einer von ihnen ging sogar noch wei-

161

ter. Er legte seine Hände an die Schläfen und drückte sein Gesicht gegen die staubige Scheibe.

Helge erreichte direkt in Höhe des Fensters die angepeilte Straßenseite und schaute plötzlich auf. Er stand zwei Meter von der Scheibe entfernt und registrierte die zehn erwartungsvollen Augenpaare, die ihn unvermittelt anstarrten.

Beinahe stolpernd versuchte er diesmal, der erneut peinlichen Situation mit einer kooperativen Variante zu begegnen. Er schwenkte grinsend die ausgebeulte DTB-Tasche und zeigte einsichtig und vielsagend auf seine schwarzen, blitzenden Schuhe.

Ein bestätigendes Nicken, ein Lächeln, ja sogar vereinzelte Lachausbrüche seitens der Augenpaare wären für ihn logisch und verständlich gewesen. Schließlich hatte er mit seinem Integrationsversuch, verbunden mit der nicht unerheblichen Investition von 170 Pfund, dem modischen Diktat der Londoner Gastgeber stattgegeben und ihnen damit das Fundament für weitergehende Belästigungen entzogen. Die Situation sollte doch eigentlich damit entschärft sein.

Daß sich die zehn Augenpaare nun nicht nach einer für Helge begreiflichen Alternative verhielten, sondern urplötzlich vom Fenster verschwanden und danach im Innern des Pubs ein unsäglicher Radau vermischt mit wahnsinnigem, animalischem Gebrüll und begleitendem Gestikulieren losbrach, war für Helge schon wieder schlichtweg unerklärbar. Dabei war sein Erscheinen zweifellos wieder der Anlaß für dieses mysteriöse Verhalten.

Drinnen knallte der Future sekundenschnell von einer Richtung in die andere. Die Gebote überschlugen sich förmlich und um 14 Uhr 15 wurde das neue All-Time-High des Schuh-Futures mit 172 Pfund angegeben. Teilweise war sogar Arbitrage möglich, zwischen der Pit, die sich um den leeren Tisch Helges formierte und dem Bereich vor der Toilette, sozusagen der Regionalbörse. Einige Positionen wurden noch hektisch glattgestellt, um dem Nervenkrieg der Expiration zu entgehen, als Helge die Tür aufschob und den Floor betrat. Sein Gesicht war aschfahl und sah aus wie das eines Selbst-

mörders. Er hatte sich aufgegeben, hatte das Buch voller unbeant-
worteter Fragen endgültig zugeschlagen und wollte sich nun den
Engländern ergeben. Sollten die doch mit ihm machen, was sie wollten.

John fungierte als Börsengeschäftsführung und erklärte mit hoch
erhobenen Armen, daß der Future hiermit ausgelaufen sei. Der
Lautstärkepegel brach nach und nach ab und verwandelte sich in
eine erwartungsvolle Stille. Letzte Handelsversuche wurden durch
Kollegen unterbunden, die den Arm absenkend bewegten und dazu
ein „Psssst" hinzufügten. Dabei drehten sich alle, inklusive des Bar-
keepers, in Helges Richtung und erzeugten eine atemlose Spannung.
Sie taxierten erst seine Schuhe und dann seine Augen. Für Helge
schon wieder nicht faßbar.

„How much?", wollte die Börsengeschäftsführung, genauso wie
die anderen neun zugelassenen Händler dringend wissen.

„Ach! Geh mir wech!"

„How much?"

„How much *what*?"

„The shoes of course."

„170 Pounds."

Damit wechselte die Spannung zurück in ein lautstarkes Gegröle,
vermischt mit vereinzelten Triumphausbrüchen. Die ersten Porte-
monnaies wurden gezückt, um der von der Geschäftsführung vor-
geschriebenen Clearingvereinbarung nachzukommen, und Helge
trottete mit leerem Gesichtsausdruck zu seinem Tischchen. Das Interesse an ihm war erstorben, bemerkte er. Er hatte seine Populari-
tät, aus welchen Gründen die auch immer bestanden haben mochte,
von jetzt auf gleich verloren. Ein Weltstar ohne Publikum.

163

KAPITEL X

- THYSSEN IN DEN FÄNGEN DER TERMINBÖRSE -

Der Flieger sollte gegen sechs Uhr die britische Hauptstadt verlassen, daher blieb noch ein wenig Zeit. Die meisten LIFFE-Trader hatten das Fullers Pub verlassen und waren zurück zur Börse gegangen, denn um halb drei eröffnete der amerikanische Markt und da wollte man zugegen sein. Helge hatte sich von einigen Händlern die Hand schütteln lassen, und obwohl er natürlich auch diesmal nicht wußte, daß das der Dank für den hohen Kaufpreis der Schuhe war, der die Bullenclique verzückte, hatte Helge freundlich gelächelt und sich verabschiedet. John und George, die zwei JDP Trader, entschuldigten sich stellvertretend bei Lothar. Falls durch den kleinen Spaß ein falscher Eindruck entstanden sein sollte, möge man jederzeit wiederkommen und vor allem einen längeren Abend einplanen. Nein, nein, hatte Lothar grinsend erwidert, der Eindruck wäre schon der richtige gewesen.

Nun saßen die beiden Kollegen in besinnlicher Ruhe am Fenster und resümierten den Tag. Sie hatten eine ganze Menge gelernt. Über London, über Trader, Banker und Handelshäuser. Über Menschen, Pubs, Yellow-Jackets, Gehälter, Biersorten, und, daß es auch hier schwieriger war als erwartet, seine Millionen zu machen. Dennoch, und das mußten sie zugeben, waren sie ein wenig neidisch auf die Trader, die im Zentrum dieser großartigen Stadt arbeiteten.

Lothar zündet sich seine lang ersehnte Zigarette an und genoß den ersten Zug.

„Kannst du dir vorstellen, hier zu arbeiten?", fragte er Helge die Frage, die er sich kurz zuvor selbst gestellt hatte.

„Ja schon. Aber nicht auf dem Parkett der Liffe. Um dort gut zu sein, muß man einen völlig anderen Charakter besitzen. Außerdem mußt du als Deutscher erst einmal den Damm brechen, der gegen dich aufgebaut wird. Ich erinnere an Gordon, unseren Ausbilder. Er war ein Jahr auf der Liffe und versuchte, Aktienoptionen zu handeln."

„So schwierig kann das doch auch wieder nicht sein."

„Schwierig? Frag Gordon. Das ist so: Wenn du neu bist, hast du es schwer. Wenn du neu bist, Deutscher, und keine Ahnung vom Floortrading hast, dann, dann gnade dir Gott."

„Hat Gordon Geld verloren?"

„Keine Ahnung. Jedenfalls hat er nichts verdient. Die haben ihn verarscht. Andere Trader haben sich gegen ihn abgesprochen und ihn beizeiten gewaltig auflaufen lassen. Als Beispiel: Wenn fünf Trader gleichzeitig brüllen, wird normalerweise der zu verteilende Betrag in gleichen Teilen an die fünf Brüller verteilt. Nun ja. War Gordon in der Gruppe, wurde halt nur durch vier geteilt."

„Frechheit! Ja, die Habsucht, die Gier! Macht aus Völkern Feinde und aus Menschen Tiere."

„Die Gier ist gut. Die Gier funktioniert", bemerkte Helge und setzte schon wieder sein nachdenkliches Gesicht auf. „...hat jedenfalls Gordon Gecko in „Wall Street" gesagt."

Einen Moment trat eine Pause ein, in der beide ihren Gedanken nachgingen. Die Nikotinzüge der Gauloise waren inspirierend und brachten Lothar zu neuen Gedankenströmen.

„Es geht auch anders. Es *muß* anders gehen! Wieso ist fast jede Person, die erfolgreich ist, auch in irgend einer Art und Weise skrupellos und gierig? Oder sind sie das nicht? Sind sie das, Helge?"

„Der Chef ist immer das Arschloch."

„...sagt die Arbeiterklasse. Aber aus Sicht des Chefs sind alle Untergebenen zu blöd, um Chef zu werden. Denn wären sie schlau, wäre er kein Chef mehr." Lothar schaute irritiert an sich herunter. „Komisch. So hab ich mich noch nie reden hören. Aber zurück zum Punkt. Man kann doch auch gesteckte Ziele erreichen, ohne Gier und unkollegialem Unfug. Ohne knüppelharte Konkurrenz, die nach Intrigen verlangt - Mobbing, oder wie das Dings heißen soll – und Ausbeutung von Mitarbeitern oder Kunden. Glücklicherweise haben wir in unserem Job keine Kunden und verdienen unser Geld nicht durch deren Fehler. Ich bin froh, daß unsereiner wirklich nach seiner Leistung bezahlt wird. Wenn ich einen satten, deftigen Bonus am Jahresende einstreichen sollte, weiß ich, daß das der Lohn für meine persönliche Leistung war."

„So wie es aussieht, haben wir zumindest eine Chance auf schnellen Reichtum," erwiderte Helge und lächelte über das ganze Gesicht in Erwartung einer sicheren Summe.

„Übrigens, Helge! Ich habe etwas läuten hören. Unter vorgehaltener Hand munkelt man, es gäbe einen unbekannten, großen Käufer in einer bestimmten Aktie."

„Welche Aktie?"

In den meisten Fällen der Mitteilung einer angeblichen Insiderinformation verzögert man zuerst den Namen der Aktie und benutzt spannungssteigernde Begriffe wie „Unbekannt", „Groß" und „Gerüchte". Lothar machte es dramatisch. Um ein kitzliges Interesse an seiner weiteren Auskunft zu erzeugen, bestellte er zu allererst stillschweigend einen Kaffee. Danach, er nahm noch einen weiteren, künstlich herausgezögerten Lungenzug, flüsterte er pathetisch: „Halt dich fest, schnall dich an und setz den Sturzhelm auf!"

„Schieß schon los!"

Lothar dachte nicht daran. Er nahm einen Schluck Kaffee, verzog das Gesicht, setzte die Tasse betont bedächtig ab und streute doch noch einen Löffel Zucker hinein. Erst dann, während er mit dem Löffel umrührte, beugte er sich zu Helge und sprach leise: „Die Aktien, Helge! Die Aktien unseres werten, holländischen Arbeitgebers JDP!"

„Nein."

„Doch! Wenn du die Kursentwicklung des letzten halben Jahres verfolgst, wirst du eine Steigerung von 50 Prozent erkennen. Und besonders in den letzten Wochen waren, nach Angabe von John und George, stetige Kauforders im Markt."

Die Lautstärke der Unterhaltung sank auf ein leises, intimes Niveau, das bevorzugt zum Austausch von Vertraulichkeiten genutzt wird. Eigentlich vollkommen unnötig, in London, in einem Pub, in deutscher Sprache. Aber auch Helge ließ seinen Blick flüchtig umherschweifen, als kontrollierte er das Publikum auf mögliche Mitglieder des Bundesaufsichtsamtes für Wertpapierwesen und sagte dann lapidar: „Wenn Aktien steigen, sind immer stetige Kauforders im Markt. Das ist keine Insiderinfo." Er ließ beinah die gesamte Theatralik Lothars in sich zusammenfallen.

„Gut. Aber eigentlich, und du kennst unsere Zahlen, spiegelt der Anstieg nicht die Geschäftsentwicklung wider, sondern muß auf einen eventuellen Aufkäufer zurückzuführen sein. Vielleicht kann ich dein Interesse ja noch steigern, schließlich wird ein Teil deines eventuellen Bonus in Form von Kaufoptionen auf JDP ausbezahlt."

„Das ist wahr."

„Der Kernbereich des Unternehmens ist der Aktienhandel in Amsterdam. Alle anderen Bereiche, dazu zählt auch unsere Filiale in Düsseldorf, sind kleinere Parts der Firma. Der Hauptanteil des Gewinns wird durch die Specialists im Aktienhandel gemacht, und da man die Sitze der Specialists nur begrenzt kaufen kann, besteht vielleicht ein Interesse an der ganzen Firma", erläuterte Lothar.

Helge interessierte sich nun doch für das Thema. Er überlegte weiter: „Soweit ich weiß, gehört der Großteil der Aktien unserem Vorstandsvorsitzenden. Dreißig Prozent sind in seinen festen Händen und der Rest ist in Streubesitz. Das könnte tatsächlich möglich sein."

„Und würde bedeuten, daß ein größeres Handelshaus oder eine Bank die Mehrheit will. Es müßte jedenfalls eine Adresse sein, die im holländischen Aktienhandel Fuß fassen will. Optionen an einer Terminbörse handeln kann jeder, wenn er will, aber die Sitze an der Amsterdamer Börse kann man nicht so einfach bekommen."

„Sehr richtig."

„Ah! Helge! Mein Kombinationsvermögen ist fast eingerostet. Das hieße doch gleichzeitig, daß der Käufer kein Interesse an den Optionshandelsaktivitäten hätte. Wahrscheinlich betreibt er die selber schon. Die übernehmen die Handelssitze in Amsterdam und schießen uns in den Wind. Das hätte mir doch gleich einfallen müssen." Lothar schlug sich vor die Stirn. „Unser Arbeitsplatz! Die werden uns abstoßen - vielleicht bestenfalls eingliedern – integrieren und rationalisieren! Ah! Das häßliche Gesicht der Arbeitslosigkeit geht um! Wie ich schon sagte: Mobbing, Habgier, Konkurrenzkampf. Es wird ein Schlachtfest werden, in dem nur der Blutrünstige überlebt. Der Zweck heiligt die Mittel - Sieg allen unfairen Mitteln!", rief er und schlug auf den Tisch.

„Jetzt beruhig dich wieder", verlangte Helge. Er kannte seinen Kollegen und wußte um seinen Hang zu Übertreibungen. Oftmals hatte Lothar aus einem Funken ein riesiges Osterfeuer gemacht, aber dieses Gerücht, auch wenn es nur ein Funken war, beunruhigte in der Tat.

Der Kurztrip nach London neigte sich zum Ende. Um 18 Uhr verließen die beiden deutschen Trader den englischen Boden mit der gleichen Fokker des Hinfluges und landeten ohne Zwischenfälle in Mönchengladbach. Dort trennten sie sich, fuhren mit dem Auto nach Düsseldorf zurück und verarbeiteten die Übernahmegerüchte und die vielen Eindrücke in einer unruhigen Nacht.

Am nächsten Morgen, es war Dienstag, hieß es für die beiden, wieder Geld zu verdienen. Der Börsenalltag hatte sie wieder und begrüßte sie mit einem starken Dollar. Er hatte am Montag die 1,51 DM übersprungen und damit auch den Dax zu neuen Rekorden getrieben. Die Tops des Dreißigwerte-Index lagen wieder nur unwesentlich über den letzten Notierungen und waren von geringen Umsätzen gezeichnet. Der Markt schien abermals reif für eine Konsolidierung zu sein.

Nur diesmal traute sich Frans, der natürlich genau diese Auffassung vertrat, nicht, mit gigantischen Shortpositionen einen weiteren Verlust in unangenehmer Höhe zu provozieren. Er tradete mit wenigen Kontrakten, ließ es sich aber nicht nehmen, des öfteren einen bearishen Kommentar verlauten zu lassen.

Die Werte der übrigen Trader entwickelten sich unterschiedlich. Thyssen wurde an diesem Tag kurzfristig mit 284 DM bezahlt, was eigentlich einem unmißverständlichen Ausbruch über den 280 DM-Widerstand gleichkam. Lothar machte nichts. Aus verschiedenen Gründen hatte er das Gefühl, nicht long gehen zu müssen. Zum einen gefiel ihm das Umfeld des Marktes überhaupt nicht. Das Kaufverhalten der Akteure war sehr zögerlich und ängstlich. Zugleich konnte er ein Verhalten beobachten, was den Aufbau einer Long-Position in Thyssen zum jetzigen Zeitpunkt unklug erscheinen ließ. Der Kurs hatte unter Umständen ein kurzfristiges Potential bis 287 DM. Da er mittlerweile schon bei 283,80 DM stand, konnte man bis zur nächsten Unterstützung 3,80 DM verlieren und 3,20 DM gewinnen. Dieses unvorteilhafte Chance/Risiko Verhältnis wollte er nicht eingehen.

Der andere Wert, den Lothar als Market Maker betreute, war die Deutsche Bank. Hier hatte er schon seit Wochen keine Meinung. Der Kurs bewegte sich in einem Seitwärtskanal und brach ab und an aus den oberen und unteren Begrenzungslinien aus, um hernach direkt wieder zurückzulaufen. Ein Horror für Trendtrader. Anstatt ohne Meinung wild herumzuspekulieren, hatte Lothar ein wenig Prämie verkauft, schwitzte bei jedem Ausbruch, freute sich aber um so mehr, wenn der Kurs wieder zurückfiel.

Gegen Mittag verließ Randolf für eine Stunde das Büro um, wie er sagte, einer Einladung zum Mittagessen nachzukommen. Kurze Zeit später ging auch Frans aus dem Gebäude, und Helge und Lothar konnten sich in Ruhe über Themen unterhalten, die ihnen unter den Nägeln brannten. Sie hatten die Gerüchte um eine mögliche Übernahme JDP's nicht weitererzählt. Dafür gab es eigentlich keine Gründe, aber irgend etwas hielt sie davon ab und so behielten sie die Information für sich. Der Chart ihrer eigenen Firma hatte sich tatsächlich seit einigen Wochen sehr positiv verhalten, wie das Bild auf dem Monitor von Lothar zeigte.

„Ein wunderbarer Kursverlauf", befand der Chartist „Man hätte schon längst Anteile der eigenen Firma kaufen sollen. Aber das Naheliegende ist oftmals schwer zu sehen."

„Klingt, als wolltest du privat kaufen und damit in die Nähe eines Gesetzteskonflikts geraten."

„Könnte sein...könnte sein."

„Obwohl, nach genauer Auslegung des Wertpapierhandelsgesetzes muß eine Tatsache vorliegen. Ein bloßes Gerücht, und darum handelt es sich ja wohl bei unseren Informationen, kann keinen Insidertatbestand hervorrufen", erläuterte Helge.

„Also alles legal?"

„Genau."

Fast konnte man auf dem Gesicht Lothars eine Spur Enttäuschung erkennen. Für ihn bedeutete eine Gratwanderung am Rande des Abgrundes immer eine ganz besondere Herausforderung. Es hatte jedesmal etwas prickelnd Erfrischendes, wenn einem hohen Risiko eine hohe Chance gegenüberstand. Nun gut. Die Chance war zweifellos da.

Lothar dachte angestrengt nach: „Wer könnte denn von dem Aufkauf Bescheid wissen. Da wäre zuerst der zuständige Specialist in Amsterdam. Dem müßten die Kauforders auffallen, aber da es niemand von JDP Holding ist, besteht für uns keine Chance, es herauszufinden. Sind die Aktien noch woanders gelistet?"

„Nein. Soweit ich weiß, nur in Amsterdam, oder gibt es in Holland Regionalbörsen?" Helge lachte. Er machte sich oft einen Spaß aus den Eigenarten der Holländer.

„Man muß kaufen, Helge. Ich glaube, man muß kaufen." Mit diesem Anmerkung löschte Lothar den JDP Holding-Chart, denn die Kollegen kamen zurück in den Dealing-Raum. Der Nachmittag setzte sich fort und es machte den Anschein, daß auch heute ein frustriertes All-Time-High im Dax erreicht werden würde.

Die DTB-Händler machten ihre Arbeit. Helge baute eine kleinere Volatilitäts-Position auf, denn seiner Meinung nach würde in den kommenden Tagen einiges passieren. Am Donnerstag war die Bundesbank-Zentralbankratssitzung und am Freitag Verfallstermin der Aktienoptionen an der DTB. Helge kaufte ein wenig Prämie und ging davon aus, daß zumindest die Volatilität ansteigen würde. Falls in der Zwischenzeit ein größerer Kursmove stattfinden sollte, würde er in jede Richtung Geld verdienen.

Die Volatilität in den Optionen hatte sich in den letzten Tagen kaum verändert. Natürlich schauten einige Händler schon auf mögliche Basispreise, von der eine Aktie am Freitag angezogen werden konnte. Das Open Interest dieser Basispreise war jedesmal eine Größe, die kurz vor Verfallterminen genau beobachtet wurde.

Lothar konnte sich zuerst nicht vorstellen, daß einer seiner Werte an einen Basispreis gezogen werden könnte. Seiner Meinung nach stand Thyssen bereits zu hoch und würde wahrscheinlich eher die Oberseite des Trends testen. Deutsche Bank war ebenfalls zu weit vom nächsten Basispreis 75 DM entfernt. Sie stand bei 76,20 DM.

Aber als im DTB-Schirm häufige Quote-Requests im 280 Thyssen-Call auftraten, schaute er doch noch einmal genauer hin. Die Aktie stand bei 283 DM und der Call wurde mit 5,50 DM gehandelt. Der Put dementsprechend bei 2,20 DM. Der kühle Rechner wußte nun auch den Preis des Straddle: 7,70 DM.

Es waren noch dreieinhalb Handelstage bis zum Verfall der Optionen und nur ein wagemutiger Spekulant hätte den Straddle an den Mann bringen können. Doch was nun passierte, waren massive Offers im Call. Zuerst wurden Zehnerpakete dieser Calls verkauft und später sogar zwanziger und fünfziger Päckchen. Insgesamt wurden an diesem Tage etwa 2000 Calls mit dem Basispreis 280 DM gehandelt und das bei ansonsten eher ruhigem Geschäft. Hier war etwas im Busch, das merkte jeder, der nicht mit Blindheit geschlagen war.

„Zu Hilfe. Hat jemand Zeit? Ich brauche einen erfahrenen Ansprechpartner", rief Lothar und nahm den Blick nicht vom Geschehen. Er wollte jetzt keinen Vorgang verpassen. Als Randy sich neben ihn setzte, zeigte der Thyssen-Trader auf den Basispreis und erläuterte kurz die Situation.

„Was glaubst du? Verkauft er die Calls naked oder..."

„Lothar! Natürlich macht der die Aktion nicht naked. Entweder spielt er „Short Call" mit einer Long-Position in Aktien, oder er verkauft synthetisch den Straddle. Rechne mal die Deltas aus, die er nach unten bekommt... Das ist doch Wahnsinn. Das sind ja mindestens 50.000 Deltas. Der Junge muß Power haben. Leute! Hier geht was ab. Lothar, stell dich mit in den Markt!"

Gesagt, getan. Lothar verkaufte zusammen mit dem wagemutigen Spekulanten die Calls und kaufte als Delta-Hedge ein paar Thyssen-Aktien im IBIS dazu. Am Ende des Handelstages hatte er eine Position von 200 Kontrakten short und sein Positionsdelta betrug -3000. Die Aktie war im Laufe des Nachmittages noch etwas höher gestiegen und deshalb kostete der Aufbau der Position erst einmal 8000 DM. Wenn aber die Aktie am Freitag in der Nähe von 280 DM expirieren würde, könnte Lothar nahezu die gesamte Prämie der Calls auf sein Account überweisen. Er mußte nur noch drei Tage Nervenkrieg aushalten...

Mittwoch, 17. April. Lothar kam in das Büro und stürzte zum Reuters-Schirm. Er hatte schlecht geschlafen und in wirren Träumen das Bild einer Jahrhunderthausse gesehen. Nun kam er unrasiert und mit zerzausten Haaren zur Arbeit und hoffte, daß sich sein Traum nicht bewahrheitete. Doch der Pegelstand des Dow Jones gab Anlaß zur Entwarnung; er war um 70 Punkte gefallen. Lothar atmete tief durch und setzte sich erleichtert an seinen Platz. Heute sollte es tiefer gehen und damit in die vorerst richtige Richtung für Lothars Thyssen-Position.

Das Problem bei dieser und bei allen Prämie-Short-Angelegenheiten war, daß eine Kursbewegung auch wieder nicht zu stark eintreten sollte. Etwas runter war gut. Zuviel runter war Gift.

Der Handel eröffnete dann doch fast unverändert. Thyssen stand drei DM über dem Strike, aber der Straddle hatte über Nacht Wert eingebüßt. Er notierte bei etwa 7,20 DM und war damit 50 Pfennig billiger als am Vortag. Für Lothar ein Buchgewinn von 5000 DM (200 x 0,50 DM x 50).

Und es ging weiter. Wer immer das war – er hatte Mut. Hunderte von Calls wurden verkauft und ließen den Preis des Straddles zusammenkrachen. Lothar war sich seiner Sache fast sicher und drückte ebenfalls die Sell-Taste. Wenn so ein großer Marktteilnehmer voranschritt, konnte man in seinen Fußstapfen die richtige Richtung mitmachen. Tritt man in die Fußstapfen eines anderen, hinterläßt man keine Spuren.

Aber dennoch gab es einige Risiken, die den Kursverlauf Thyssens unangenehm beeinflussen konnten. Abgesehen von einem Anstieg, der in jedem Fall zu schmerzhaften Verlusten geführt hätte, konnte auch das Gegenteil passieren: Ein Kursrutsch unter die 280 DM-Unterstützung. Und je größer ein möglicher Kursausschlag war, umso unerfreulicher gestaltete sich dann Lothars Verlustdiagramm. Damit waren Alpträume für die nächsten zwei Nächte vorprogrammiert. Lothar bekam Nervenprobleme und fragte besorgt in die Runde: „Was passiert eigentlich, wenn viele große Market Maker auf die 280 DM-Expiration spekulieren?"

„Dann müssen alle erst einmal den Straddle short gehen", kannte sich Randolf aus. „Denn ansonsten hätten sie keinen Vorteil aus dem Verfall."

„Na ja gut. Angenommen, sie machen das und ziehen an einem Strang."

„Das geht ja schon mal nicht. Wo ein Verkäufer ist, muß auch ein Käufer sein" mischte sich Helge ein. „Und der wird das Gegenteil wollen, nicht war?"

„Aber die Großen, ich meine die großen Adressen, hätten genug Power, um die Aktie sicher in den 280 DM-Hafen einzufahren?"

„Das ist genau das, was du siehst."

„Das reicht aber nicht."

„Leute, wollt ihr Sicherheit – geht zur Allianz."

„Man sollte sie anrufen. Ich könnte einige Adressen anrufen..."

„...und ihnen verraten, daß du short bist? Jetzt stell dir vor, die Aktie geht am Freitag nicht runter, sondern Richtung 290 DM. Irgendwann mußt du eindecken und vor allem der große Spekulant auch. Ja, was glaubst du, was der allein an Aktien kaufen muß, damit der seine Short-Deltas ausgleicht? Leute, da knallt die Aktie in schneebedeckte Regionen." Randolf winkte kühl ab.

„Bundesbank, Lothar. Behalte die Zinsentscheidung der Bundesbank im Auge. Es gehen viele Marktstimmen von einer Zinssenkung aus, aber dennoch denke ich, daß morgen eine dementsprechende Entscheidung zu Kurssprüngen führen könnte", warnte Helge.

„Ach laßt mich doch in Ruhe. Frans, are you bearish or bullish?", fragte Lothar seinen Tischnachbarn.

Helge und Randolf fingen an zu lachen. „Toll! Was für eine Frage. Eine rhetorische Frage."

Frans ließ sich nicht aus der Fassung bringen und begründete seine negative Marktauffassung. Denn daß er bearish war, war klar.

„Well, have you seen the stochastics?", meinte er ohne Umschweife. „They are positiv."

„What? They are positiv? But why are you bearish then?"

„I meen the stochastics are positiv for me... cause they are negativ for the market", erklärte er. Der Dax-Trader hatte seine eigene Logik und nahm selbstverständlich an, daß diese Logik allgemeingültig sei. Aber in diesem speziellen Fall war die Begründung seiner These nicht von der Hand zu weisen. Die Stochastik zeigte ein eindeutig negatives Bild für den Dax. Wie Lothar schon ein paar Tage zuvor beobachtet hatte, waren die letzten Höchstspitzen des Indikators abfallend, während die des Dax aufsteigend waren. Und diese Situation sprach für eine relativ kurzfristige Konsolidierung. Der Markt war überkauft und brauchte eine Erholungspause.

Tatsächlich passierte das Vorhergesagte im Laufe des Tages. Der Dax kam einfach nicht weiter höher und mußte einsehen, daß der Weg des geringsten Widerstandes nach unten zeigte. Es war keine rasante Talfahrt, aber allemal konnte es der Anfang einer Konsolidierung sein. Thyssen verlor im Laufe des Tages drei DM und pendelte sich knapp überhalb der 280 DM-Linie ein. Wäre heute Freitag gewesen, so hätte sich Lothar über einen bombastischen Riesengewinn freuen können. Theoretisch hätte er schon jetzt den Sack zumachen und seine Position mit ansehnlichem Gewinn glattstellen können. Aber aus dem Straddle war noch viel mehr Prämie herauszupressen. Lothar begnügte sich nicht mit dem Spatz in der Hand, wenn am Dach eine Leiter angelehnt war und die Taube mit gestutzten Flügeln auf dem Giebel saß. Außerdem hatte der Großspekulant auch nichts gemacht.

Noch zwei Tage Laufzeit und morgen sollte die Bundesbank tagen. Lothar machte sich auf eine nervliche Zerreißprobe gefaßt. Sollte über Nacht etwas Unvorhergesehenes passieren, war er sowieso machtlos den Marktkräften ausgesetzt. Und falls die Bundesbank am morgigen Donnerstag die Zinsen senken sollte, war noch nichts verloren, denn viele Beobachter erwarteten eine Absenkung der Leitzinsen. Es wäre demnach keine Überraschung und somit kein Grund für einen panikartigen Aufkauf deutscher Aktien.

Trotzdem wollte sich Lothar zumindest bei seinem Vorgesetzten absichern, denn seine Position barg ein immenses Risiko. Er hatte zwar sein Positionslimit noch nicht überschritten, wollte aber trotzdem auf das Risiko hinweisen. Lothar rief in Amsterdam an und ließ sich mit Gijsbert verbinden.

„Mit Lothar... Dag Gijsbert." Er benutzte die holländische Kurzbegrüßung, von der man so leicht Halsschmerzen bekam. „Ich bin in Thyssen den 280-Straddle 500 mal short. Ich denke, daß du das..." Er kam gar nicht weiter.

„...habe ich gesehen. Sollst du so sitzenbleiben, wenn du Nerven hast. Ich denke auch, daß Thyssen wird bei 280 DM expirieren wird. Aber achte auf dein Gamma am Freitag. Momentan hast du ein Gamma von 12000, das soll am Freitag noch höher sein. Es wird verrückt spielen. Also konzentriere dich auf deine Preise und ruf mich sofort an, wenn was passiert. Weiter so und tschüß."

Der Holländer hatte bereits ein Auge auf Lothars Position gewor-

177

fen. Durch die Standleitung nach Amsterdam konnte er praktisch jede einzelne Transaktion aller Händler beobachten. Zusätzlich hatte er, zusammen mit einem Risk-Manager, die Möglichkeit, die Risiken der gesamten Positionen JDP Holdings zu überwachen. Scheinbar war dort ein erhebliches Thyssen-Risiko angezeigt worden und Gijsbert hatte Lothars Bewegungen explizit unter die Lupe genommen. Andererseits überzeugte der Handelschef durch seine unglaubliche Fähigkeit, alle verschiedenen Positionen der Händler, auch im Detail, zu kennen. Somit war es nicht erstaunlich, daß Lothar bereits nach Sekunden wieder auflegen konnte.

Die Thyssen-Spekulation wurde nun von mehreren Tradern beobachtet und vor allem auch verantwortlich getragen, so daß die Nervenbelastung Lothars ein wenig reduziert wurde. Für ihn schloß der Tag mit einem Buchgewinn von 40.000 DM.

KAPITEL XI

- LEITZINSSENKUNG-

Der Kalender wollte, daß der 18. April ein Donnerstag war und das Reglement des Zentralbankrates der Buba wollte, daß das turnusmäßige Treffen der Zentralbanker auf diesen Donnerstag fallen sollte. Der heutige Termin wurde argwöhnisch von Tausenden von Händlern, Maklern, Fondmanagern, Analysten, und was sonst noch so in der Finanzwelt kreuchte und fleuchte, beobachtet. Ein Großteil spekulierte auf eine Zinssenkung, denn die ausschlaggebenden Wirtschafts- und Inflationsdaten signalisierten Entwarnung an der Inflationsfront und Warnung an der Wirtschaftsfront.

Und wie immer während dieser Tage, an denen die Buba auf der Bühne der internationalen Finanzwelt die alleinige Hauptrolle einnimmt, folgten die Verlautbarungen des Gremiums einem bestimmten Ritual. Der Brauch wollte es im übrigen auch, daß niemand bis zur endgültigen Erklärung des Vorsitzenden während einer möglichen Pressekonferenz auch nur den Hauch einer Information über potentielle Zinsveränderungen bekommen durfte. Dabei war selbst noch fraglich, ob überhaupt eine Pressekonferenz einberufen wurde.

Und so wunderte sich kein erfahrener Beobachter, daß im Laufe des Vormittags eine Meldung über den Ticker kam, nach der die Buba keinen Erklärungsbedarf hätte und somit auch kein Pressepodium zu bestellen sei. In der Vergangenheit waren verschiedene Zinsveränderungen ohne anschließende Pressekonferenz beschlossen worden.

Ohne Zweifel verstanden es die Oberbanker in Frankfurt auch, vier DTB-Händler in einem Düsseldorfer Büro in ihren Bann zu ziehen. Schon seit 8 Uhr morgens lief dort der Fernseher und zeigte das Programm der Sender CNBC und n-tv, die ihrerseits natürlich ebenso der Buba-Entscheidung entgegen fieberten.

Als sich nun das erhabene Frankfurter Gremium gegen 10 Uhr herabließ und eine Mitteilung über den Äther schickte, die so gut wie überhaupt nichts versprach oder verneinte, zuckten die Händler kurz zusammen und rissen dann ihre Finger von den Buy-Tasten. Sie hatten noch eine weitere Gnadenfrist, denn die Sitzung der Zentralbanker dauerte weiter an.

Wie immer an solchen Tagen erlahmte im Vorfeld der Bundesbanksitzung der Börsenhandel, denn bis zum definitiven Beschluß wollte keiner größere Positionen eingehen. Gelangweilt und frustriert schob sich der Dax ein paar Pünktchen höher und projizierte dieses Bild auf die meisten anderen Spekulationsobjekte.

Lothar sah diesen leichten Anstieg aus verständlichen, da profitorientierten Gründen gar nicht gerne. Sein Schützling Thyssen krabbelte Punkt um Punkt nach oben und hinterließ tiefe Sorgenfalten auf seinem und den Gesichtern aller Spekulanten, die auf die 280 DM-Expiration gesetzt hatten. Sollte die Manipulation doch nicht aufgehen? Selbst ohne Zinssenkung – der Zentralbankrat tagte immer noch – erholte sich die Stahlaktie um drei DM und profitierte von stetigen Kauforders, die im IBIS plaziert wurden. Lothar hatte im Laufe des Vormittags schon ein wenig innerhalb seiner Position herumgehandelt und hatte bei gleichzeitigem Verkauf der Aktie einige Calls zurückgekauft, aber mit dieser Aktion war bei weiteren Anstiegen auch kein Geld zu verdienen. Er bekam flatterige Nerven und hantierte mit Notizzetteln und gelben Klebestreifen herum. Seine gesamten Monitore waren inzwischen an der Randseite mit diesen Merkzetteln behaftet und dokumentierten nichts außer seiner Unentschlossenheit. Noch eineinhalb Tage. Und in wenigen Minuten vielleicht die Bundesbank...

Seine Position bestand immer noch aus fast 500 Straddles short, wobei der Straddle mit etwa fünf Mark gehandelt wurde. Jede DM Veränderung in diesem Optionsgebilde bedeutete für ihn einen Unterschied von 25.000 DM. Sollte Thyssen morgen um 17 Uhr Handelsschluß als Beispiel bei 290 DM notieren, wäre der Straddle zehn DM wert und Lothar um 125.000 DM ärmer. Seine Kollegen schauten des öfteren über seine Schulter und klopften auf letztere, um ihn in seinen Aktionen zu bestärken. Aber dennoch war das Kräftemessen der Bullen und Bären eine spannende und kitzlige

Angelegenheit, der sich kein Händler entziehen konnte. Lothar kritzelte Anmerkungen und Gewinn- und Verlustverläufe auf weitere Merkzettel und installierte diese an den letzten freien Stellen. Als Thyssen weiter gekauft wurde, hielt er es nicht mehr aus.

„Hosenbodenscheiße!", zischte er unkontrolliert „Die müssen doch wissen, daß es morgen wieder zurück nach 280 geht. Wieso kaufen die? Und wo ist überhaupt der Dicke, der meine Position hoch zehn hat?... War das Nick Leeson?... Der wurde bestimmt schon längst gefeuert! Genau wie ich, wenn das hier schief geht."

Helge drehte sich zu Randolf und tippte mit dem Daumen in Lothars Richtung: „Guck dir das an: Jetzt flippt er wieder aus. Immer das gleiche mit ihm. Er muß jedesmal übertreiben und alles Mögliche zu seinen Ungunsten auslegen, um sich hinterher wieder übertrieben freuen zu können."

„Clown", titulierte Randolf zustimmend.

„Spinner."

„Ihr wißt ja gar nicht, wovon ihr redet. Das hier ist blutiger Ernst. Ein strategisches Gemetzel mit ungewissem Ausgang. Eine Schlacht um die Vorherrschaft und Marktmacht im Stahlsektor. Ich muß mich verbünden und mit der geballten Autorität des Kapitals einen Hebel ansetzen", faselte Lothar drauflos.

Der „Spinner" kramte in der Schublade seines Desks und fischte die DTB-Member-List heraus. Auf der Liste waren sämtliche DTB-Market-Maker verzeichnet. Lothar kannte einige der vermerkten Kollegen von vorherigen Deals und Erfahrungsaustauschen. Seine erste Wahl traf auf eine große Bank in Düsseldorf. Der Kollege, der Thyssen handelte, war Ulf.

„Lothar hier. Grüß dich, Ulf. Ich hab was in Thyssen zu tun... ja genau... im ersten Monat und zwar den 280'er Straddle..." Lothar hörte eine Weile zu und begann dann vielsagend zu grinsen.

„Ganz richtig! Weg mit dem Ding, das braucht keiner mehr. Ich will... Was?...Nee, schon gut. Ich hätte sonst noch fünfhundert Stück anzubieten. Aber wenn du auch schon short bist... also drücken wir das Ding morgen runter! Bis dann. Tschö!" Lothar tippte mit dem Finger auf die Gabel und wählte unverzüglich die nächste Adresse, diesmal in Frankfurt, an.

„Lothar von JDP hier. Hab in Thyssen was zu tun...", begann er. Während er weiter verbunden wurde, hatte er die Gelegenheit, den anderen sein Vorhaben kurz zu erklären.

„Ich erzähle denen, daß ich großer Verkäufer in dem Straddle wäre und verbreite so ein wenig Panik unter den Brüdern... ja hi, Lothar hier. Machst du Thyssen? Kenn dich gar nicht... ah ja. Also, ich würde gern was im 280er April machen... gib mir mal einen Markt für fünfhundert Stück... wieso kein Markt? Ich denke, du bist Market Maker? Also gut, ich sag dir die Seite: Ich will verkaufen und wenn du einen guten Kurs machst, geb' ich dir auch tausend Stück...", erzählte er großspurig, grinste über beide Backen und hatte vor lauter Aufregung rote Ohren.

„Was? Nur für zweihundert? Das ist keine Size für mich. Laß mal, Tschau."

Er legte auf und schlug sich lachend auf die Knie.

„Das glaubt man nicht. Der bekommt es wirklich mit der Angst zu tun und denkt, hier wäre ein Riese, der den Markt aufrollt", rief er. Aber die Aufmerksamkeit von Helge, Randolf und Chris galt nicht mehr ihm, sondern Friedhelm Busch, der als Börsenmoderator vom Fernsehsender n-tv auf der Girlande der Frankfurter Börse den Markt kommentierte. Die Trader hatten ihre Köpfe dem Fernseher zugewandt und beobachteten den Bericht. Es war halb eins und damit Zeit für die Tele-Börse, ein Statement live vom Parkett. Neben Busch stand ein Gast aus der Finanzwelt, der über hypothetische Entscheidungen des Zentralbankrates sinnierte. Friedhelm seinerseits war der felsenfesten Überzeugung, daß heute die Leitzinsen gesenkt würden. Der telegene Börsianer war seit jeher bullish und deklarierte jeden Abwärtstrend als vorzüglichen Zeitpunkt, um zu billigeren Kursen Aktien kaufen zu können. Daher überraschte seine Auffassung kaum, schließlich mußte er das Publikum auch zum Kauf seiner Werte anheizen. Es hatte ja schon Gerüchte gegeben, die genau dieses Verhalten des Moderators bekräftigten.

Gerade fuchtelte er mit seinem Mikrofon vor der Nase des Gastes herum, der zu bedenken gab, daß M3-Zahlen vielleicht doch nicht so hohe Aussagekraft hätten, wie angenommen, als die Meldung über den Reuters-Ticker kam: BUBA SENKT LEITZINSEN UM EIN HALBES PROZENT.

Chris war der Schnellste und brüllte in voller Lautstärke: „Dax plus ten! Massive buying!"

Der Markt vibrierte. Die Trades im Bund- und Dax-Future knallten hin und her und keiner wußte, was tatsächlich abging. Lothar hatte einen kurzfristigen Schock, denn der Zinsschritt war deutlich. Es war keine Senkung um ein viertel Prozent wie allgemein angenommen, sondern gleich um ein halbes Prozent im Diskont- und Lombardsatz. Damit müßte die Börse sich eigentlich positiv überrascht zeigen und ein zünftiges Feuerwerk produzieren.

Die ersten zehn Sekunden nach der Meldung waren unglaublich. Wie bei Ausbruch eines Erdbebens schnellten die Ausschläge der Vibrationen der Richterskala in beide Richtungen. Der Dax-Future schoß erst fünfzehn Punkte in die Höhe und wurde direkt danach wieder heruntergeprügelt. Chris brüllte wie am Spieß und tackerte in Manier einer Chefsekretärin mit 220 Anschlägen die Minute auf sein Keyboard. Wieder einmal wußte noch keiner, was Chris tradete. Die anderen drei hatten ohnehin genug mit ihren eigenen Werten zu kämpfen und stürzten sich auf gute Preise. Lothar kaufte zwanzig Calls zurück. Mehr konnte er nicht mehr ergattern, denn die Quotes des Optionsmarktes wurden aus taktischen Gründen gelöscht oder so breit gestellt, daß keine akzeptablen Preise zu erzielen waren. Die Alternative war der Aktienmarkt. Thyssen kostete im IBIS gerade eben 285 DM und wurde schon wieder verkauft: 284,50 DM. Irgendwie hatte man den Eindruck, der Markt pralle gegen eine Decke und schaffe es einfach nicht, diese zu durchstoßen. Was sollte er also tun? Seine Position konnte er unter diesen Umständen keinesfalls glattstellen. Das hätte ihn den Kragen gekostet, denn gleichzeitig mit dem dynamischen Handel stieg auch die Volatilität in den Optionspreisen. Long-Deltas in Form der Aktie kaufen? Dazu hätte er nahezu 20.000 Aktien benötigt. Keine Chance! Mit so einem Geldkurs würde er die Kollegen der Konkurrenz beängstigen. Also blieb er rat- und tatenlos sitzen und beobachtete schwitzend den Handel.

Chris brüllte immer noch. Das Brüllen war aber mehr und mehr in ein anprangerndes Brabbeln und Schnaufen übergegangen. Er regte sich über etwas auf, was in seinem Schirm passiert war. „Arseholes! How can that be? Have you seen the buba message?", wandte er sich aufgebracht an seinen Nachbarn Lothar.

„Sure! Why?"

„Somebody knew it before! Suddenly the future went up four points and five seconds later the message came out!", erklärte er.

„Perhaps the Reuters-System was too late?"

„No no. I compared it with ADP. It was the same time."

„Ich glaub es nicht, ich glaub es nicht!", lamentierte Randolf ebenfalls. Er war ganz in seinem Element und arbeitete mit höchster Intensität.

„Wofür werden die bezahlt?", entfuhr es ihm. Aber diesmal konzentrierte er sich nicht auf seinen Trading-Screen, sondern auf den Fernseher.

„Das gibt es nicht! Friedhelm, du kannst gar nichts! Leute, schaut euch das an", rief er entrüstet und deutete auf den Bildschirm, auf dem man Friedhelm Busch erkennen konnte, der immer noch mitsamt Gast über potentielle Zinsveränderungen phantasierte. Lothar und Helge konnten es ebenfalls nicht glauben.

„...Da steht der Nachrichtenmann mitten in der Frankfurter Börse und kriegt nicht mit, daß die Leitzinsen gesenkt wurden." Randolf redete sich in Rage.

„Es ist jetzt sechs Minuten her, seitdem die Meldung raus kam. Das müßte doch allein aufgrund des Geräuschpegels auf dem Parkett auffallen." Er schüttelte den Kopf, griff zum Telefon und wählte konsequent die Auskunft an.

„Tag! Die Nummer von n-tv in Berlin, bitte", verlangte er.

Zehn Sekunden später hatte er die Wirtschaftsredaktion des Senders in der Leitung und ging mit dem Redakteur hart ins Gericht.

„...Seit sieben Minuten sind die Zinsen gesenkt! ...Schnelligkeit ist ihr Geschäft, so lautet ihr Versprechen Herr..., wie ist überhaupt ihr Name? ... Für so eine bummelige Berichterstattung brauchen sie keinen Fernsehsender. Das können sie auch bequem per Post versenden... Was?... Ich arbeite als Börsenhändler für ein Wertpapierhandelshaus in Düsseldorf und sage ihnen auch im Namen meiner Kollegen: Wir sind schwer enttäuscht!"

Hochgeschätzter Leser: Es ist an der Zeit, keine Verzerrungen der Tatsachen entstehen zu lassen. Nichts läge dem Autor ferner, als Sie um der Effekthascherei willen mit phantastischen Konstruktionen zu konfrontieren. Die geschilderten Ereignisse entbehren keinesfalls der Grundlage der wahren Begebenheit, beleuchten allenfalls einen kleinen, nicht alltäglichen Faux pas eines ansonsten professionellen und höchst informativen Fernsehsenders. Die Qualität des Kanals n-tv läßt im allgemeinen keine Diffamierung zu, entspricht er doch schließlich einem Podium für Berufsbörsianer und deren Meinungen.

In diesem speziellen Fall jedoch können Sie anschaulich erfahren, daß die Informationsbeschaffung der Fernsehsender auch unkonventionelle Wege beschreiten kann. Die Situation, die via TV zu erkennen war, gestaltete sich wie folgt:

Sekunden nachdem Randolf das Gespräch mit dem Wirtschaftsredakteur beendet hatte, griff sich Friedhelm Busch mit seiner linken Faust, in der das Mikrofon steckte, an den Ohrhörer. Scheinbar versorgte ihn dieser mit der erlösenden Nachricht. Friedhelm wandte der Kamera das rechte Profil zu, denn er war immer noch im Gespräch mit dem Gegenüber. Soeben hatten die beiden die Wahrscheinlichkeit einer Zinssenkung der Buba erörtert und waren übereinstimmend zu dem Schluß gekommen, daß eine Senkung um ein viertel Prozent doch relativ wahrscheinlich sei.

Nun furchte Friedhelm angestrengt die Stirn, denn er konnte angesichts der für ihn verwunderlich hohen Geräuschkulisse, die seit etwa sieben Minuten auf dem Parkett herrschte, kaum verstehen, was da durch den Ohrhörer vermittelt werden sollte. Er stockte, hob alarmierend den Arm und drehte sich zu der Kamera.

„Meine Damen und Herren", startete er mit aktuellem Gesichtsausdruck. „Wie mir soeben gemeldet wird, hat die Bundesbank eine Senkung der Leitzinsen um ein halbes Prozent beschlossen."

Vier Börsenhändler in Düsseldorf brachen lachend zusammen. Aber noch während die letzten Lacheruptionen im Raum hingen, konzentrierten sich die Trader wieder auf die Intention ihrer Arbeit. Der Markt zeigte sich nunmehr sehr instabil und ließ einige Notierungen abrutschen. Für Lothar ein Zeichen der Gnade und für Chris ein Grund mehr, um per Telefon bei einigen Kollegen Dampf abzulassen. Der Vorfall kurz vor der Bekanntgabe der Zinssenkung stand zusätzlich im Raum. Er war zugleich mysteriös und skandalös, und nach einigen Nachfragen bei Tradern anderer Banken erhärtete sich der Verdacht, daß dort ein raffinierter und trickreicher Bursche am Werk gewesen war, der, wie auch immer, schneller an die Meldung der Buba gekommen war als die Nachrichtenagenturen. In Pressekonferenzen früherer Zinsentscheidungen soll, Gerüchten zufolge, ein Team agiert haben, das aus einem Mitglied im Pressesaal und einem Trader bestand. Der als Presseoffizieller getarnte Typ war mit einem versteckten Handy bewaffnet und las an den Lippen des Vorsitzenden – ob Tietmeyer oder einer seiner Vorgänger – ab, inwiefern eine Entscheidung im Zentralbankrat getroffen war. Durch die Handy-Verbindung hatte am anderen Ende der Trader die Möglichkeit, einige Sekunden vor der Masse aktiv werden zu können. Ob diesmal eine ähnliche Konstellation zum Ärgernis vieler Dax-Trader führte, konnte bisher nicht geklärt werden.

In dem Zusammenhang stellen sich hoffentlich einige Börsianer die Frage nach der Gesetzmäßigkeit dieses gewitzten Vorgehens. Zumindest gäbe das Wertpapierhandelsgesetz, in dem unter anderem Insidertatbestände definiert werden, dem Team grünes Licht. Demnach muß sich eine Insidertatsache auf eine zugrundeliegende Aktiengesellschaft beziehen. Offensichtlich trifft diese Bedingung nicht auf die Meldung einer Leitzinssenkung zu. Ob aber die Methode mit Presserecht und geltender Bundesbankhausordnung harmoniert, kann und will ich hier offenlassen. Schließlich möchte ich nicht, daß Sie, als profitorientierter Anleger, künftig die kompletten Büroräume der Frankfurter Zentrale der Bundesbank verwanzen...

Chris hatte während des gesamten Vorgangs blitzschnell gehandelt. Er war prädestiniert für diese Art von Spekulationen, die auf das sekundenschnelle Ausnutzen von Nachrichten ausgelegt waren. Innerhalb des Auf und Ab des Futures stand er auf der richtigen Seite und profitierte mit einer Summe in Höhe eines deutschen Kleinwagens von den Preisunterschieden. Dennoch ärgerte sich Chris über den mysteriösen Unbekannten, durch den er erst zu höheren Preisen einsteigen konnte.

Langsam klang das hektische Verhalten der Marktakteure ab und mündete in ein normales Kauf- und Verkaufsverhalten. Der Tenor der Marktbewegungen sprach indes überraschenderweise für leicht sinkende Preise. Die Unternehmensanteile der Thyssen AG hatten sich ebenfalls von ihren Tageshöchstkursen verabschiedet und wurden mit 284 DM bezahlt. Im Vergleich zu anderen Werten war das noch relativ teuer.

Das fand Lothar nicht akzeptabel. Er regte sich und rief in die Runde: „Kann mir erstens einer erklären, wieso nach einer demonstrativen Leitzinssenkung der Gesamtmarkt schwächer tendiert und zweitens, wieso Thyssen nicht als Vorbild voranschreitet?"

Er bekam die Antwort in Form eines kollektiven Schnaufens, das soviel hieß wie „Man kann es ihm nicht recht machen".

„Gut. Keine Antwort ist auch eine Antwort. Ihr wißt es nicht!",
stellte er fest.

„Paß mal auf, Clown...", meldete sich unversehens der Volkswa-
gen-Trader Randolf. „Der Markt hat immer recht. Und wenn er jetzt
runter geht, dann heißt das, daß es momentan mehr Verkäufer als
Käufer gibt. Klar?"

„Hoho. Das hilft mir weiter."

„Du hast doch selbst gesehen, daß die technische Situation negativ
ist. Folglich befriedigt das Marktverhalten deine analytischen Fähigkeiten", entgegnete Helge ein wenig maliziös und beobachtete
seinen Vola-Spread, der angesichts der gestiegenen Volatilität prächtig
gedieh. Helge hatte ohne großen Kommentar schon wieder die
richtige Entscheidung getroffen und rieb sich angesichts des Erfol-
ges heimlich die Hände. Unbemerkt von den anderen klebte seit
neuestem ein von ihm selbst entworfener Aufkleber mit dem Auf-
druck „THE MONEY-MACHINE!" an seinem Schirm.

„It's going down. If the market doesn't react on good news, it's
going down", ermittelte Chris und keiner konnte auch diesmal
Einspruch gegen die Beweisführung einlegen.

„It's going down *further*", betonte er noch einmal bedrohlich,
während Helge zu einer vertiefenden Erläuterung ansetzte. „Zumal,
so könnte vielleicht eine Erklärung lauten, eine Leitzinssenkung
allgemein erwartet wurde. Die jetzige Schärfe der Senkung enttäuscht den ein oder anderen Marktteilnehmer, denn damit wurde
einer weiteren Zinsphantasie der Boden entzogen. Die Luft ist raus.
Tietmeyer hat klar Schiff gemacht und den Anlegern gezeigt, woher
der Wind weht. Keine Politik der kleinen Schritte, sondern eine klare
selbstbewußte Entscheidung. Die nächste Zinssenkung wird auf sich
warten lassen."

„Du sagst das, als rezitierst du einen übersetzten Kommentar der
Financial Times von morgen."

„Eine meiner Nebenbeschäftigungen..."

„Du meinst, die Entscheidung war schon längst in den Kursen?"

„Sicher."

„Was wäre, rein hypothetisch, wenn die Zinsen nun nicht gesenkt worden wären?"

„Vielleicht richtig runter. Vielleicht, und das glaube ich eher, gar nichts oder sogar hoch. Denn dann wäre die Entscheidung halt vertagt worden und hätte die Phantasie am Leben gelassen."

„Klingt logisch. Ist aber wahrscheinlich aus Sicht des gemeinen Privatanlegers nicht nachvollziehbar. Der assoziiert bei der Meldung „Leitzinssenkung" doch nur „gut für Aktien" und kauft vielleicht erst morgen, weil er die Meldung erst heute Abend nach Feierabend mitbekommt. Soll ja schon öfters vorgekommen sein. Und das Beste ist, das er mit diesem dilettantischen Verhalten zumindest am ersten Tag - sprich morgen - richtig liegt, weil viele Stümper kaufen. Zugleich sehen die Profis alt aus, denn die haben das Thema schon längst abgehakt", argumentierte Lothar

„Gute Argumentation. Läßt sich aber schlecht drauf spekulieren, da zu gewagt."

„Aber jetzt mal im Ernst. Was hältst du von Thyssen? Sie stehen jetzt, laß mal sehen, immer noch bei 284 DM."

„Mach doch weiter mit deiner Anrufaktion", schlug Helge vor.

„Glaubst du, das bringt was?"

„Mach es einfach."

Das ließ sich Lothar nicht zweimal sagen. Er fuhr mit seinem Finger auf der Adressenliste entlang und stoppte bei der Adresse einer Frankfurter Großbank. Wieder erzählte er dem dortigen Thyssen-Market-Maker von seinem Verkaufswunsch des 280'er Straddle mit Laufzeit von eineinhalb Tagen. Und auch diesmal machte er keinen Hehl aus der Tatsache, daß er aggressiv und mit einer respekteinflößenden Summe auf die 280'er Expiration zu spekulieren gedachte. Fast wäre er in Teufels Küche geraten, denn der Händler stellte ihm einen außerordentlich attraktiven Geldkurs. Aber als Lothar sein Handelsvolumen noch einmal erhöhte, fühlte sich der Kollege langsam unwohl und meinte, er müsse sich bei seinem Vorgesetzten absichern. Er wollte zurückrufen und legte auf. Für Lothar ein kitzliger Pokerbluff - gespannt erwartete er den Rückruf und legte sich eine Argumentation zurecht. Nach einer Minute klingelte es.

„Lothar!... Ja der bin ich... Aha... schade, man findet kaum jemanden, der mir den Straddle abnimmt. Danke trotzdem", meinte er, legte auf und drehte sich freudestrahlend zu Helge: „Er ist out! Helge, er ist out! Er hat sein Gebot zurückgezogen! Angsthasen, die bekommen Schiß. Hah! Ja ja. Lothar, der George Soros des Thyssen-Marktes!"

„Der Kurs muß aber auch runter gehen, Lothar. Vergiß das nicht!", mahnte Helge. Und so verbrachte Lothar den Nachmittag mit weiteren vergleichbaren telefonischen Bluffs und verstreute in ganz Deutschland die Meinung, daß spätestens morgen der Aktienkurs von Thyssen nahe an der 280 DM-Linie stehen würde.

Scheinbar hatte Lothar mit seiner Methode Erfolg. Die Betonung liegt dabei auf „scheinbar", denn mit letzter Gewißheit kann die Verkaufswelle, die die Thyssen-Aktie im Verlauf des Nachmittagshandels erfaßte und bis auf 280,90 DM herunterquetschte, nicht auf Lothars kleinen durchtriebenen Manipulationsversuch zurückgeführt werden. Wahrscheinlich war, wie oftmals im Leben, der Glaube stärker als die Tatkraft. Der Wille, etwas zu bewegen, erzeugte positive Energien. Lothar überschlug sich noch lange nach Handelsschluß über seine angeblich „magischen Kräfte", die der Bullenclique den Garaus gemacht hätten. Thyssen schloß, wie erwähnt, schon wieder sehr nahe an der 280 DM-Marke und dieser Umstand erzeugte ein Augenreiben bei den Aktienhändlern, die auch einmal das Verhalten des Optionsmarktes zu ihrer Meinungsbildung heranzogen. Ein Tag vor Auslaufen der April-Optionen klebte eine Aktie an einem Basispreis mit hohem Open-Interest. Nur wenn man nicht gänzlich blind war, konnte man eine relativ sattelfeste Prognose über den morgigen Ausgang des Thyssenhandels riskieren.

KAPITEL XII

- KURSBEEINFLUSSUNG -

*W*elch eine Spanne zu der Zeit, als eine DTB noch nicht einmal in den Köpfen der Legislative der deutschen Börsenlandschaft gastierte; als das Auf und Ab der deutschen Börsenwerte noch dem simplen Ordervorkommen der Parkettmitglieder gehorchte. Aus Sicht der alten Hasen der Präsenzbörse war die Zeit vor 1991, der Geburtsstunde der Terminbörse, ein Paradies auf Erden. Wahrscheinlich vertrat der Clan nicht - zumindest nicht offiziell - diese Auffassung, aber retrospektiv gesehen, waren die Bewegungen der Werte in dieser Zeit wesentlich einfacher zu verstehen. Zahlreiche Angehörige des Vereins, seien es amtliche oder Freimakler, vermochten in dieser Zeit stattliche Reichtümer anzuhäufen.

Sie hatten damals das Privileg, ihren Kunden einen Markt stellen zu können, der natürlich im Rahmen von Gut und Böse zu liegen hatte, der aber, aufgrund einer gewissen Undurchsichtigkeit, Spielräume für Manipulationen ließ. Nun, die moralischen Grenzen waren eine einfache Definition und je nach Tugendhaftigkeit des jeweiligen Akteurs, dehnbar. Nicht zuletzt deshalb setzten sich unlängst die Gesetzgeber zusammen und unternahmen den schon überfälligen Versuch, eine Restriktion zu erlassen, die dem ausschweifenden Gebaren der Börsenprofis Einhalt gebot. Verständlich, denn einerseits wollte man den Finanzplatz Deutschland in die Topliga der Finanzzentren katapultieren, und andererseits passierten immer noch vorsintflutartige Unregelmäßigkeiten in der heimischen Börsenlandschaft. Welchem Amerikaner, der gewillt war, sein Geld in german stocks zu pumpen, konnte man erklären, daß hierzulande acht verschiedene Börsenplätze unterschiedliche Kassakurse zur gleichen Zeit für denselben Wert ermitteln? Ein guter Vorschlag war ein System mit dem Namen „Dachskontro", unter dem die einheitliche Ermittlung der Kassakurse erfolgen sollte. Doch der "Knies" zwischen den einzelnen Börsen machte diesen Plan vorerst zunichte.

Oder die nicht ganz durchschaubare Abrechnungsmethode bei I. w. (Interesse wahrend) Orders, bei der ein Makler einen großen Auftrag im Laufe eines Tages im Markt unterbringt und durch viele verschiedene Einzelorders zu einem Durchschnittspreis zusammenfaßt. Der Preis des Pakets gestaltete sich bei der Vereinbarung „Mittelpreis" nicht, wie man annehmen sollte, nach der Methode „Addition der Einzelpreise geteilt durch die Anzahl der Einzelpreise", sondern „Tageshöchstkurs minus Tagestiefstkurs geteilt durch zwei". Ein gewitzter Händler konnte bei einem Kaufauftrag die meisten Stücke im unteren Preisniveau der Bandbreite zusammenkaufen und zu einem höheren Preis mit dem Kunden abrechnen. Gelang das nicht, gab es immer noch die unsittliche Möglichkeit, gegen Ende der Handelssitzung einen plötzlich unerklärlich hohen Kurs auf der Kurstafel erscheinen zu lassen, der den Mittelkurs dementsprechend nach oben korrigierte.

Mit der plumpen, aber höchst profitablen Verhaltensweise, die gemeinhin unter dem Begriff „Frontrunning" bekannt ist, hatte ein kleiner, unbescholtener Aktiensparer, der seine Päckchen alle paar Monate zur Kasse verschob, wahrscheinlich aus eigener Sicht nichts zu tun. Dennoch wurde er vielleicht über den Tisch gezogen. Nämlich dann, wenn ein Makler einen größeren und damit kursbeeinflussenden Auftrag für einige Sekunden zurückhielt, um erst einmal seine privaten Bedürfnisse zu befriedigen. Das gestaltete sich wie folgt:

Ein unbeteiligt aussehender Händler trottet zur Schranke seines Objektes und fragt:

„Wie steht denn, ähh, Daimler?"

„Fünf auf sechs."

„Bin mal...laß mal sagen hundert Geld für fünfeinhalb."

„Hundert an dich mit fünfeinhalb."

„Gemacht."

Kurzes, gelangweiltes Fußscharren des Händlers - er will ein wenig Zeit überbrücken. Dann kräht er unvermittelt und im ganzen Saal hörbar:

„Zehntausend Daimler Geld für sechs!"

Der rechtschaffene Anleger kann sich freuen. Diese dschungelartigen Verhältnisse sind endgültig passé, denn das Wertpapierhandelsgesetz mit den Compliance-Regeln ermöglicht dem BaWe (Bundesaufsichtsamt für Wertpapierhandel) empfindliche Strafen in diesen Fällen zu erlassen. Bis zu fünf Jahren Zuchthaus kann ein Verstoß kosten.

Es hat sich viel getan seit der Zeit, in der die Orderbücher überquollen und nicht nur die Maklercourtage eine sprudelnde Einnahmequelle darstellte. Wer einmal auf der Zuschauer-Galerie der Düsseldorfer Börse gastierte, wird verstehen, daß der Beruf „Parkett-Börsenmakler" zur aussterbenden Gattung gehört. In der nordrheinwestfälischen Händlerzusammenkunft ist das Getuschel der Schulkinder, die im Rahmen einer Klassenfahrt dem Börsengeschehen nähergebracht werden sollen, lauter als das Handelsgefecht der Akteure unten im Saal.

„Heinz! Hast du' nen Kurs in den Luftis?"

„Moin Eberhard. Steht drei auf fünf."

„Dann laß mal. Mach ich besser im IBIS." Eberhard sagt es und legt die dreißig Meter polierten Parkettfußboden zu seinem Börsenbüro in einem angemessenem Tempo zurück. Dort angekommen, plaziert er die Order im elektronischen Handelssystem IBIS, denn dort wütet ein reger Handel in Lufthansa-Aktien und das Papier steht vier auf vierfünfzig. Als stiller Beobachter auf der Galerie fragt man sich zu Recht, weshalb an der gesamten linken Seite des Saales eine riesige, hochmoderne Kurstafel klebt, die vor kurzer Zeit für mehrere Millionen DM angeschafft wurde.

Das Leben wird immer komplexer. Für nicht lernfähige Lebensgenossen bedeutet komplexer allerdings komplizierter. Das mußten die konservativen Parkettler ebenfalls feststellen, als neben dem IBIS auch noch die DTB große Handelsvolumina an sich zog. Neben der Abwanderung von vielen Aufträgen in das elektronische System, ,sahen sich die Akteure mit neuen Einflüssen konfrontiert, die, an den hochprofessionellen Financial Engeneering Desks der Banken kreiert, den „normalen" Aktienhandel attackierten. Optio-

nen, *Futures, Forwards, Caps, Floors und andere Produkte über-
schwemmten und überschwemmen den Markt und befriedigen spezielle Anlegerwünsche. Den größten Einfluß auf das Kursgefüge
der Aktienwerte hat allerdings die DTB. Die aus Sicht der Parkettler
unerklärlichen Kurssprünge an Hexen- und sonstigen Verfallsta-
gen der DTB deklarierten sie schlichtweg als Mysterium und recht-
fertigten ihre Ignoranz mit dem Vorwurf, die Vorgänge an der DTB
seien nicht ganz „astrein".*

*Da dieses Thema offensichtlich immer noch den Beigeschmack des
„Unerklärlichen" besitzt und selbst heutzutage eingleisige Aktien-
händler die DTB als Buch mit sieben Siegeln betrachten, müssen die
Vorgänge an Verfallsterminen ins Rampenlicht gezogen werden.*

*Das, was sich im DTB-Handel an besagten Terminen abspielt,
entspricht ganz einfach einem Kräftemessen von Marktteilnehmern
mit divergierenden Marktauffassungen und Erwartungen. Hinzu
kommt allerdings der Aspekt, daß Optionen, kurz vor ihrem Verfall,
eine gewaltige Hebelkraft entfalten. Dieses Potential, gepaart mit
einem Schuß gesundem Risikobewußtsein der Akteure, ist in der
Lage, einen stärkeren Einfluß auf Notierungen auszuüben als das
Geschehen an der Präsenzbörse vermag. Basispreise haben, wie Sie
bereits miterlebt haben, eine enorme magnetische Anziehungskraft.
Die Attraktion begründet sich darin, daß alle Optionen dieses Strikes
wertlos verfallen, wenn das Underlying an genau diesem Punkt
notiert. Sprich: Alle Spekulanten, die diese Optionen verkauft haben,
entwickeln ein äußerst starkes Interesse daran, den Basiswert zum
Basispreis zu dirigieren. Logisch, denn dann verdienen sie am
meisten. Zugleich kämpfen die Teilnehmer mit gekauften Optionen
für eine Bewegung in die andere Richtung. Und so bricht am letzten
Tag ein Fight aus, in dem mit harten Bandagen auf das Erbitterste
gefochten wird.*

Freitag, 19. April.

„Ich hab Angst!"

„Wir sind bei dir, Lothar."

Der Markt startete leider freundlich. Thyssens erster Kurs wurde mit 284 DM angegeben und kein Anzeichen deutete darauf hin, daß die Aktie im Tagesverlauf auf 280 DM sinken könnte. Lothars Straddle war jetzt noch genau 150.000 DM wert. 150.000 DM konnte er am heutigen Tage gewinnen und ein Vielfaches davon verlieren.

„Ich sehe keine Briefkurse mehr im IBIS. Scheiße, Scheiße, Gott steh mir bei", hauchte Lothar nervös. Er stand von seinem Platz auf und begann mit den Händen in der Hosentasche im Dealing-Room umherzulaufen. Die Vorgaben für die heutige Handelssitzung waren durchweg positiv: Dow im Plus, Dollar im Plus und zu allem Überfluß lachte draußen eine strahlende Sonne vom wolkenlosen Himmel. Lothars Outfit lief nicht konform mit dem Frühlingsgefühl, das seit einigen Tagen eine pralle Farbenpracht auf die Straßen zauberte, sondern verdeutlichte seine innere Einstellung. Er trug einen schwarzen Anzug mit Weste zu einem klinisch reinen, weißen Hemd, auf das man entweder anläßlich einer Hochzeit oder aber eines Begräbnisses zurückgreift. Sekt oder Selters, alles oder nichts.

„Buying Volkswagen", murmelte der VW-Händler in der anderen Ecke, seinen Monitor beobachtend. Randolf legte sich beflissen ins Zeug und feuerte einige Geldkurse ab. Sein Papier, wie auch das der anderen Kollegen, stand nicht in der unmittelbaren Nähe eines Basispreises und entzog sich somit dem Kräftemessen der Optionshändler.

„Bleib in der Position", hatte er schon des öfteren zu Lothar gesagt. Auch Helge unterstützte das Vorhaben. „Ganz ruhig. Es läuft schon. Spätestens heute Nachmittag geht die Aktie runter", beruhigte er.

Lothar schritt die Fensterfront ab und runzelte die Stirn zu einem mißtraurischen, verkniffenen Gesichtsausdruck.

„Euer Tonfall gefällt mir nicht, Kollegen", rief er und trat vor Helges Papiereimer, der scheppernd klirrte.

„Klingt ganz so, als ob ihr das Gegenteil denkt und nur aus Gründen der Schaulust meinem Untergang beiwohnen wollt."

„...Buying BASF"

„Genau das meine ich!"

Die Spannung zog sich durch den ganzen Vormittag und verdammte Lothar zur Untätigkeit. Einige Notierungen brachen zu Oberseite aus und vollführten kurzweilige Spaziergänge in die oberen Stockwerke ihrer Preisetagen, bis endlich, gegen Mittag, eine größere Macht den eigenwilligen Sperenzchen der unterzähligen Haussiers Einhalt gebot. Größere Briefkurse tauchten aus dem Nichts auf und legten einen Deckel auf weitere Hitzigkeiten. Plötzlich schwächelte auch Thyssen. Lothar sah es, riß seine Schublade auf und rief: „Er ist wieder da. Mein großer Kollege ist wieder da. Der Typ, der den Straddle ganz groß verkauft hat." Kurse im elektronischen Börsensystem haben zwar keinen Adressaten, aber nach logischem Kombinationsvermögen war diese Annahme durchaus richtig. Lothar zauberte, als hätte er schon längst darauf gewartet, ein riesiges schwarzes Plastikschwert aus dem Tischkasten und fuchtelte damit wild in der Luft herum. Eine größere Anzahl von Briefkursen schob sich in den Markt.

„Kampf den Bullen!", rief er in der Manier eines mittelalterlichen Ritters, der auf einem Schaukelpferd sitzt. Der erste Briefkurs wurde noch gekauft. Aber kurz danach stellte sich ein neuer Briefkurs an die gleiche Stelle. Immer dann, wenn kleine Versuche gestartet wurden, den Kurs nach oben zu bewegen, kam die Antwort in Form eines neuerlichen Briefkurses.

„Der Typ, oder wer immer das ist, hat Nerven wie Stahldrähte", staunte Helge, der sich mittlerweile von seinem Platz erhoben hatte und nun neben Lothar stand. „Ich meine, der ist doch schon bis zum Hals short. Trotzdem verkauft er immer weiter."

„Der macht es richtig, Helge! Pyramidisieren", erwiderte Lothar und tippte mit der Spitze seines Schwertes auf Helges Brust. „Da! Zack! Schon wieder verkauft. Immer weiter so."

Auf dem Fersehbildschirm an der Wand erschien Friedhelm, der scheinbar diese Woche Kommentatorendienst bei n-tv hatte.

„Mach mal lauter, Helge. Du hast die Fernbedienung", forderte Lothar.

„...scheinbar im Banne der Terminbörse. Werfen wir doch einmal einen Blick auf die Trendwerte, meine Damen und Herren..." Die Tafel mit Thyssen wurde eingeblendet. „...Ja, was soll man dazu sagen. Äh, ..., zu Beginn der Sitzung sah es noch gut aus. Der amerikanische Markt hatte gut vorgelegt und auch die Umlaufrendite am Rentenmarkt sackte um zwei Punkte ab... So, Mannesmann scheint von guten Prognosen zu profitieren, die eine Investmentbank gestern herausgegeben hat. Nach der, äh, die Ergebnisse im zweiten Quartal deutlich ansteigen sollen. Zur Kasse plus zwei. Der letzte Kurs ein wenig schwächer, aber immer noch deutlich im Plus. Nun zu Thyssen..."

Lothar ruderte mit dem Spielzeugschwert und freute sich: „Er weiß es nicht. Wetten, er weiß es nicht, Helge?"

„... Ja, was soll man dazu sagen. Minus zwei DM. Obwohl die Vorgaben für das Unternehmen positiv aussehen, gehen die Notierungen zurück. Äh... offenkundig hat hier die Terminbörse die Finger im Spiel. Da wackelt mal wieder der Schwanz mit dem Hund, meine Damen und Herren..."

„Sag ich doch, sag ich doch!", rief Lothar.

„Immer, wenn Friedhelm nicht weiß, was passiert, hat die Terminbörse die Finger im Spiel", stellte Helge resümierend fest und schaltete den Ton aus. Thyssen stand nunmehr bei 283 DM und es waren noch zwei Stunden zu spielen.

„Schau dir mal den Straddle an. Der wird verprügelt. Man kann förmlich zuschauen, wie die Prämie ausläuft." Lothar deutete wie ein Feldherr mit seinem Schwert auf den DTB-Monitor, auf dem man einen regen Handel im 280'er Straddle beobachten konnte. Die Preise des Calls verliefen degressiv nach unten und einige Minuten später, gegen halb fünf, hatte er kaum noch einen höheren Wert als den inneren. Die Spannung Lothars wich dem brennenden Siegesbewußtsein einer Fußballmannschaft, die fünf Minuten vor Spielende mit drei zu null führt.

„Was meint ihr? Soll ich den Straddle zum Teil glattstellen?", fragte er fröhlich in die Runde.

„Ich denke, das solltest du besser Gijsbert fragen. Der freut sich auch, wenn er mit in die Entscheidung einbezogen wird", meinte Randolf. „Er ist heute in Amsterdam. Ich habe vorhin mit ihm gesprochen."

Lothar akzeptierte und wählte die Nummer.

„Ja, mit Lothar. Dag, mach ik mit Gijsbert spreke?"

„Ist am Apparat!"

„Nein, nein. Du bist Erik. Ich möchte Gijsbert."

„Ist am Apparat!"

„Ha ha. Lustig. Ich weiß, daß du Erik bist! Ich hätte aber gern Gijsbert, bitte!" Lothar wurde ein wenig energischer.

„Gijsbert ist am Apparat."

Der holländische Händler Erik war dafür bekannt, daß er des öfteren einen kleinen Scherz anbrachte. Aber diesmal war die Pointe schwach.

„Gott verdomme, Erik! Jetzt gib mir endlich Gijsbert!"

„Ist am Apparat. Er telefoniert mit England."

Der holländische Händler Erik war ferner dafür bekannt, daß er des Deutschen nicht mächtig war.

Man einigte sich auf einen Rückruf, wobei die weitere Kommunikation in Englisch abgehalten wurde. Zwei Minuten später geschah das Erwartete und Gijsbert und Lothar arrangierten eine zweidrittel Glattstellung der Position. In der letzten halben Stunde des Handelstages kaufte Lothar nach und nach 350 Straddles zurück und bezahlte weniger als zwei DM. Sein Gewinn aus diesen 350 Straddles betrug 120.000 DM. Die restlichen 150 Straddles ließ er verfallen und hoffte, daß die Aktie um 17 Uhr noch näher an den Basispreis wandern würde. Kurz vor Handelsschluß entbrannte ein letzter hef-

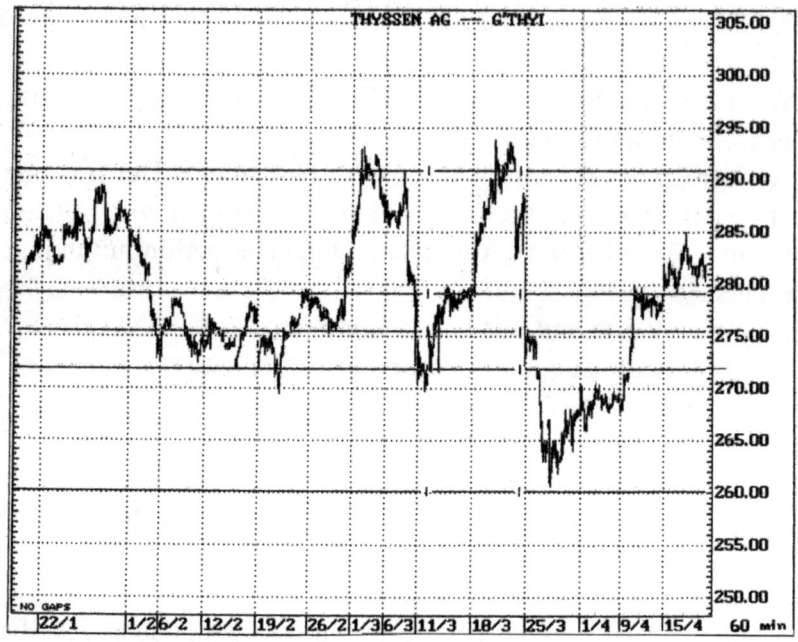

tiger Handel in den Optionen dieses Typs, denn viele Teilnehmer versuchten, ihre Positionen auf den folgenden Handelstag nächster Woche auszurichten. Thyssens letzter Kurs, bevor der IBIS- und DTB-Handel geschlossen wurde, war 281,10 DM.

„Tschakka! Der Sack ist zu!", rief Lothar erleichtert, zupfte sich die Krawatte vom Hals und rollte sie zusammen. „Es war ein hartes Stück Arbeit, wenn man bedenkt, was alles passiert ist: Leitzinssenkung, neue Höhen im Dollar... Mein Gott, es hätte schief gehen können."

„Beschwer dich nicht. Das einzige, was du gemacht hast, war dumm rumzusitzen", stichelte sein Kollege Helge, der schon die Tasche packte, um sich ins Wochenende zu stürzen.

„Eine überflüssige Aussage, Kamerad. Daß unser Job im Sitzen ausgeübt wird, liegt auf der Hand. Daß aber die Tätigkeit als solche als dumm bezeichnet wird, lasse ich nur gelten, weil heute ein schöner Tag ist und ich mit meiner Dummheit, Moment..." Er bediente den Taschenrechner und kam zu einem Ergebnis, „...etwa 150.000 DM verdient habe." Lothar verschränkte die Arme hinter seinem Kopf und lehnte sich genüßlich nach hinten.

„Aber halt! Helge, bevor du dich verdünnisierst, brauche ich deinen fachkundigen Rat. Ich habe 150 Straddles, die ich verkauft hatte, auslaufen lassen. Wahrscheinlich werden die 280`er Calls ausgeübt, denn sie liegen 1,50 DM im Geld. Das heißt, mir werden 150 mal 50 Kontraktgröße... macht 7500 Stück Thyssen Aktien zu 280 DM abgenommen. Die Puts werden ja wohl nicht ausgeübt."

„Exakt."

„Was würde passieren, wenn Thyssen, nur mal angenommen, genau bei 280 DM stünde?"

Helge ließ die Tasche wieder fallen und setzte sich bedächtig zu seinem Kollegen. Die Frage ehrte, denn hier wurde sein Fachwissen gefordert.

„Nun..."

„Und faß dich kurz!"

„...eine interessante und angebrachte Fragestellung. Versetzen wir uns in die Lage des Kontrahenten. Wir haben das Recht, eine Thyssen-Aktie zum Preis von 280 DM zu bekommen, während die Aktie in der heutigen Session mit 280 DM aus dem Handel ging. Die Gretchenfrage in diesem Zusammenhang ist die Frage nach der Meinung der Kursentwicklung am kommenden Montag. Wenn wir glauben, daß diese aufwärtsgerichtet sein wird, werden wir ausüben, nicht wahr? Andernfalls nicht."

„Aber wir haben als zusätzliche Unkosten die Exercisekosten der DTB."

„Richtig. Eine zusätzliche Hürde."

„Andersherum könnten mir die Jungs - ich spreche jetzt wieder aus meiner Sicht - die in Putoptionen long sind und mit einem Kursverfall rechnen, auch einige Aktien auf die Nase drücken. Und damit kommen wir zum heiklen Punkt der ganzen Geschichte: Meine Position am Montag wäre nicht klar voraussagbar. Ich weiß momentan nicht, wer exercised und wer nicht. Wenn viele Puts ausgeübt werden, hätte ich am Montag eine Long-Position in Thyssen, wenn hingegen viele Calls in Aktien umgewandelt werden, wäre ich Thyssen short. Bedenklich, bedenklich. Meine Spekulation wäre dem Zufall ausgesetzt."

„Aber das wären noch Peanuts gegen die Position, die der Großspekulant in Thyssen zu bewältigen hätte. Haben deine Adleraugen übrigens erkennen können, ob er seine Position glattgestellt hat?", fragte Helge.

„Schwer zu sagen. Es wurde viel in der Serie gehandelt. Vielleicht hat er einen Teil unterbringen können, vielleicht auch nicht. Fraglos hat sich der Typ in den letzten drei Tagen eine goldene Nase verdient, gegen die mein bescheidener Lohn einem Taschengeld gleichkommt. Wahnsinn, Helge! Wenn man überlegt, wieviel Geld man verdienen kann, ohne daß sich eine Aktie stark bewegt."

„...und verlieren, wenn sie's doch tut."

„Papperlapapp! Wir sind auf der Gewinnerstraße. In den letzten Tagen hat mein Account einen unübersehbaren Gewinnsprung erfahren. Wie steht's mit deinen Aktionen?"

Helge schürzte die Lippen und schaute aus zusammengekniffenen Augenwinkeln auf Lothar herab. Dabei faltete er die Hände und fing augenfällig an, mit den Daumen zu drehen.

„Mein kleiner Anteil, lieber Fachgenosse, ..." Er sprach gedehnt und überheblich. „... kann mit deinen Errungenschaften Schritt halten. Wenn mich meine Berechnungen nicht täuschen, konnte ich in dieser Woche 130.000 DM erwirtschaften. Dank meiner präzisen Prognosen, die erstaunlicherweise bis ins Detail eintrafen, befinde ich mich, wenn man so sagen darf, ebenfalls auf der Gewinnerstraße."

„Super, Helge! Ich sage es doch. Wir werden reich!" Lothar schlug seinem Kollegen mit voller Wucht auf die Schulter.

„Gut gemacht!", rief er nochmal. Sofort wechselte sein Tonfall zurück in eine ruhige, sachliche Stimmlage. „Ich denke, man muß in guten Trading-Phasen das Volumen erhöhen und ein größeres Risiko eingehen. Nur dann kann man auch die Gewinne in neue Höhen schrauben. Es verhält sich, und das ist nicht nur meine Meinung, mit Tradingergebnissen ähnlich wie mit Aktientrends. Es gibt gute und schlechte Zeiten und Zeiten, in denen gar nichts passiert. Im Rahmen eines Experimentes, von dem ich gelesen habe, wurde festgestellt, daß die Ergebnisse eines Traders Zyklen unterliegen, die relativ gut voraussagbar waren. Man hatte die Gewinne und Verluste mehrerer Trader in einen Graph eingezeichnet und dann mittels der Charttechnik Trendumkehrformationen ausgemacht, die verblüffend genau eintraten", erzählte er, griff wieder zum Schwert und rief: „Ja, Helge, jetzt stell dir mal vor, Gijsbert ruft an und sagt: Unser Helge bildet eine Kopf-Schulter-Formation aus. Die Chartanalyse hat eindeutig ergeben, daß Helge in den nächsten Tagen Verluste machen wird. Deshalb wird er für die nächsten drei Wochen suspendiert!"

„Vielleicht eine profitable, zukunftsweisende Methode. Wenn er schlau wäre, würde er aber in einem Unter-Account das Gegenteil von dem handeln, was ich mache. Natürlich mit größerem Volumen", lachte Helge.

„Übrigens habe ich JDP-Aktien gekauft", bemerkte Lothar plötzlich.

„Ich auch", erwiderte Helge und verabschiedete sich nun doch endgültig von Lothar und der Arbeit.

Lothar saß, von den anderen alleingelassen, in seiner Ecke und verstaute das Schwert wieder in der Schublade. Vielleicht konnte man es noch einmal gebrauchen. Er zündete sich eine Feierabend-Zigarette an und genoß den stillen Augenblick. Allein in dem Büro, in dem die Monitore immer noch summten, als hätten sie nicht mitbekommen, daß kein Mensch sie mehr beachtete.

Kapitel XIII

- Geld drucken -

Es ist passiert! Helge, 40 Calls wurden nicht ausgeübt. Das bedeutet, ich habe 2000 Aktien mehr in meiner Position als angenommen. 2000 Long-Deltas, Helge! Da hatten einige Kollegen eine bearishe Erwartung für heute und meinten wohl, es wäre besser, die Stücke beim Lothar zu belassen, als in das eigene Konto zu übertragen. Feiglinge! Denen werd ich's zeigen", rief Lothar in voller Lautstärke.

Ein schönes Wochendende lag hinter den vier Tradern, als sie am Montag wieder im Büro eintrafen. Frans berichtete freudestrahlend von seinem formidablen Wetterfolg, den er am Sonntag auf der Düsseldorfer Pferderennbahn hatte, und selbst Gijsbert erkundigte sich telefonisch aus London nach dem Befinden des Teams. „Alles in bester Ordnung" lautete die fröhliche Antwort, „Berufs- und Privatleben fest im Griff. Der Kampf um Profit kann wieder beginnen."

Er begann für Lothar mit der Kontrolle seiner Position. Beim Durchblätterten der Auflistung seines Accounts stieß er auf die Angaben der Exercisepositionen vom Freitag und entdeckte das Unvorhersehbare. Seine Position war mit mehr Aktienstücken angereichert als angenommen. Nun gut. Es galt das Beste daraus zu machen.

Als der Markt eröffnete, zeichnete sich schon wieder der günstige Stern ab, unter dem alle Aktionen des Teams in der letzten Zeit zu stehen schienen. Thyssen stieg unaufhaltsam und rasant bis auf 289 DM, obwohl keine fundamentale Begründung für diese unverhoffte Rallye zu finden war. Die Bewegungen dieser Aktie konnten nicht besser verlaufen. Sie glichen fast einem Fahrplan, den Lothar gewollt oder ungewollt aufgestellt hatte. Wäre dieser Anstieg einen Börsentag früher gekommen, hätte er Lothar das Genick gebrochen. Doch nun, nachdem der Straddle ausgelaufen war und der Händler nur noch eine Longposition in den Aktien und in den Optionen des Monats Mai besaß, war jede Steigerung willkommen. Darüber hinaus hatte er zufällig die 2000 Aktien bekommen, die ein anderer DTB-Teilnehmer nicht haben wollte.

Kein Schweißausbruch, keine unwirsche Brüllerei, kein Plastik-schwert war zur Zeit notwendig. Die Gewinne sprudelten von ganz alleine. Auch Frans und die anderen Trader verzeichneten sagen-hafte Siege, die zu einer Hochstimmung im Düsseldorfer Büro führten. Es war wie ein Spiel gegen einen unterlegenen Gegner, der ganz einfach zu blöd war, um eine ernsthafte Gefahr darzu-stellen. Dieses Gefühl setzte sich in den folgenden Tagen fort und verleitete die Händler dazu, die Gewinne mit immer größeren Ein-sätzen zu hebeln.

Und das, obwohl sich der Markt immer noch in keinem eindeuti-gen Trend befand. Die große Konsolidierung war ebenso ausge-blieben wie die Jahrhunderthausse. Aber das Schöne am Options-handel ist, daß auch bei gleichbleibenden Notierungen Geld ver-dient werden kann.

Als Thyssen am nächsten Tag bei 290 DM anlangte und gegen eine offensichtliche Widerstandszone ankämpfte, war für Lothar der Zeitpunkt für die nächste Spekulation gekommen. Er verkauf-te seine kleine Long-Position und prophezeite inbrünstig: „Wir se-hen 280 DM in den nächsten fünf Tagen! Dies ist eine offizielle Voraussage des Magiers, Kollegen! Schluß mit den Wischi-Waschi-Aussagen. Jetzt wird Tacheles gesprochen! Klare, deutliche Mei-nungen und direkte Umsetzungen im Markt sind vonnöten. Keine Kompromisse!"

Er zeichnete sein Target im Chart ein und markierte die oberen und unteren Eingreifzonen. Zusätzlich projizierte er eine Einteilung an-hand der Fibonacci-Zahlen mit den Höchst- und Tiefstpunkten der letzten Bewegungen. Die Verläufe, mit den vorgegebenen Abstän-den von 61,8 Prozent bzw. 38,2 Prozent, paßten erstaunlich gut in den Kursverlauf Thyssens.

Die Ausgangsbasis war klar: Thyssen sollte in den nächsten Tagen um circa neun DM fallen. Die weitere Frage stellte sich in bezug auf die Art des Kursverfalls. Geschah dieser sehr schnell, mit hohem Volumen und gleichzeitigem Ansteigen der Volatilität, oder langsam, seicht und mit gleichbleibender Vola?

„Was kann ich tun?", fragte Lothar sich und Helge. Die beiden arbeiteten in der letzten Zeit immer enger zusammen und tauschten permanent ihre Erfahrungen und Erkenntnisse aus. Jeder kannte die Positionen und Risiken des anderen auswendig und so konnten sie sich in Zeiten mentaler Anspannung gegenseitig unter die Arme greifen.

„Du kannst ganz simpel 280'er Puts kaufen. Damit wäre dein Risiko auf die bezahlte Prämie begrenzt und bei einem weiteren Kurs-

verfall unter 280 DM knallt der Hebel der Optionen richtig rein",
schlug Helge vor.

„Aber bei 280 DM liegt eine Unterstützung."

„Die Aktion lohnt sich sowieso nur bei einem schnellen Kursrutsch
und ansteigender Vola. Also, verehrter Kollege, was hältst du von
folgender Alternative: Du verkaufst die Aktien und verkaufst die
280 DM Puts."

„... wäre auch meine Idee..."

„Das hat den Vorteil, daß du zusätzlich zum Kursverfall der Aktien
am Prämienverlust der Optionen partizipierst. Zur Zeit steht die Vola
ziemlich hoch. Wenn diese ein wenig absinkt, verdienst du doppelt."

„Ich könnt auch anstatt der Aktien die 280`er Calls verkaufen und
wäre damit wieder den 280 DM Straddle short."

„...aber dein Risiko zur Oberseite wäre zu hoch."

„Dann verkaufe ich halt mehr Puts als Calls."

„Was synthetisch der Position mit Aktien short gleichkäme. Die
Calls sind ja praktisch Aktien. Sie haben momentan ein Delta von
0,7 und verhalten sie sich demnach zu siebzig Prozent genauso wie
Aktien."

„Also gehupft wie gesprungen. Danke für den Beistand, Helge",
meinte Lothar und drehte sich zu seinem DTB-Schirm, um die Aktion im Markt umzusetzten. Das Aufstellen der Position war tük-
kisch und leichter gesagt als getan, denn wollte man die Position
mit guten, daß hieß preisgünstigen Kursen durchführen, bedurfte es
einiger Anstrengungen. Die erste Frage, mit der sich der Händler
konfrontiert sah, lautete: Mit welcher Seite der Position fange ich
an? Verkaufe ich zuerst die Aktien oder zuerst die Puts? Eine gleichzeitige Ausführung kam nur in den seltensten Fällen in Betracht,
denn damit hätte man die ungünstigen Gebote der Marktteilnehmer
akzeptieren müssen und der Gesamtpreis der Position wäre unwirt-
schaftlich ausgefallen. Der Markt zeigte folgende Situation:

IBIS-Markt in Thyssen:
Bid: 288,50 DM   Ask: 289,30 DM

DTB-Markt in Thyssen-Puts, 280 DM Basis, Verfalltermin Mai:
Bid: 2,20 DM   Ask: 2,80 DM

Mit dem ein oder anderen, eher harmlosen Fluch vollführte Lothar sein Vorhaben.

„9,20 Brief, Kinder. Das ist doch wirklich nicht zu teuer!"

„Verzettel dich nicht", mahnte Randolf, der zwar selbst handelte, aber die Geschehnisse aus den Augenwinkeln verfolgte.

„Von Verzetteln kann keine Rede sein, wenn der Meister seine Kunststücke vollführt."

„Der Gesamtmarkt steigt ein wenig an, also achte bitte auf die Puts!"

„Paff!" Lothar haute auf die Sell-Tasten.

„Was machst du?"

„Habe tausend Aktien verkauft und dazu 20 Puts."

„Gute Preise?"

„Weltmeisterpreise!"

„Na hoffentlich..."

„Und nochmals 9,10 DM Brief. Na los, Kinder, kauft die Aktien vom Lothar... Hau mich tot! Da stellt jemand gute Geldkurse im Put... So, die sollst du haben. Aus die Maus!", brabbelte er.

Der Thyssen-Trader konzentrierte sich vollkommen auf jede einzelne Kursveränderung in seinem Schirm und glich seine Gebote dementsprechend an. Sobald der Markt in die eine oder andere Richtung driftete, versuchte er, auch diese Unterschiede für sich auszunutzen. Gegen Mittag hatte er auf diese Weise einen Großteil des Vorhabens umgesetzt und konnte sich eine kurze Verschnaufpause gönnen.

„Ich denke, ich mache die Position noch größer. Wer nicht wagt, der nicht gewinnt!"

Helge kommentierte leise seine persönliche Auffassung: „Wer nicht wagt, verliert auch nicht."

„Was?"

„Nichts."

„Der Markt ist eigentlich noch recht stabil, oder siehst du Anzeichen einer Konsolidierung?", fragte ihn Lothar.

„Keine Ahnung. Ich habe wirklich keine Ahnung. Das einzige, was ich weiß ist, daß die Volatilität sinken sollte. Deswegen habe ich momentan wieder nur einen Vola-Spread in Bayer stehen und sonst gar nichts. Ich dachte eigentlich, wir könnten im Dax wesentlich höher gehen, aber diese Bewegung bleibt aus. Stattdessen sehen wir schon seit Wochen das gleiche langweilige Bild: Ein paar mickrige Punkte über der letzten Notierung wird zwar ein neues Allzeithoch erreicht, aber sobald wir das erledigt haben, fällt der Index mangels fehlender Anschlußaufträge zurück. Aber nein! Nicht daß er dann, zur Freude aller, wie ein reinigendes Gewitter an einem schwülen Sommerabend nach unten konsolidiert und eine gesunde Basis für weitere Aufwärtsbewegungen schafft. Nein! Er dümpelt so vor sich hin und macht eigentlich gar nichts. Frustrierend!"

Der Tag setzte sich fort. Und am Ende des 23. April hatte Lothar eine Position in Thyssen stehen, die sich folgendermaßen kennzeichnete:

Thyssen Aktien short: 13.000 Stück mit 288,50 DM
Put Basis 280 short: 600 Stück mit 2,30 DM

„Was ist jetzt hier los?", rief Lothar am nächsten Tag, es war Mittwoch, vor seiner Trading-Station und beobachtete unterschiedliche Bewegungen. Der Dax war heute, wen hätte es gewundert, mal wieder unverändert. Aber Lothars Werte vollführten seltsame eigenmächtige Zuckungen. Thyssen machte sich selbstbewußt auf den Weg nach 290 DM und auf der anderen Seite bekräftigte die Deutsche Bank ihren gestrigen Willen, merkwürdige Preisnachlässe in ihren Unternehmensanteilen zu gewähren. Lothar hatte, bis auf einigen Kleinkram, immer noch keine wahrhaft heroische Position in diesem Objekt. Aber die Verkaufswelle, die sich da schon in der letzten Handelssitzung verdeutlichte, zog nun doch die Aufmerksamkeit auf sich. Keine Presseverlautbarungen, Lothar hatte extra nachgefragt, keine Verkaufsempfehlungen von Analysten, und auch keine Gerüchte waren auszumachen. Eine Situation, die besonders interessant war, denn die Deutsche verlor deutlich als einzige Aktie gegen den Trend. Zur Begründung dieses Umstands mußten einige Marktbeobachter wieder tief in der Tasche ihrer Kapitalmarkt-Theorien fischen, um eine adäquate und logische Erklärung zu finden. Keine leichte Aufgabe. Und bis auf einige windige Gerüchte, die sich um die Beteiligung an der in Schwierigkeiten geratene KHD rankten, begnügte man sich mit dem Faktum, daß momentan mehr Verkäufer als Käufer im Markt agierten.

Ein leichtes Stirnrunzeln legte sich auf Lothars Stirn, als er den Chart der größten deutschen Bank sichtete und flüchtig aber routiniert mit einigen Unterstützungslinien versah. Seit dem letzten Hochpunkt bei 77 DM waren einige Sitzungen vergangen. Nun schickte sich die Aktie an, die ausgemachte Unterstützung bei 73,80 DM anzutesten. Es gab ohne Zweifel Handlungsbedarf in diesem Wert. Eine Bewegung, egal in welche Richtung, beinhaltete immer die Möglichkeit, Geld zu verdienen. Und da die Deutsche auch im Vergleich zu anderen Bankwerten, die wiederum selbst schwach im Vergleich zum Dax performten, eindeutig zu niedrig bewertet wurde, entschied sich Lothar zum vorsichtigen Kauf von 10.000 Stück beim Zählerstand von 74 DM. Den Cut-Punkt setzte er knapp unterhalb der Unterstützung bei 73,70 DM. Nun hatte er eine Kombination aus zwei verschiedenen Positionen in seinem Account, eine Long- und eine Shortspekulation. Das Gesamtrisiko in einem Seitwärtsmarkt wurde dadurch deutlich herabgesetzt.

Das Problem, mit dem sich Lothar freilich im weiteren Verlauf des 24. April konfrontiert sah, war der Eintritt des ungünstigsten Falls. Deutsche Bank sackte unter die Unterstützung und Thyssen marschierte zu allem Überfluß über 290 DM.

Angesichts der prekären Situation deckte Lothar sein Umfeld mit Verwünschungen ein und versuchte, das Unerklärliche zu erklären. Der IBIS-Markt der deutschen Großbank kollabierte und produzierte die Zahl, bei der Lothars Positionswarnlampen anfingen, ungnädig zu blinken. 73,60 DM wurden bezahlt, und noch bevor der Händler die Chance zum Glattstellen seiner Aktien bekam, rutschte der Kurs um weitere zehn Pfennig ab. Lothar wurde unruhig. Er starrte wie ein Kaninchen auf die Schlange und saß untätig vor dem IBIS-Schirm. 5.000 DM Verlust berechnete er zu diesem Zeitpunkt, und er konnte nicht glauben, daß seine Einschätzung diesmal offensichtlich falsch war. Auch ein Blick auf die übrigen Notierungen der deutschen Dividendenpapiere brachte keine neuen Erkenntnisse, denn diese vollzogen leichte Steigerungen. Lothar befand sich in einer typischen mentalen Zwickmühle. Einerseits registrierte sein Verstand das eindeutige Signal zur Glattstellung, doch andererseits vollzog sein Gehirn verfärbte Gedankengänge, die alle möglichen Begründungen für einen erneuten Kursanstieg hervorsprudeln ließen. Diesen Zustand beschrieb Frans oftmals mit dem treffenden Ausdruck „You are a prisoner of your own thinking". Das rote Teufelchen auf Lothars linker Schulter flüsterte ununterbrochen:

„...Warte auf den Pull-Back! Alle anderen Aktien steigen doch auch. Dann kannst du immer noch ohne Verlust aussteigen."

Dagegen hielt der weiße Engel auf der rechten Schulter: „Cut-Punkt ist Cut-Punkt!"

Zischend der Teufel: „Scheiß auf den Cut-Punkt. Den hast du doch sowieso willkürlich gesetzt. Stell dir vor, du verkaufst deine Aktien mit Verlust und danach steigen sie sofort wieder. Wie peinlich für dich als Meistertrader!"

„... Der Cut-Punkt wurde nicht umsonst gesetzt", beschwor der Engel mit bestechend logisch-analytischer Kombination „...Schließlich wurde die Unterstützung von oben nach unten durchbrochen."

Satan fing aufdringlich an zu hüpfen und krähte: „Alle anderen Werte

steigen doch! Alle anderen Werte steigen doch! Alle anderen..."
Deutsche Bank touchierte 73,55 DM.

„Es kann nicht tiefer gehen!", beharrte er trotz des drohenden
Unheils, während der Engel das Eintreten seiner Prognosen mit
selbstsicherem Schweigen kommentierte.

Lothar fühlte sich äußerst unwohl in seiner Haut. Welche Entscheidung war richtig? Verschiedene Argumente jagten durch sein Hirn
und endlich, nach 4.500 DM Verlust innerhalb einer halben Stunde,
tippte er das erlösende „V" für Verkauf in das IBIS-System. Er
verkaufte 20.000 Stück in den fallenden Markt hinein und drehte
damit seine Position doppelt. Denn, so kombinierte er, der Börsen-
engel hatte recht. Der Chart war kaputt. Die Unterstützung hatte
nicht gehalten und die Aktie mußte, aus welchen Gründen auch
immer, weiter fallen.

Damit sollte er Recht behalten. Deutsche Bank stand ganz einfach
auf der Verkaufsliste der Akteure und je tiefer sie fiel, um so mehr
Aktionäre mußten dies einsehen und sich von ihr trennen. Bei 73,15
DM endete die Rutschbahn. Thyssen hatte in der Zwischenzeit
ebenfalls ein Einsehen und driftete langsam aber stetig tiefer. Also
ging an diesem Tag doch noch alles glatt. Lothar hatte zwar kein Geld
mit der Deutsche Bank-Spekulation verdient, aber auch keines
verloren. Zumal fühlte er sich mit seinem jetzigen Short-Bestand
wesentlich wohler als zuvor. In seinem Tagebuch vermerkte er die
Quintessenz seines Denkfehlers, den er gerade noch rechtzeitig
ausbügeln konnte: „Wenn eine Aktie im Vergleich zum Gesamtmarkt schwach tendiert, muß sie eher noch weiter fallen als steigen."

„Die Exporterwartungen trüben sich ein" stand am nächsten Morgen
als Headline in der Rubrik „Konjunkturbarometer" des Handels-
blatts. Das Ifo-Institut hatte in seinen Umfragen eine schwache
Exportentwicklung seit Anfang des Jahres ermittelt und kam zu dem
Schluß, daß niedrige Kapazitätsauslastungen und ein mißmutiges
Geschäftsklima Indizien für eine mögliche Rezession Westdeutsch-

lands sein könnten. So lautete die kurze pessimistische Zusammenfassung der Seite, die Helge noch vor Börsenbeginn in den Handelsraum warf.

Helge trug heute Jeans und Sweatshirt und hatte es sich vor seinen Handelsschirmen gemütlich gemacht. Links neben der Tatstatur lag eine Ansammlung von ausrangierten Teilen verschiedener Wirtschaftszeitungen und auf der rechten Seite präsentierten sich, säuberlich aufgereiht, die letzte Ausgabe des Playboy, die Bildzeitung und die Bravo.

Helge tippte mit dem Zeigefinger jeweils abwechselnd in beide Richtungen und schien unschlüssig, welcher Fachrichtung er sich nun zuwenden sollte. Nach einigen Sekunden schoß sein Finger in die rechte Ecke und er vertiefte sich fortan in die tiefschürfenden Ausführungen und Graphiken des Playboy. Währenddessen legte sich eine erhitzte Atmosphäre auch auf die übrigen Teilnehmer des Handelsbüros. Telefonate wurden mit anderen Händlern geführt, Informationen angefordert und andere Tätigkeiten vollführt, die alle auf das Erlangen eines Informationsvorsprungs ausgerichtet waren. Die Stimmung war pessimistisch. Nachdem die Märkte seit Wochen an der Oberkante eines flachen und glanzlosen Seitwärtstrend verharrten, schrie der Handel immer noch nach einer Korrektur.

Selbst Randolf schien vom Eintreffen dieser Ansicht überzeugt und tradete mit einer Short-Position. Als er hektisch und beflissen ein Telefonat mit einem befreundeten Händler beendet hatte, fiel sein Blick auf Helge, der immer noch unbekümmert und genußvoll in der speziellen Zeitung blätterte.

„Was soll das, Helge! Den Playboy kannst du heimlich auf der Toilette lesen, aber nicht hier. Wo kommen wir denn hin, Leute! Ich glaub das nicht." Randolf regte sich nicht wirklich auf. Er verfiel stattdessen in ein belustigtes Interesse und versuchte, einen Blick in die Innenseite des Magazins zu erhaschen.

„Reine Arbeitstätigkeit. Ich informiere mich über das aktuelle Börsengeschehen in Übersee", konterte Helge todernst und blätterte um.

„Helge! Soll ich Gijsbert erzählen, daß du dir während der Handelszeit Pornos reinziehst? Schon in deinem eigenen Interesse muß ich
das Blatt konfiszieren! Gib das sofort her!", verlangte Randolf, nicht
uneigennützig. Er machte Anstalten, seinem Kollegen die Zeitung zu
entreißen, traf damit aber auf den vollen Verteidigungswillen
Helges. Der zog das Blatt blitzschnell an sich und sagte entrüstet:
„Was heißt hier Pornographie? Ich bilde mich fort. Denn hier..." Er
tippte auf eine Seite. „...werden einflußreiche Wall Street-Banker
und ihre Tätigkeiten portraitiert. Zusätzlich, ...hier bitte schön, ein
Bericht über die amerikanische Börse mit durchaus hohem
Informationswert. Konfiskation ist hier völlig unangebracht. Wenn
du allerdings gedenkst, den Bericht ebenfalls studieren zu wollen, so
mußt du dich in die Wartereihe eingliedern. Lothar möchte das nach
mir auch noch lesen."
Lothar saß grinsend auf der anderen Seite des Raumes und vertiefte
sich in einen Bericht über den G-Mind.

*Der G-Mind (German Market Indikator) repräsentiert einen Quer-
schnitt durch die Markteinschätzungen deutscher Finanzjongleure
und ist damit geeignet, die gegenwärtige Wertpapierstimmung einzufangen.*

„Steht im Playboy etwas über den G-Mind?" fragte Lothar.
„Nee, aber über Pamela Anderson." erwiderte Randolf knirschend.
„Der G-Mind steht momentan bei 0,8 Punkten, was einer recht
trüben Marktaussicht gleichkommt", erklärte Lothar.

*Der Indikator gibt an, wie optimistisch bzw. pessimistisch die be-
fragten Großanleger die Aktienbörse einschätzen. Die Skala reicht
von +10 Punkten, was uneingeschränkten Optimismus anzeigt, bis
−10 Punkten, welches uneingeschränkten Pessimismus entspricht.
Hieraus lassen sich Rückschlüsse über das erwartete Kurspotential
deutscher Wertpapiere ableiten.*

„0,8 Punkte! Das ist der schlechteste Wert seit Einführung des Index!", beteuerte er. „Wie soll man das Barometer nun interpretieren? Geht es runter oder geht es nicht runter? Da tummeln sich mittlerweile Tausende von Indikatoren und Indizes und jeden Monat kommt ein neuer hochkomplizierter Bewertungsansatz dazu. Jedes Bankhaus möchte sich doch nur mit einem nach ihm benannten Index brüsten. Da gibt es die BHF-Performance, vwd-Performance, West-LB Branchendurchschnitte, die Commerzbank hat irgendwelche Rentenformeln, von den gesamten Indikatoren mal gar nicht zu sprechen. Woran soll man sich nun halten? Da..."

„...Rocksaumindex!", schallte es aus der Ecke.

„...Da gibt es doch sogar Börsen-Astrologen. Ich frage mich allerdings, wie die den Handel beobachten wollen, wenn sie die ganze Nacht auf dem Dach liegen und die in die Sterne gucken. Alles Schwachsinn! Der Grund für den Riesenkatalog an Modellen ist doch nicht die Nachfrage nach ihnen. Meiner Meinung nach gastieren in der deutschen Börsenlandschaft viel zu viele sogenannte Experten, die sich aus Angst vor einer falschen Prognose in der Disziplin Mathematik ergehen und den Markt mit Vergleichsansätzen überschwemmen. Die so gewonnenen Kreationen werden dann allseits gehuldigt, obwohl eigentlich niemand so recht weiß, wie man sie anwendet. Es wird Zeit, daß wir auch so einen Indikator entwerfen. Meinetwegen könnten wir ja den Einfluß des durchschnittlichen Erbniveaus auf den Dax definieren. Das ist gar nicht mal so abwegig, denn wenn viel geerbt wird, fließen große Beträge in die Hände von jüngeren Generationen, die wiederum eher gewillt sind, in Aktien zu investieren. Man müßte jetzt die Höhe des durchschnittlichen Investitionswillens pro Altersklasse ermitteln und dann im Rahmen einer Regressionsanalyse den Einfluß der Erbquoten auf das Kursniveau herausfiltern. Der so gewonnene JDP-Erbindex, kurz JDP-E-Index, wird im Rahmen der Tele-Börse bei n-tv vorgestellt und kurze Zeit später werden alle Notare, die sich mit Erbfragen auseinandersetzen, als Primärinsider deklariert. In diesem

Zusammenhang möchte ich übrigens den Begriff „Erbanlage" neu definiert wissen."

Helge lachte und sagte: „Oder man ermittelt die Summe der täglichen Sparbuchauflösungen und zeichnet sie in einen fortlaufenden Chart ein. Denn wenn Sparbücher gelöscht werden, fließt das freigewordene Geld entweder in den Konsum, oder in höherverzinsliche Anlagen, wie z. B. Aktien."

„Also mußt du die Funktion um den summierten, täglichen Betrag an Barabhebungen bereinigen. Aber wie man die Kurven dann interpretiert, ist jedem selbst überlassen. Der G-Mind zum Beispiel: Er besagt eine negative Stimmung. Gut. Jetzt kann man hingehen und von dieser Aussage eine zukünftige Kurskorrektur ableiten. Genauso ist aber doch auch die Interpretation im Sinne eines Kontra-Indikators möglich. Man erfährt, daß der überwiegende Teil der Anleger bearish ist und damit logischerweise schon short. Somit könnte es nur noch höher gehen."

Helge richtete sich in seinem Stuhl auf. „Das Ifo-Institut hat ja nun nahezu das gleiche ermittelt: Eine pessimistische Aussicht begleitet das Wirtschaftsgeschehen in Deutschland", fuhr er fort. Er legte den Playboy beiseite und widmete sich nun doch mit ernsthaften Ansprüchen den Marktprognosen.

„Obwohl mir einige Passagen deiner Ausführungen zusagten, bin ich grundsätzlich anderer Meinung. Erstens muß eine schwächere Entwicklung, mal angenommen das Wirtschaftswachstum verläuft wirklich gedämpft, nicht negative Auswirkungen auf den Aktienmarkt haben. Im Gegenteil, denn damit würden die Zinsen auf niedrigem Niveau gehalten und viel Liquidität würde in die Aktienmärkte gepumpt. Außerdem ist das größte Problem der Wirtschaft die schwache Binnennachfrage und die Arbeitslosenquote. Der Export läuft doch gar nicht mal so schlecht bei dem momentan hohen Dollar."

Lothar kramte in seiner Schublade und brachte einen Zettel zum Vorschein.

„Da hab ich was für dich, Helge. Eine Analyse von Trinkaus. Die Jungs haben den Einfluß von Dollar und Zinsen auf den Dax in den letzten fünf Jahren untersucht und kamen zu folgendem Ergebnis: Eine Veränderung des Zinsniveaus um einen Prozentpunkt führte zu einer durchschnittlichen Veränderung des Dax um 7 Prozent. Eine Dolläränderung um ein Prozent hatte hingegen nur eine Wirkung von 0,4 Prozent auf den Dax. Jetzt kannst du dir genau ausrechnen, wieviel der Dax steigt, wenn der Dollar und die Zinsen um die Prozentbeträge x und y steigen. Also Dax (Zukunft) = Dax (heute) + 0,4/100 x + 7/100 y. Praktisch nicht?" Er lachte voller Ironie.

Gut aufgelegt erwiderte Helge: „Und jetzt muß man nur noch wissen, was der Dollar und die Zinsen machen..."

Um 9 Uhr 30 eröffnete die elektronische Börse mit einigen ersten Notierungen, die im Tagesvergleich etwas freundlicher ausfielen. Auch der Dollar setzte seine Aufwärtstendenz weiter fort und wurde dadurch als letzte Stütze für den deutschen Aktienmarkt interpretiert. Deutsche Bank schwankte zwischen 73,20 DM und 73,90 DM und somit genau um Lothars Break Even bei 73,50 DM. Völlig frustriert registrierte er den Pull-Back, der gestern ausblieb. War es nur ein Pull-Back, oder korrigierte die Bank ihre schlechte Entwicklung in den letzten Wochen? Heute war Freitag und somit nicht der Tag für große Entscheidungen. Vor dem Wochenende und dem ungewissen Ausgang der amerikanischen Börse sollte man sich lieber bedeckt halten. Lothar liquidierte die Position und stellte sich mit dem Kauf von 10.000 Stück DBK auf 73,80 DM glatt.

Der daraus entstandene Verlust war zu verschmerzen, denn erstens handelte es sich bei der Spekulation um eine kleine Angelegenheit, und zweitens bereitete das andere Objekt in Lothars Account große Freude. Thyssen machte ihm wirklich Spaß.

„Das ist ja leicht!", freute er sich „Thyssen habe ich vollkommen im Griff. Wir stehen jetzt bei 283 DM, genau wie ich es erwartet habe: eine langsame stetige Abwärtsbewegung."

Lothar verlor zwar etwas Geld an den verkauften Puts, aber die Vola-Prämie, der Zeitwert von at-the-money Optionen lief um so schneller aus, je näher der Basiswert am Basispreis liegt. Und das hieß in diesem Fall, daß sich der Wertzuwachs des Puts während des Kursverfalls in Grenzen hielt. Am Ende des Tages berechnete Lothar den Gewinn:

222

IBIS Schluß Thyssen: 282,10 DM
Puts 280 Basis Verfall Mai: 3,10 DM

Gewinn Aktie: 13.000 Stück x 6,40 DM (288,50 DM – 282,10 DM)
= 83.200 DM
Verlust Put: 600 Stück x Kontraktgröße 50 x 1,20 DM (3,10 DM –
2,30 DM) = 36.000 DM

Gesamtgewinn: 83.200 DM – 36.000 DM = 47.200 DM

KAPITEL XIV

- ENDLICH GEHT ES RUNTER -

Am Montag, dem 29. war es endlich soweit. Die Aktienmärkte gerieten weltweit unter Druck. Der Auslöser war, laut offizieller Seite, eine Abschwächung des Dollar sowie zusätzlich schlechter als erwartete Gewinnperspektiven von Unternehmen. Laut geschlossener Meinung des Düsseldorfer Büros war der Auslöser völlig egal, Hauptsache war, es ging runter. Die Chemiewerte purzelten der Reihe nach von ihrem hohen Sockel und auch die Deutsche Bank hatte endgültig ausgespielt. Sie eröffnete mit einem Gap nach unten bei 73,75 DM und mußte eine gewaltige Verkaufswelle ertragen, die unbarmherzig auf sie einschlug. Auch Lothar beteiligte sich an dem Vergnügen, indem er einige 70'er Calls auf den Markt warf und einige Zeit später, als kleinen Delta-Hedge, ein paar vorsichtige und schon wesentlich billigere Aktien aufkaufte. Das ganze Büro feierte den Kursrutsch mit gewaltigem „Raus, raus!" und „Sell'em all". Frans, der sich in den letzten Tagen bedeckt gehalten hatte, ließ seinen Urinstinkten freien Lauf und feuerte einige Verkaufssalven in das System, die den Dax-Future erzittern ließen. Randolf schleuderte nervös den Flausch-Rugby in den Korb und beobachtete das Geschehen im Stehen. Seine Volkswagen waren ihm immer noch zu teuer. Seit einigen Wochen spukte das Gespenst der Lopez-Affaire über dem Wert und ließ die Karten im Konkurrenzkampf mit GM neu mischen. Diverse Berichte zeichneten unterschiedliche Szenarien des Firmen-Streits und keiner war sich sicher, ob und inwiefern Volkswagen in die Geschichte verwickelt war. Randolf, der sich zeitweise durch eine unverblümte Direktheit auszeichnete, setzte sich nun wieder und blätterte im letzten Geschäftsbericht der Aktiengesellschaft. Kurze Zeit später schien er gefunden zu haben, was er suchte und griff zum Telefonhörer. Er wählte die Vorwahl von Wolfsburg und dann eine Nummer, die er soeben herausgefunden hatte: „Guten Morgen! Mein Name ist Müller, ich möchte gern Herrn Piech sprechen."

Die Dame an der anderen Leitung nahm diesen Wunsch entgegen, versuchte aber gleichzeitig zu erklären, daß dieses Vorhaben nicht so ohne weiteres in die Tat umzusetzen wäre. Sie forderte den Sachbezug. „Ja nun, ich bin so etwas ähnliches wie ein Aktionär und möchte mich über die geschäftliche Entwicklung ihres Unternehmens informieren", erklärte Randolf lächelnd.

Damit wußte die Gnädigste schon mehr anzufangen und verband den vermeintlichen Aktionär mit dem zuständigen Mitarbeiter der Abteilung Öffentlichkeitsarbeit. Kaum hatte Randolf den Firmenvertreter an der Leitung, legte er los und stellte unangenehme Fragen in Bezug auf die Lopez-Affaire. Zusätzlich schmetterte er ihm seine negative Meinung über Volkswagen in den Hörer und machte keinen Hehl aus der Tatsache, daß er der Volkswagen AG eine saftige Verurteilung wünsche. Der Shareholder-Value sei ohnehin gleich Null, betonte er. Nachdem sich der Mitarbeiter diese Anklagen angehört hatte, fragte er, wieso Randolf als Aktionär seine Aktien denn nicht einfach verkaufen würde.

„Wieso soll ich denn verkaufen?", entgegnete Randy erstaunt. „Ich hab sie doch schon längst verkauft. Ich bin 12.000 Stück short und will endlich wissen, wann ihr Unternehmen den Bach runtergeht!"

Das Gespräch brachte keine neuen Erkenntnisse. Außerdem fielen die Notierungen auch ohne Lopez und Anhang. „Fallen" ist eigentlich der falsche Ausdruck für die Geschehnisse an diesem Tag. Die Werte wurden „verprügelt", „gefixt", „abgestochen", „kaputt gehauen". So lauteten die entsprechenden Vokabeln in Händlerkreisen. Je nach Betrachtungsweise war dieser Vorgang entweder „der Anfang vom Ende" (Frans), oder „eine vorzügliche Kaufgelegenheit" (Friedhelm Busch). Der Dollar, der am vergangenen Freitag noch als Retter in letzter Not bezeichnet wurde, war heute der offizielle Auslöser für das Versagen der Bullenkräfte. Er verlor zwar nur einen Pfennig auf 1,5215 DM, aber dieser geringe Rückgang reichte aus, um vom Handelsblatt als „erneute Dollarschwäche" tituliert zu werden. Bis zum Handelsschluß in Frankfurt verbilligte sich der Dax auf 2505 Punkte und zuckte damit nur noch knapp oberhalb der „psychologisch-wichtigen"Marke von 2500 Punkten. Vom technischen Standpunkt aus betrachtet, hatte diese Marke keinerlei Bedeutung. Sie stellte weder eine Unterstützung dar, noch hatte sie eine sonstige Funktion. Dennoch sprach man oft von „psychologisch-wichtigen" Marken in einem Kursverlauf - vergleichbar mit der „psychologisch-wichtigen" Marke eines runden Geburtstages. Die tatsächliche Bedeutung verdeutlichte sich wenige Minuten später. Eine erneute Verkaufswelle peitschte den Dax ohne jegliche Schwierigkeiten unter diese Schwelle und zog alle anderen Werte in Mitleidenschaft. Thyssen krachte sogar unter die ausgemachte Unterstützung bei 280 DM und veranlaßte Lothar zum sofortigen Handeln. Seine Position war auf einen langsamen Kursverfall ausgerichtet, denn er hatte Optionen verkauft. Thyssen rutschte jetzt unter den Basispreis der Optionen und würde die Puts bei weiterem Kursverfall rasant im Wert steigen lassen. Zusätzlich stieg natürlich die Volatilität durch diesen schnellen Kursverfall. Der Hebel und die Vola hätten Lothars Performance zerstört. Er mußte diese Serie zurückkaufen. Die Puts waren bereits zu teuer, deshalb kaufte er sie synthetisch in Form von Calls long und Aktien short zurück. Schließlich, nach einem anstrengenden Fight, schloß der IBIS-Dax bei 2492 und Thyssen bei 275,70 DM. Das gesamte Team hatte endlich Recht bekommen und mit dieser Einschätzung eine halbe Million verdient.

Einen Tag später: „Was ist eigentlich mit den Dividenden?", fragte Gijsbert. Eigentlich wollte man die Geschichte nicht noch einmal durchziehen. Es hatte einige Probleme bei den Steuererklärungen gegeben und die Körperschaftssteuer kam, wenn überhaupt, erst nach einem Jahr. In Frankfurt war sogar eine Klage in die Idylle des Bankenviertels geplatzt, nach der eine Großbank mehrere hundert Millionen DM Körperschaftssteuer zurückzahlen mußte. Es war eine haarige Angelegenheit. Außerdem, und damit fehlte jede Motivation für die Händler, wurde der Betrag nicht bei den Bonuszahlungen berücksichtigt.

Natürlich, es war reizvoll. Kurz vor den bisherigen Hauptversammlungen hatten die vier Market Maker schon des öfteren mit einem Auge auf die Notierungen der Dividendenputs geschielt und mal eben kurz die Marge berechnet. Das Geld lag auf der Straße. Man mußte es nur aufheben und unbemerkt am Finanzamt vorbeischleusen. Um Gottes Willen! Es war natürlich keine Steuerhinterziehung, aber er betraf doch so etwas wie die Grauzone im Steuerdickicht der Gesetzgebung.

Die Händler setzten sich mit Gijsbert, der an diesem Tag in Düsseldorf war, in den Konferenzraum und diskutierten über das Thema. *Daß* es möglich war, darüber bestand überhaupt kein Zweifel. Die einzige und entscheidende Frage war, ob und inwiefern das Finanzamt diese Aktionen billigte. Verschiedene Anfragen wurden bisher nur teilweise und unverbindlich von der Behörde beantwortet. Das bestätigte, daß die Sachlage tatsächlich in einer Grauzone der deutschen Gesetzgebung lag.

Es war schon schwierig genug, einen kompetenten Beamten zu finden, der halbwegs in der Lage war, auch nur die Frage zu verstehen. Die Zeit drängte, denn es waren nur noch wenige Tage bis zu den Hauptversammlungen der großen Aktiengesellschaften. BASF tagte am 9. Mai, Dresdner Bank am 10. Mai und danach folgten Daimler, Commerzbank und die Deutsche Bank. Der Handel in den Puts florierte bereits und zeigte Dividendenpreise, die zwischen der Bar- und der Bruttodividende lagen.

Hier ist, der Profi wird es bemerkt und mit einem vielsagenden Lächeln quittiert haben, von Dividendenstripping die Rede. Ein kurzer Ausflug in die Theorie erhöht das Verständnis und damit die Spannung:
Im Falle von Dividenzahlungen sinkt die Notierung einer Aktie am Ex-Tag um etwa den Betrag der Dividende. Dieser Kursabschlag muß natürlich im vorhinein bei der Preisstellung der Optionen berücksichtigt werden. Calls, die im Geld liegen, werden kurz vor der

Hauptversammlung ausgeübt, wenn die Dividende die Summe aus Finanzierungskosten und dem Preis des entsprechenden Puts überschreitet. Man verwandelt, einfach gesagt, den in-the-money Call in eine Aktie, um die Dividende zu bekommen. Im Falle von Puts wird die Dividende vom ersten Tag der Laufzeit der Serie berücksichtigt. Der Preis von Verkaufsoptionen, die im Geld liegen, ist um den Preis der Dividende verringert.

Ohne Dividende:
Aktie: 100 DM   Put (Basis 200 DM): 100 DM (innerer Wert)

Mit Dividende von 10 DM
Aktie: 100 DM   Put (Basis 200 DM): 90 DM (innerer Wert)

Damit wäre die Theorie noch simpel und logisch. Nun kommt aber der unvermeidliche, aber in diesem Fall äußerst interessante steuerliche Aspekt ins Spiel. Nicht jeder Aktionär bekommt die gleiche Dividende. Sie besteht aus der Bardividende, die eine Aktiengesellschaft an die Aktionäre auszahlt und der Körperschaftssteuer in Höhe von 3/7 der Bardividende. Dieser Anteil wurde bereits vom Unternehmen abgeführt, kann aber vom Aktionär zurückgefordert werden. Für die lieben Aktionäre und Kollegen aus dem Ausland stellt sich diese Frage nicht, denn sie haben kein Recht (§ 50 c ESTG) auf eine Anrechnung der Körperschaftssteuer. Sie kassieren also umgerechnet 36 % weniger als inländische Aktionäre.
Der schlaue Ausländer versucht natürlich, seine Aktien über den Termin der Dividendenzahlung an einen Inländer zu verleihen, um so vielleicht noch einen Teil der Differenz einzufangen. Dieses Vorhaben beschneidet aber der Gesetzgeber, wenn zwischen Erwerb und Veräußerung weniger als 10 Tage liegen (§50c Abs. 10 ESTG). In diesem Fall bekommt der Inländer auch keine Erstattung der Körperschaftssteuer und wird somit dem Ersuchen des Ausländers nicht Folge leisten.

Eine Ausnahme bietet das Gesetz selbstverständlich dann, wenn glaubhaft gemacht werden kann, daß jeder Veräußerer in der Kette Inländer war.

Im Optionshandel präsentiert sich der Betrag der Dividende, wie besprochen, in allen, vorzugsweise tief im Geld liegenden Put-Optionen. Was liegt also näher, als im Rahmen eines bilateralen Optionshandels den Betrag der Dividende zu handeln? Für Ausländer ist der Wert der Verkaufsoption logischerweise niedriger als für Inländer. Und was spricht für Inländer dagegen, preiswerte Optionen zu kaufen? Der Landfremde freut sich, denn er bekommt nun doch noch einen Teil der KST und der deutsche Optionshändler reibt sich die Hände, denn er „kauft" die Dividende billig ein. Als Market Maker kann man freilich nicht wissen, ob der Briefkurs im DTB-Schirm deutscher oder ausländischer Herkunft ist. Man kann aber den Put kaufen, Aktien dazu mischen, vielleicht noch ein paar Calls geben, um kein Kursrisiko einzugehen und am HV-Termin die volle Dividende kassieren. Einen Tag später übt man den Put aus und liquidiert somit die Aktien. Ein schöner profitabler Cocktail ohne Risiko!

Im Fachjargon heißt der Vorgang: „Man kauft die Dividende". Nun möchte der gesetzestreue Händler diese Handlungsweise von staatlicher Seite abgesegnet wissen. Die Gesetzgeber sind aber scheinbar noch nicht in diese Gefilde des steuerlichen Einfallsreichtums vorgedrungen und bieten keine eindeutige Billigung. Je nach Finanzamt und dessen geistigen Potentials bekommt der Händler die Körperschaftssteuer am Jahresende erstattet, oder eben nicht.

Gijsbert klappte seinen Aktenkoffer auf und brachte einige Berechnungen und Steueraufstellungen zum Vorschein. Er sagte: „Also, wir kaufen die Puts, sobald eindeutig grünes Licht vom Finanzamt kommt. Ich habe schon zusammen mit unserem Steuerfachmann einige Gespräche mit dem Amt geführt. Der erste Beamte hatte noch nie etwas von Optionen gehört, der zweite meinte, alles sei verboten und der dritte bezog sich auf Paragraph 50c des ESTG. Demnach sei alles erlaubt, wenn zwischen Aktienkauf und Verkauf 10 Tage lägen."

Randolf meldete sich zu Wort: „Aber wie will man denn bestimmen, welche einzelne Aktie wann gehandelt wurde. Ich meine, wir sind Market Maker! Ich schichte beispielsweise jeden Tag Tausende von Aktien um und kann *selbst* nicht bestimmen, welches Geschäft einem Gegengeschäft zugrunde lag. Heute bin ich Aktien short und morgen long."

„Randolf! Du bist Trader. Also laß dir etwas einfallen: Handelst du halt in-the-money Calls anstatt der Aktien", entgegnete Gijsbert. „Darüber hinaus ist alles eine Frage des Maßes. Wenn wir ständig Geldkurse in die Put-Serie eingeben und eine unverhältnismäßig hohe Position in den Puts und den Aktien aufbauen, wird sich das Finanzamt bestimmt fragen, wieso wir das wohl gemacht haben. Es kann aber keiner etwas dagegen haben, Quote-Requests zu beantworten."

„...Natürlich beantworten wir die Requests so, daß wir die Puts dann auch bekommen", fiel Lothar ein und grinste.

„Als Market Maker sind wir zum Stellen von Kursen verpflichtet. Also stellen wir die Kurse!", kombinierte Gijsbert trocken, während Helge unruhig auf seinem Stuhl herumrutschte. Helge fühlte sich nicht so recht wohl bei der Vorstellung.

„Ich sehe schon die große Schlagzeile im Handelsblatt: „Dividendenstripping in Düsseldorfer Handelshaus" und mich im Kerker!", prophezeite er, aber der Chefhändler beruhigte ihn: „Um das klarzustellen, Jungs. Wir machen hier keine illegalen Spielchen Und bevor ich keine eindeutige Stellungnahme von Seiten des Finanzamtes höre, wird keiner diese Puts kaufen. Aber eines sollt ihr noch wissen: JDP Holding wird euch an den Beträgen beteiligen. Ihr werdet zwar nicht den normalen Bonussatz für diese Profite bekommen, aber doch ein angenehmes Taschengeld!"

Damit sah die Geschichte natürlich völlig anders aus.

„Übernächstes Wochenende ist übrigens JDP Holdings große Händlerfete", informierte Gijsbert abschließend. Er klappte seinen Aktenkoffer wieder zu und damit waren für den Moment alle Unklarheiten ausgeräumt. Die Händler gingen zurück in den Trading-Room.

Heute hatte der Markt nichts zu sagen. Er beruhigte sich nach der gestrigen Auseinandersetzung und die Krieger gewöhnten sich an das niedrigere Kursniveau. Es war die Kampfpause, in der die Verletzten und Toten beiseitegeräumt wurden, die das freie Schuß-feld versperrten. Morgen war der erste Mai und damit gesetzlich vorgeschriebene Feuerpause. Die Berichterstatter in Frankfurt über-schlugen sich natürlich infolge der tiefen Eröffnung des Parkett-Handels, aber letztlich war dies nur die Fortführung des gestrigen IBIS-Dax.

Die Positionen wurden im großen und ganzen beibehalten, denn Lothar, Helge, Randolf und Frans rechneten mit weiteren Kursab-schlägen. Am Horizont zogen langsam dunkle Wolken von der Zinsfront auf, die besonders in Amerika sichtbar wurden.

Donnerstag, 2. Mai. Es war tatsächlich ein Gewitter, was da aus den Vereinigten Staaten herüberschwappte. Am Mittwoch waren uner-wartet niedrige Arbeitslosenzahlen veröffentlicht worden, was die 30jährige Staatsanleihe wieder auf 7 Prozent katapultierte. Auf dem Wall Street-Parkett zuckten die amerikanischen Händler zusammen und schmissen einige Papiere über Bord. Und da konnte in Europa auch der wieder etwas höhere Dollar nichts mehr ausrichten: Das Gemetzel setzte sich fort. Der Frankfurter Dax sackte auf 2487 Punkte ab, konnte sich im Verlauf wieder etwas erholen und schloß um halb zwei Uhr mit 2502 Punkten. Daraufhin atmeten die letzten Bullen auf, denn ihre „psychologisch-wichtige" 2500-Punkte-Mar-ke hielt (so gerade eben).

In dieser Phase war „Kaputt hauen!" mal wieder der Lieblingsaus-spruch von Frans. Kurz vor der Handelseröffnung in New York stellte er diverse Put-Spreads im Dax glatt und kaufte statt dessen einfach nur Put-Optionen mit tiefer liegendem Basispreis. Damit spekulierte er auf einen Zusammenbruch der Märkte. „Sell your house and buy puts", kommandierte er das Büro und wollte zusätzlich auf die Höhe der ersten Dow Jones-Notierung wetten. Das gelang ihm nicht, denn alle anderen Trader glaubten ebenfalls an weitere Kursverluste.

Um halb drei Uhr fing das Gewitter mit einem tiefen, selbstgefälligen Grunzen an. Das Geräusch kam aus der Ecke des Dax-Händlers, denn der bemerkte als erstes die großen Briefkurse, die aus dem Nichts auftauchten. Sekunden später registrierten auch die anderen das bedrohliche Anschwellen der Briefseite ihrer Handelsschirme. Die letzten Feinabstimmungen der Bear-Positionen wurden mit hektischen und klackernden Tastenschlägen eingeleitet und dann ging es los. Frans schmiß die Krawatte über den Rücken und johlte: „Jesus Crist! Selling like mad!" Der Dax brach um fünf Punkte ein.

„Endlich passiert mal was hier", bemerkte Lothar noch lässig und freute sich über die Preisnachlässe. Deutsche Bank fiel gerade unter 73 DM. „Oh oh! Oh oh!... oh Oh!" Deutsche Bank war schon wieder 30 Pfennig billiger. „Verdammt! Hier knallt's wirklich!"

„Raus, raus, raus! Nehmt alle Quotes raus!", keifte Randolf auf der anderen Seite.

„Life would be so sweet..." Frans fing an zu singen. „... if I was a womens bicycle seat..."

„Die haben die Bremsen gelöst... Fahrstuhl knallt nach unten... Festhalten!"

„72,70 DM... 2,50 DM... 2,35 DM. Man kann hier mitzählen!"

„Dax minus 20!"

„Sell'em all!"

„Ja, ja. Machen die doch!"

Die Händler stierten auf die Monitore. In dieser Panik erschienen unglaubliche Preise in den DTB-Optionsserien, die oftmals um zwanzig und mehr Prozent von den fairen Preisen abwichen. Eine

Goldgrube für schnelle, übersichtliche Trader.

„Deutsche macht 72 DM!"

„Die Volatilität knallt rein!", kommentierte Helge. Er hatte Recht. Die Preise, die für Puts bezahlt wurden, stiegen ins Unermeßliche. Da gab es nur eins: Man mußte Optionen kaufen. Egal was. Puts, oder Calls und weg mit den Aktien. Durch das Ansteigen der Volatilität gaben die Preise der Calls nur unwesentlich nach.

Lothar hatte soeben ein paar teure Puts verkauft und wollte nun die gleichen Puts mit längerer Laufzeit dagegen kaufen, da blockierte sein DTB-Schirm.

Randolf: „Wenn das so weitergeht, kriegt man Volkswagen noch gratis."

„Scheiße! Deutsche 71,80 DM."

„Dax minus 28 Punkte."

„Verdammte Scheiße!" Lothar hackte wild auf seiner Tastatur herum.

Helge lästerte schadenfroh über den Markt: „Großer Gott! Hab' ein Nachsehen mit den armen Aktionären."

Plötzlich flog eine Tastatur durch die Luft und landete krachend im hinteren Bereich des Raumes. Vor seinem Tisch stand Lothar mit einem herrenlosen Kabel in der Hand. Erstaunt begutachtete er den ausgefransten Rest der Computerleitung, blickte dann auf seinen Handelsschirm, auf dem die Notierungen weiter fielen und schlug ein Stakkato auf die Tischplatte.

„Ich bin long! Ich bin long! Looong! Helge, Randolf!", schrie er und trat wütend gegen seinen Stuhl. „Schnell! Ich kann nicht mehr handeln." Stolpernd hastete Lothar zu seinen Kollegen und fuchtelte mit dem Kabel in der Luft. Es sah aus, als hätte er völlig die Nerven verloren.

„Deutsche Bank! Helge! Deutsche Bank! Klick den Screen der Deutschen Bank an."

Helge hatte zwar selbst genug zu tun, aber angesichts des akuten Zustands seines Kollegen, tat er wie geheißen.

„Da! Die Puts!" Lothar zeigte auf einen Briefkurs im DTB-Schirm. „Kauf die!"

Helge steuerte den Cursor auf diese Serie, während Lothar ungeduldig hinter Helges Stuhl hüpfte. „Schneller, Helge! Schneller!"

„Ganz ruhig. ... So, bitte schön: 50 Puts gekauft. Reicht das?"

„Ich brauch'ne neue Tastatur!", forderte Lothar, immer noch aufgebracht.

„Ja, das glaube ich. Was ist denn los?", fragte Helge besorgt.

„Ach!" Lothar winkte trotzig ab.

„Was?"

„'Ne neue Tastatur! Wo krieg ich die her?" Lothar stand in der Mitte des Raumes und die Computerleitung baumelte träge in seiner Hand. Er schob die Unterlippe trotzig nach vorn und sah aus wie ein Kleinkind, dem man das Spielzeug weggenommen hatte.

„Im Abstellraum liegen noch einige. Aber was..." Doch Lothar war schon weg.

Als er zwei Minuten später unter seinen Tisch kroch, um das neue Keyboard anzuschließen, kam endlich die Erklärung: „Scheiß Salat! ... hab' doch heute mittag Salat mit Cocktaildressing gegessen... und als Thyssen eine Mark tiefer ging...", der Trader verschwand gänzlich in den Tiefen seiner Computerschränke, „...kippte die Schüssel um... ach Gott! ...die ganze Soße auf die Tasten!"

„Und jetzt haste den Salat!", spottete Helge und schlug lachend auf den Tisch.

„Ja, ja. Die Soße hat die Cursortasten verklebt. Irgendwann ging gar nichts mehr." Lothar kam wieder zum Vorschein, setzte sich ächzend auf den Stuhl und legte sich erneut ins Zeug. Aber er hatte den großen Move verpaßt. In den letzten 15 Minuten war der Dax um 35 Punkte abgerutscht.

Am Abend, nach Handelsschluß in Deutschland, verfolgten Lothar und Helge die Geschehnisse in Amerika via Fernsehbildschirm. Auf den US-Finanzmärkten grassierte die reine Zinsangst, die durch die letzten Wirtschaftsdaten hervorgerufen wurde. Danach weitete sich das Bruttoinlandsprodukt im ersten Quartal aufs Jahr bezogen um 2,8 Prozent aus. Die Ziffer lag deutlich über den Erwartungen der Auguren, die als Reaktion darauf das Horrorszenario einer Zinserhöhung durch die Fed (Federal Reserve) nicht mehr ausschlossen. Der Dow stürzte um knapp 90 Zähler ab, nachdem der langfristige Zins auf 7,05 % gestiegen war.

„Es geht doch nichts über eine gelungene Shortspekulation. Ich danke Gott für die Erfindung des Puts.", schwelgte Lothar am nächsten Morgen bei der Durchsicht seiner Profit and Loss-Aufstellung. Unter dem Strich stand schon wieder eine schwarze Zahl in Höhe einer Mittelklasselimousine. Trotz des faux pas mit dem Cocktaildressing war ihm gestern durch seine Optionspositionen ein stolzer Gewinn beschert worden. Die anderen hatten ebenfalls keinen Grund zur Klage. Frans schmiß, wie zu erwarten, mürrisch seine Aufstellungen an die Seite. Er hatte zwar mehr als einhunderttausend DM verdient, war aber dennoch unzufrieden. Seiner Meinung nach waren 35 Punkte Kursverlust im Dax nur Kleinkram. Dennoch stieg das Selbstbewußtsein des Teams durch die anhaltenden Erfolge der letzten Wochen.

„Sagt mal", begann Lothar. „Ich habe sowieso eine größere Position in meinen Dividendenputs. Was spricht eigentlich dagegen, noch einige dazuzukaufen?"

„In welchem Wert?", fragte ihn Helge besorgt.

„In der Deutschen."

„Ich habe neulich in Volkswagen auch diverse Puts gehandelt und die Dividende damit abgerechnet. Leute! Wenn Gijsbert sagt, daß der Gewinn aus den Puts mit in eure Bonusberechnung einbezogen wird, solltet ihr eigentlich wissen, was ihr zu tun habt", meinte Randolf energisch.

„Es gibt ein Gesetz!", betont Helge.

„Es ist aber nicht eindeutig. Bei den Finanzämtern versteht keiner etwas davon. Es ist leicht verdientes Geld", argumentierte Randolf. „Das fällt doch überhaupt nicht auf. Und wenn das Finanzamt nachfragt, erläutern wir denen unsere Verpflichtung als Market Maker. Wir müssen laut DTB-Ordnung auch in dieser Serie handeln. Ganz einfach!"

„Wie groß war denn deine Position?", fragte Helge.

„Die Summe der Körperschaftssteuer betrug etwa eine halbe Million DM."

„Was?", rief Lothar fassungslos. „Dann bekommst du ja allein davon schon einen riesigen Bonus am Jahresende."

„Eben."

„Das mach ich auch. Das wäre ja leicht!", rief Lothar entschlossen.

„Wie hoch wird denn der Bonus berechnet?", fragte Helge. Er war sich immer noch nicht sicher.

„Keine Ahnung. Ich denke aber so mit zehn Prozent."

„Das ist viel."

„Leute! Es ist eure Entscheidung. Euer Risiko. Euer Gewinn."

„So leicht habe ich noch nie Geld verdient. Dann mache ich das auch in BASF", fand Helge und erlag der Gier nach hohen Gewinnen. Damit war die weitere Vorgehensweise klar: Auf dem Terminkalender nächster Woche standen die Hauptversammlungen von BASF und Dresdner Bank. Die Dividendenputs dieser Werte wurden schon fleißig gehandelt und sollten ab sofort zwei weitere begeisterte Käufer aufnehmen. Helge und Lothar, die registrierten Market Maker für diese Werte, liquidierten alle störenden Positionen und begannen mit dem Spiel.

Das Ziel war, Quote-Requests mit einer für Ausländer annehmbaren Geldseite zu beantworten um damit den Put zu bekommen. War das geschehen, wurde sofort die entsprechende Stückzahl von Aktien im IBIS gekauft. Somit entstand im Laufe der Zeit eine nahezu risikolose Position aus Long Aktien und Long in-the-money Puts.

Zum Tagesgeschehen der Märkte war wenig zu sagen. Die Werte stagnierten auf dem niedrigen Niveau und gaben den Akteuren die

Chance, sich ein wenig zu beruhigen. Hans-Dieter Schulz, der Experte für technische Analyse und allwöchentlicher Gast bei n-tv, sah seine grünen und roten Trendlinien in allerhöchster Gefahr. Der Dax sei aus seiner Keilformation nach unten ausgebrochen und hätte damit ein negatives Chartsignal produziert, erläuterte er. Damit sei der weitere Kursverlauf höchst ungewiß. Zusätzliche Unsicherheit käme von der Zinsentwicklung in den USA, die bei weiterem Anstieg natürlich ihrerseits den amerikanischen Aktienmarkt negativ beeinflussen könne. Sollte also der obere grüne Widerstand bei den amerikanischen Staatsanleihen nicht halten, würde das ebenfalls die deutschen Zinsen nach oben treiben und den deutschen Aktienmarkt erheblich belasten, der ja seinerseits wiederum von der amerikanischen Aktienbörse abhinge. Die US-Aktienbörse sei aber stark verunsichert...

Hans-Dieter Schulz zeichnete sich auch an diesem Tag durch seine hervorragende Fähigkeit aus, die Kurse der Vergangenheit in ein logisches System aus unzähligen oberen und unteren grünen Trendlinien zu manövrieren. Zweifelsohne würden seine detaillierten Prognosen, die wahlweise von fallenden oder von steigenden Kursen ausgingen, auch diesmal voll eintreffen.

Die alarmierende Unsicherheit der Märkte, von der Hans-Dieter Schulz gesprochen hatte, zeigte sich in der nächsten Woche in Form von nahezu unveränderten Kursen und äußerst geringem Handelsvolumen. Dax und Dow verharrten auf gleichem Level.

KAPITEL XV

- STRIPTEASE UND DRESDNER BANK-DIVIDENDE -

Es war Freitag, der 10. Mai und damit HV-Termin der Dresdner Bank - und Lothars Geburtstag. Der Trader vollendete an diesem Tag sein 23. Lebensjahr und begann den Arbeitstag mit einem unbeteiligt aussehenden Gesichtsausdruck. Sicherlich, sein zerknittertes Hemd und die Bartstoppeln zeugten von dem Sektgelage, das noch gestern Nacht in seiner Wohngemeinschaft stattgefunden hatte. Aber ansonsten maß sein Verhalten der Besonderheit dieses Datums keine Bedeutung bei. Trotz der bescheidenen Zurückhaltung interessierte ihn die Frage, ob und inwiefern sich seine Kollegen an seinen Geburtstag erinnerten. Die Frage wurde nicht beantwortet. Stattdessen wurde Lothars Geburtstagsstimmung von einer hektischen Arbeitsstimmung abgelöst, schließlich gab es ja noch andere Termine. Nachdem die bisherige Woche ihre Bedeutungslosigkeit in Form von Ereignislosigkeit unter Beweis gestellt hatte, entfachten nun hier und dort vorsichtige Kauforders Diskussionen über den weiteren Verlauf der Aktienmärkte. Der vorausgegangene Kursrutsch war, hierin war man sich einig, nicht als gesunde Konsolidierung zu werten. Dazu war er zu kurzfristig und zu schwach ausgefallen. Von der Zinsseite kam weder rotes noch grünes Licht, und nun standen alle Akteure vor einer nichtsaussagenden gelben Ampel und fragten sich: Kommt als nächstes Rot oder Grün?

Auch die vier Trader von JDP Holding wußten nicht so recht, was von den Geschehnissen zu halten war. Helge hatte seit Montag in einer resoluten Aktion alle risikobehafteten Bestände über Bord geworfen und sich ausschließlich dem Dividendenhandel in BASF gewidmet. Das war ihm hervorragend gelungen. Auf der gestrigen Hauptversammlung hätte er zweifelsohne mit seinem Bestand von einer halben Million Stück einen respekteinflößenden Part einnehmen können. Nicht weniger erfolgreich verlief die Tätigkeit Lothars. Er kümmerte sich um die Aktien der Dresdner Bank und hatte bereits ebenfalls ein gewichtiges Paket zusammengekauft. Mit sorgenvoller Miene begutachtete er das Ansteigen der Finanzierungskosten. Bei dem gegenwärtigen Zinssatz von 3,5 Prozent bezahlte er täglich fast 3.000 DM Zinsen, alleine um den Kapitalbedarf für die Aktienkäufe zu decken. Dazu kam noch die Summe aus den Käufen der Putoptionen.

Um Punkt neun Uhr schallte das „Opening!" aus Helges Kehle und die Händler erwarteten das Kommende. Die ersten Quotes zeigten in fast allen Werten mäßiges Kauf- und Verkaufsinteresse. Hier und dort blinkten ein paar müde Gebote auf, die eigentlich den Wunsch der Händler nach verlängerter Bettruhe widerspiegelten. Freudig angeregt präsentierte sich jedoch der Optionshandel der Dresdner Bank, der eigentlich seit jeher zu den umsatzmüden Märkten zählte. In Anbetracht der anstehenden Hauptversammlung und des leichten Kursanstiegs der letzten beiden Tage hegten wohl einige Börsianer den Wunsch, mit diesem Wert zu spielen. Schon nach wenigen Minuten wechselten mehrere Calls den Besitzer, was Lothar aufmerksam beobachtete.

„Was ist denn bloß mit unseren Banken los?", fragte er „Da versprechen sie den großen Shareholder Value mit Rechnungslegung nach IAS und allen anderen Schmeicheleinheiten für potentielle Investoren und kaum sagen sie das, brechen die Kurse ein. Vergleicht man die Deutsche mit dem Dax, zeigt sich das ganze Trauerspiel. Sie hechelt dem gesamten Markt hinterher."

„Mit Banken ist kein Geld zu verdienen", stellte Randolf klar.

„Aber vielleicht kommt bald die große Kursexplosion", zweifelte Lothar. „Man kann nicht sagen, daß die sich großen Banken nicht auf den Markt ausrichten."

„Tja. So langsam merkt auch Hilmar Kopper, daß ihm die Angelsachsen davonlaufen", bemerkte Helge. „Mit der schlappen Eigenkapitalrendite kann man den Ausländern nicht kommen."

„Die kaufen! Die kaufen Dresdner hoch!", jammerte Lothar nach einem Blick auf den Kursschirm. Tatsächlich übersprang der Kurs soeben die 38,40 DM. Um 16 Uhr wurde allerdings der Abschlag in Höhe der Dividende von 1,35 DM erwartet. Mit seiner Position hatte

Lothar kein Problem bei Kursveränderungen, dennoch wollte er natürlich bei Bewegungen dabeisein.

„Helge, wie hat sich die Anilin entwickelt, seitdem sie ex gegangen ist?", erkundigte er sich.

„Höher. Ist höher gegangen."

„Sehr hoch?"

Helge verdrehte die Augen: „Nee. `War ja erst gestern. Ich glaube, daß die Dreba nach Dividendenzahlung höher gehen wird. War letztes Jahr auch der Fall."

„Na toll. Das Argument ist doch albern. Aber ich glaube, was ich sehe. Und ich sehe Käufer im Markt." Lothar schaute sich noch einmal den Chart an und markierte die erwartete Aufprallfläche nach dem Dividendenabschlag. Er kam in die Zone um 37 DM. Währenddessen stieg die Dreba immer weiter.

„Was ist denn los? Ich gehe jetzt mit!" Lothar kaufte die ersten fünftausend Stück im IBIS und setzte weiter fünftausend als Geldkurs an. Die Notierung stand jetzt bei 38,60 DM. Es klingelte. Helge und Randolf sahen sich vielsagend und grinsend an und dann sprang Randolf zum Ausgang. Kurze Zeit später erschien er wieder im Handelsraum und setzte sich strebsam auf seinen Stuhl.

„Wer war denn das?", wollte Lothar neugierig wissen.

Randolf tat die Antwort knapp gehalten ab und nuschelte etwas von „Briefträger". Dresdner markierte 38,70 DM, während alle anderen Werte wie Tags zuvor stagnierten.

„Kennt jemand neue Witze?", fragte Lothar angeregt. Er wollte die Stimmung an seinem Jubiläum aufbessern, denn es schien, als hätten seine Kollegen tatsächlich den Geburtstag vergessen.

„Nein. Der einzige, der hier Witze erzählt, bist doch du!", erwiderte Helge gelangweilt und gähnte demonstrativ in Erwartung des unvermeidlich folgenden Witzes.

„Obwohl ich einen Spitzenwitz präsentieren könnte, werde ich das angesichts deiner Ignoranz nicht tun. Er fände aufgeschlossenere Ohren", fauchte Lothar und mußte enttäuscht feststellen, daß auch dieser Versuch von einer seltsamen atmosphärischen Störung erdrückt wurde. Es schien, als hätte man sich gegen ihn verschworen. Zehn Minuten später - Dresdner stand bei 38,75 DM - knackten die Lautsprecher der hauseigenen Stereoanlage. Die Türklinke der Eingangstür wurde langsam wie von Geisterhand heruntergedrückt und das Knistern der Boxen verwandelte sich in melodiöse Klänge. Lautlos und geheimnisvoll wurde die Tür aufgeschoben, während sich alle, bis auf Lothar, in sehnsuchtsvoller Erwartung die Lippen leckten und die Sitzpositionen zu einer gemütlichen Stellung abänderten. Und dann, mittlerweile schaute auch Lothar gebannt zum Eingang, erschien eine schlanke, braunhaarige Frau zu den Klängen von „Happy birthday". Gekonnt und grazil bewegte sie sich in die Mitte des Raumes und hauchte: „Hi. Ich bin Vicky. Wer von euch ist Lothar?"

Dabei drehte sie sich fordernd um die eigene Achse und schaute mit einem sinnlichen Ausdruck in die Runde. Helge tippte lächelnd mit dem Zeigefinger auf Lothar, der sprachlos in der Ecke saß und damit startete die Vorstellung.

Vicky zielte mit ihrer gesamten körperlichen Ausstrahlung auf das Geburtstagskind. Sie begann erst mit langsamen Bewegungen ihrer Hüfte zu der Musik zu tanzen und beugte sich dann hingebungsvoll zu Lothar hinab, dessen Gesicht in die wohlriechende Haarpracht eintauchte. Ein sanftes „Happy birthday" wurde geflüstert. Anschließend richtete sich Vicky wieder auf, zerstörte die kurzfristige Intimität und löste sich jäh aus dem kurzen Mantel. Darunter kam ein trägerloses, durchsichtiges Hemd zum Vorschein. Mit rhythmisch tanzenden Bewegungen öffnete sie die Verschlüsse ihres Minirocks, der gehorsam zu Boden glitt und stieg dann mit verblüffender Eleganz auf die Tischplatte Lothars.

Durch die langen, braunen Beine hindurch konnte Lothar noch kurz die Notierung der Dresdner Bank wahrnehmen, er konzentrierte sich aber dann auf die explosiven Vorgänge vor seiner Nase. Vicky entledigte sich gerade des Oberteils und begab sich damit in eine, auch in Gegenwart von Ehemännern, höchst gefährliche Situation. Nur noch in seidene Unterwäsche gekleidet, lief sie auf der Tischplatte entlang, zertrampelte einige Charts, was Lothar mit einem generösen Achselzucken kommentierte und erreichte den Platz vor Chris.

Dieser hatte die Augen halb geschlossen und lächelte selig. Aber als Vicky den BH öffnete und damit ihre Brüste in ihre natürlich wippende Stellung entließ, schnappte seine Hand blitzschnell nach dem baumelnden Büstenhalter und ließ ihn anschließend in seiner Schublade verschwinden. Danach folgte eine ganze Serie von akrobatischen Stellungen, die von rhythmischem Klatschen begleitet wurden und zum Verlust der Strapse führten, bis sich Vicky schließlich von Lothar den Slip ausziehen ließ. Völlig nackt setzte sie sich auf Lothars Schoß und fuhr mit der Computermaus auf ihrem Körper entlang. Das gab johlenden Szenenapplaus, begleitet von grellen Pfiffen.

Anschließend knallte irgendwo ein Sektkorken und das Büro feierte nun mit Champagner, Geburtstagstorte und offiziellen Geburtstagswünschen. Die Überraschung war perfekt. Völlig überwältigt und fassungslos saß Lothar in seinem Stuhl und ließ das Prozedere über sich ergehen.

„Wer hat das zu verantworten?", wollte er atemlos wissen und schüttelte diverse Hände.

„Alle", antwortete Randolf und fing zusammen mit Helge und Chris an zu lachen.

„Das hast du nicht erwartet, alter Kollege und Mitstreiter! Daß wir dir auf deine alten Tage noch so ein frisches Wesen auf die Tischplatte zaubern, wie?", fiel Helge ein und legte einen herumliegenden Strumpf um die Schultern von Lothar. Vicky, das lebendige Präsent, gesellte sich nun im Seidenkimono zu den Händlern und beteiligte sich mit ehrlicher Neugier an der Unterhaltung.

„Du bist also Lothar? Was macht ihr denn bloß mit diesen vielen Computern? Man sagte mir, ihr seid Börsenhändler", begann sie.

„Schau mal", erläuterte Lothar beflissen und zog das Callgirl an sich, „das ist das Handelssystem, in dem die Aktien gehandelt werden. Ich mache zum Beispiel Dresdner Bank. Die stehen momentan bei... ach Gott! Schon bei 38,90 DM. Wenn ich jetzt hier zweimal abdrücke, kaufe ich fünftausend Stück".

Und aus welchen Gründen auch immer, ob aus Profilierungssucht, aus spontaner Überreaktion oder der anschaulichen Erläuterung wegen, drückte Lothar die Buy-Taste und kaufte kurzerhand fünftausend Dresdner bei 38,95 DM. Der Kurs entsprach sozusagen dem absoluten Höhepunkt der Aufwärtsbewegung.

Vicky zeigte sich beeindruckt. Sie wollte auch mal. Lothar führte ihre Hand auf die Tastatur und drückte mit ihr zusammen die Buy-Taste. 39,00 DM erschien bundesweit auf allen Tickerleisten und niemand hätte wohl jemals geahnt, unter welchen Umständen dieser Kurs zustande gekommen war.

Der Zeiger der ungnädigen Uhr näherte sich der 16 Uhr-Marke und damit dem Zeitpunkt, an dem Dresdner Bank ex ging. Lothar, in einer euphorischen Hochstimmung, positionierte sich aufrecht vor dem IBIS-Schirm und verlangte nach der exakten Uhrzeit.

„Ruf mal die Zeitansage an. Schnell! Noch eine Minute!" Helge wählte die Zeitansage und stellte den Apparat auf laut.

„Was macht er denn jetzt?", wollte Vicky wissen. Sie fühlte sich mißachtet und verstand wenig von dem, was hier vor sich ging. Die Zeitansage proklamierte noch zehn Sekunden. Lothar konzentrierte sich und keuchte: „Ruhe. Ruhe mal. Bloß keinen Fehler jetzt hier!" Er legte den Zeigefinger auf die Verkaufstaste und lauschte der Zeitansage. In dem Bruchteil der Sekunde, in dem der Pfeifton für die 16 Uhr ertönte, preßte er den Finger. Eine Sekunde später erschien ein Verkauf auf 38,66 DM mit der Uhrzeit 16 Uhr.

Lothar flippte aus. Er ballte die Fäuste und kletterte auf den Tisch.

„Ahhhh! Tschakka! Welch ein Geburtstagsgeschenk!", schrie er und tanzte zu aller Erstaunen auf dem Tisch, daß die Monitore wackelten.

„Verkauft! Ich habe sie verkauft! 38,66 DM. Moment..." Er hangelte sich zurück auf seinen Stuhl und beobachtete erneut den Kursmonitor. Helge schwante, was soeben geschehen war und setzte sich dazu. Der Kurs der Aktie pendelte sich bei 37,20 DM ein und beinhaltete nunmehr den Dividendenabschlag von circa 1,70 DM. Lothar hatte 8.000 Stück Aktien verkauft, die ein Teilnehmer im System vergessen hatte, und damit den Preis der Aktie mit Dividende bekommen, obwohl die Dividende schon zugeteilt worden war. Zwanzig Sekunden später kaufte er die Stücke bei 37,28 DM zurück und verdiente die schnellsten 11.000 DM seines Lebens.

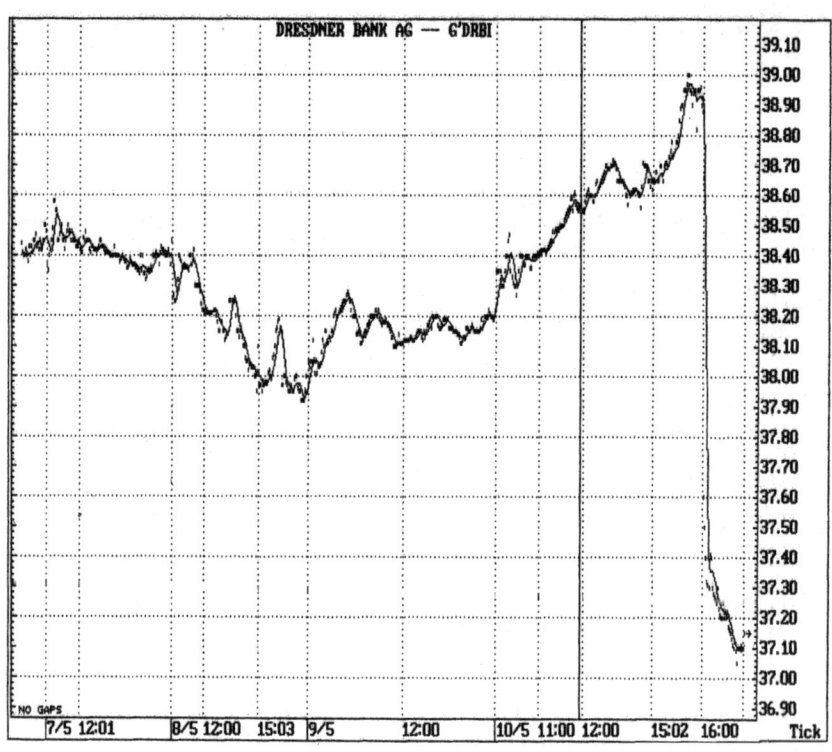

Bis auch Vicky diesen Vorgang verstanden hatte, vergingen einige Minuten. Währenddessen wurde die Champagnerflasche gänzlich geleert und keiner der Trader konzentrierte sich noch ernsthaft auf den Handel.

Die Woche war gelaufen. Die Gewinne eingefahren. Was jetzt interessierte, war das Wochenende mit der exklusiven Händlerfete in der Nähe von Venlo.

Dazu, als zusätzliche Überraschung, hatte JDP Holding zwei Porsche 911 bereitgestellt, mit denen die vier Düsseldorfer Händler zu dem Treffen reisen sollten.

Punkt fünf Uhr startete das Unterfangen. Die zwei Sportwagen standen startbereit mit klimpernder Warnblinkanlage auf der zweiten Spur der Königsallee.

„Wer fährt?", lautete die entscheidende Frage, die Randolf mit den zwei Zündschlüsseln in der Hand stellte. Die anderen liefen um die blitzenden Wagen herum und freuten sich auf die bevorstehenden Vergnügen. Chris und Randolf stellten ein Team und Lothar katapultierte sich ohne Vereinbarung hinter das Steuer des blauen Gefährts. Helge quetschte sich noch schnell in den Sportsessel neben ihn und danach ging alles sehr schnell. Auf dem Weg von der Königsallee Richtung Schlossufer wurden schon diverse Geschwindigkeitsübertretungen gemessen. Sodann auf der B1, touchierte das Gaspedal des öfteren das Bodenblech und ließ den Boxermotor unablässig brüllen.

„Oh! Ah! Achtung Lothar. Der Lastwagen...", stammelte Helge, der von einer Seite in die andere geschleudert wurde.

„Festhalten!", brüllte Lothar zu der peitschenden Musik, die aus der Blaupunktanlage hämmerte und war selbst von der hohen Geschwindigkeit überrascht. Er gab weiter Gas und preschte mit 130 km/h in die nächste Ortschaft. Randolf und Chris im Porsche II waren schon nicht mehr im Rückspiegel zu erkennen. Von der B1 ging es auf die A 52 und damit wurde der Maschine erstmalig die Chance gegeben, ihre berüchtigten Zugkräfte unter Beweis zu stellen. Nach der ersten langgezogenen Gerade wollte Helge aussteigen.

„Willst du uns umbringen? Halt sofort den Zossen an!", krähte er voller Panik. Doch keine Chance. Lothar justierte den linken Blinker und schaltete einen Gang zurück. Er beschleunigte auf der Überholspur und brachte die Karosse an die Schallgrenze.

„Helge! Nach der ersten Bonuszahlung kauf' ich mir so ein Gefährt..."

„... und wickelst dich um den Baum."

„Alles im Griff, Helge! Gekonnt ist gekonnt!", grölte Lothar und wich mit quietschenden Reifen einem ausscherenden holländischen Wohnwagen aus, der fast ein Desaster verursachte. Lichthupe, Vollgas und weiter. Die Fahrzeuge auf der rechten Spur zischten vorbei, als ob sie parkten. Nach einer dreiviertel Stunde erreichten sie, wie durch ein Wunder, unverletzt die Stadtgrenze Venlos. Von dort ging es entsprechend des vorliegenden Plans einige Kilometer in das Landesinnere. Mehrere Male mußten die beiden nach dem Weg fragen, doch nach einigen holländischen Umwegen kamen sie zu der weiträumigen, ländlichen Hotelanlage, die von JDP Holding für dieses Wochenende angemietet worden war. Auf dem von flimmernden Laternen umsäumten Parkplatz schimmerten bereits die Karossen der holländischen Händler und Angestellten JDP Holdings.

„Welch ansehnliches Anwesen. Man beachte den See", befand Lothar.

Das Hotel der Oberklasse war im englischen Landstil gehalten und schon auf den ersten Blick als angemessene Szenerie für die folgenden Spektakel zu werten. Mit Sicherheit wußten das Gebäude und die damit verbundenen Angestellten noch nicht, auf was sie sich mit der Einladung von 80 internationalen Aktien- und Optionshändlern und deren Frauen eingelassen hatten.

Im Foyer stießen Helge und Lothar auf bekannte holländische Kollegen, die mit einem Sektglas in der Hand dem angebrochenen Abend frönten.

„Hallo! Ist das eine leckere Abend?", verständigten sie sich in gebrochenem Deutsch. Der Sinn wurde klar.

„Ja, ganz lecker alles", bestätigte Lothar.

Die beiden Deutschen checkten ein und begaben sich auf ihre Zimmer, um nicht zu sagen auf ihre Gemächer. Dort angekommen, wechselten sie in angebrachter Hast ihre Anzüge, staunten noch kurz über das stilsicher abgestimmte Interieur und erschienen dann in Jeans und Sweatshirt auf der Gesellschaftsfläche. Für heute abend, so besagte das Programm, war ein chinesisches Dinner mit anschließender Discoparty vorgesehen. Bekleidung: casual und Ende offen.

KAPITEL XVI

- GALADINNER UND ANDERE SPORTARTEN -

Der Tisch unter Helges Füßen wackelte, und zwar so, daß der neben ihm stehende Mann, es war der 50 Jahre alte Charles aus dem Londoner Office, überzeugt war, gleich einem doppelten Beinbruch beizuwohnen. Der Engländer war erstens bekannt für seine Vorliebe für angemessene Kleidung und zweitens für die bemerkenswert hohe Anzahl an blutjungen Frauen, die sich je nach Anlaß um den Junggesellen scharte. War es trotz, oder gerade wegen seines vergleichsweise fortgeschrittenen Alters? Jedenfalls war heute wieder so ein Datum: Drei bis vier Tänzerinnen umkreisten den Mann wie Motten das Licht. Der Engländer lachte herzlich und zeigte, daß auch er entgegen seiner klassischen Paartanzausbildung zum modernen Discogezappel fähig war.

Neben dieser Clique befand sich die London-Düsseldorf-Connection, die sich aus Teilnehmern der genannten Städte zusammensetzte. John, Pete und George versuchten gerade, die Pointe des frei übersetzten Blondinen-Witzes zu verstehen, den Lothar lautstark von sich gab. Mit fortschreitendem Alkoholkonsum stieg die nonverbale Verständigung.

Auf der gegenüberliegenden Seite des Tisches lag die Tanzfläche, die seit Beginn der Veranstaltung ausgiebig genutzt wurde, wobei die Nutzung in einer Art und Weise eskalierte, die den engagierten DJ verzückte und das Hotelpersonal zunehmend beunruhigte.

Und über all diesen in diffuses Licht getauchten Gruppierungen thronte Helge. Er hatte sich mehrerer Sektflaschen oberer Preisklasse bemächtigt und schwankte mitsamt dem Tisch im Takt der Musik. Entweder wollte er mit diesem Drahtseilakt noch einmal die Porschefahrt durchspielen oder er... Doch genau in diesem Moment knickte der Tisch nach hinten weg. Helge ruderte erstaunt mit den Armen und beschleunigte rückwärts. Danach war seine Position nur noch anhand der Schneise auszumachen, die sich quer durch die Massen auf der Tanzfläche zog...

In einer anderen Ecke räumte Frans mit den harten Mixgetränken auf, die der Barkeeper in seinem Repertoire führte. Frans kam nicht an die Grenze dessen. Schon nach wenigen Drinks mußte er einsehen, daß ihm der Barmann überlegen war. Also orientierte er sich in die andere Richtung und probierte es mit umstehenden Frauen, die sich bereitwillig die nostalgischen Ergüsse über seine Londoner Tage anhörten. Überhaupt hatte Frans heute abend nur einseitige Kommunikationsprobleme. Er verstand alle drei gesprochenen Sprachen; das Problem war nur, daß man ihn kaum noch verstehen konnte.

Sekunden später entstand ein Tumult auf der Tanzfläche. Ein elektronischer Tusch, verbunden mit gleißendem Scheinwerferlicht, hatte eine Attraktion angekündigt, die aber von den Teilnehmern nicht akzeptiert wurde. Erst nach mehrmaligem aggressivem Auffordern des Discjockey's wurde der nötige Platz geschaffen, den die vier perfekt gestylten Transvestiten benötigten. Sie verlangten mit weibischen Gesten nach Ruhe, kicherten infantil und schmetterten darauf den Hit „I will survive" von Gloria Gaynor in die Mikrofone. Dabei klimperten ihre angeklebten Wimpern und die unzähligen Schmuckbehänge und bunten Kostüme wippten zum Beat der Musik.

Bereits nach dem ersten Takt hatte die Combo gewonnen. Sämtliche Zuschauer verwandelten sich in Akteure, zumal alle Holländer und Engländer den genauen Wortlaut des Textes auswendig kannten, und die Meute stürzte in den Bühnenbereich. Einer der ersten, der in den Einzugsbereich der Mikrofone gelangte, war Frans. Und fortan vernahm man einen heiseren, krächzenden Tenor, der zu den originalgetreuen Stimmen des Quartetts aus den Boxen schallte.

Die London-Düsseldorf-Connection formierte sich derweil in einer Kette und zog mit zunehmender Anhängerschaft durch den hinteren Bereich des Gewölbes. An der Spitze der Polonese konnte man Lothar erkennen, der mit nicht mehr ganz zielsicherem Schritt sämtliche Hindernisse aus dem Weg räumte und sich langsam Richtung Bühne vorarbeitete.

Das sahen die extrovertierten Transvestiten höchst ungern. Dieser Verlauf entsprach ganz und gar nicht einer getreulichen Umsetzung ihrer Planung. Bei bisherigen Darstellungen ihrer Künste waren sie der einsame Mittelpunkt des Geschehens und nicht schmückendes Beiwerk.

Lothar erreichte mit seiner Anhängerschaft die Tanzfläche und begann die einstudierte Formation zu sprengen. In den Reihen seiner Jünger befand sich sogar der Vorstandsvorsitzende der Firma, der die Feier aktiv mitgestaltete. Die Polonaise stieß mit Frans zusammen, der das Gefühl hatte, er würde von einem D-Zug gerammt. Frans verlor das Mikrofon, was zu einer kreischenden Rückkopplung führte, taumelte und gelangte kurzfristig unter den Umzug, wurde dann aber hochgehievt und etablierte sich sodann als siebtes Glied in der Kette. Weiter ging´s.

Auf dem Weg von der Bühne zum Ausgang zersplitterten die ersten Möbel und damit kollidierten die Aktionen der Feiernden mit der Wertvorstellung des Hoteliers. Zwar immer noch in respektvollem Abstand, versuchten einige Angestellte, den Sachschaden zu begrenzen und versperrten freundlich, aber bestimmt den Zugang zur Hotelküche.

Also die Rezeption. Mit etwa zwanzig seiner treuesten Jünger durchstreifte Lothar erst das Eingangsfoyer mit der verständnisvoll lächelnden Empfangsdame und dann den ersten Stock des Gebäudes. Verschreckt huschten zwei Zimmerdamen in den uneinsichtigen Bereich und die Prozession rauschte mit klirrenden Flaschen an ihnen vorbei. Am anderen Ende der Flurs leitete sie die Nottreppe zurück in den ebenerdigen Bereich. Von dort schrie praktisch der hoteleigene See nach einer ausführlichen Besichtigung.

Helge wußte nicht, ob er verletzt war. Der Alkoholpegel hätte ohnehin jeden Schmerz betäubt. Er begutachtete kurz seine Gliedmaßen, kam zu dem Schluß, daß er zwei Beine zuviel hatte und versuchte, sich aufzurichten. Seitdem er die Schneise durch die Menge gezogen hatte, saß er angelehnt an dem Tischgerippe und wollte nun den aufrechten Gang erproben. Mit verbissenem Gesicht hebelte er sich an der Tischruine hoch und taumelte zur Bar. Zwischenzeitlich stimmte das Transvestitenquartett den nicht minder bekannten Hit „Who is Alice?" an und setzte dadurch die kollektive Karaokeshow fort.

Auch Helge kannte den Refrain und grölte aus voller Kehle „Alice...Alice...Who the fuck is Alice!"

Als er sich nach potentiellen Gesinnungsgenossen umschaute, fiel sein Blick auf ein abseits sitzendes Pärchen, das scheinbar überhaupt keinen Gefallen an dieser Tätigkeit fand. Das fand wiederum Helge nicht annehmbar. Er hangelte sich durch die Sitzreihen und schleppte sich zu den beiden Stummen, vorbei an den Transvestiten. Einen Meter vor ihnen baute er sich auf und erkannte den stellvertretenden Cheftrader der JDP Holding.

„Du Bremse!", brüllte Helge ihn an, „wieso singst du nicht mit?" Genau in diesem Moment erschallte wieder der einprägsame Refrain. Helge stimmte mit ein und reckte zusätzlich seine Faust in die Höhe, was den Holländer und seine Frau dazu veranlaßte, sich angewidert abzuwenden. Als Helge auf eine Antwort bestand, erklärte der Chieftrader zischend, daß seine Frau „Alice" hieße und somit ganz sicher keine Veranlassung zum Mitsingen bestünde. Das leuchtete ein. Helge ließ das frustrierte Paar allein.

Plötzlich erschien die London-Düsseldorf-Connection wieder auf der Tanzfläche und zog zum neuerlichen Mißfallen der Transvestiten die Aufmerksamkeit auf sich. Mit klatschnassen, triefenden Klamotten, die eine bräunliche Spur hinter sich herzogen, watschelte die Verbindung völlig außer Atem zur Theke und verlor dabei einige Gewächse, die ein Florist zweifellos als Seerosen identifiziert hätte.

Zur Durstlöschung und neuer Stimulans verlangte der Pulk ausschließlich nach der Zubereitung einer speziellen, ominösen „Inselmischung".

Diese Art von Cocktail war dem Barkeeper unbekannt, aber zum einen hatte er einen Ruf zu verlieren und zum anderen wollte er das

Risiko einer englischen Ausschreitung eindämmen. Er servierte eine leicht abgewandelte Version des Caipirinha, die beim Pulk tadellos als „Inselmischung" erkannt wurde.

Hinter einer Tür mit der Aufschrift „Personal" fand unterdessen eine Krisensitzung des Hotelmanagements statt. Der diensthabende Maitre lehnte jede Verantwortung für die fortschreitenden Verwüstungen ab, die im Hotelanwesen, insbesondere dem Partykeller, aber auch in den angrenzenden Räumlichkeiten sowie dem botanischem Garten mit Glashaus gemessen wurden.

„Eine Spur konnte noch nicht weiter verfolgt werden", ließ einer verlauten. „Sie führt durch das Rosenbeet, über die chinesische Holzbrücke bis zum Ufer des Sees."

„Was aber immer noch nicht erklärt, wieso angeblich mehrere Personen auf der Insel gesichtet worden seien. Die Ruderboote sind tadellos vertäut", sagte ein anderer.

„Was schlagen sie vor, Chef?"

„Wir fassen die Verbindlichkeiten ohnehin in einer Gesamtabrechnung zusammen. Also setzen wir die Neuwerte aller Zerstörungen mit auf die Rechnung, oder nicht?"

„Aber was ist mit den einzigartigen Tulpenzüchtungen, Chef?"

„Lassen sie sich was einfallen!" Der Hotelmanager wischte die Frage beiseite. Er fühlte sich in seiner Nachtruhe gestört und wollte zu dieser späten Stunde keine übereilte und vielleicht falsche Entscheidung treffen.

Am nächsten Tag, es war schon Mittagszeit, sammelten sich die Teilnehmer nach und nach auf der Terrasse mit Seeblick, auf der ein umfangreicher Brunch serviert wurde. Lothar saß in einem Korbsessel und trank einen schwarzen Kaffee. Seine Augen wurde von einer dunklen Sonnenbrille geschützt. Drei Stunden Nachtruhe lagen hinter ihm.

„Morgen."

„Ja, ja. Tag."

„Geht´s?", krächzte Helge, der sich dazusetzte.

„Muß ja.", antwortete Lothar ebenfalls mit einer rauhen, tiefen Stimme.

„Siehste die Insel?", fragte er und deutete mit einer schlaffen Handbewegung auf die Mitte des Sees. Helge kam zu keiner Antwort, denn Gijsbert, der Cheftrader, stand urplötzlich neben den beiden.

„Morge. Lecker geslapen?" fragte er bedrohlich auf holländisch. Gijsbert, so wußten die beiden, war Nichtalkoholiker und gestern früh zu Bett gegangen. Auf der anderen Seite hatte er unsäglich viele Informationsquellen.

„Kurz und gut", befand Lothar.

„Nun, dann hoffe ich, ihr habt nach gestern Nacht noch genügend Energie, um an den Aktivitäten teilzunehmen", erwiderte Gijsbert mit wohlwollender Stimme und ging zum nächsten Tisch.

„Was steht´n an?"

„Golfen, Shopping in Düsseldorf mit Taschengeld, Adventure Trophy, Beauty Farm und – ich glaub es nicht, Malen. Mit irgend so einem Künstler!", las Helge aus der aufwendig gedruckten Programmbroschüre vor.

„Machste?"

„Golfen. Ist weniger anstrengend."

„Wann geht´n das los?"

„In einer halben Stunde. Der Bus steht schon bereit."

„Warte, warte. Was ist mit Beauty Farm? Die Engländer gehen auch dahin. Es soll Massagen geben, Gesichts- und Ganzkörpermassagen. Für dich ganz allein, Helge, wird eine Frau abgestellt, die sich den ganzen Tag um dein Wohl kümmert", führte Lothar aus, „außerdem könntest du eine Gurkenmaske gebrauchen", fügte er noch grinsend hinzu.

Aus mangelnder Eitelkeit entschied man sich dann doch für das Golfspiel mit Trainer.

Die Exklusivität der Golfanlage war durch die Bevölkerung einer Busladung von Golfdilettanten in nicht unerheblichem Maße überschattet worden. Sämtliche Golflehrer des Clubs hatten sich mit der Koordination und dem aus ihrer Sicht unmöglichen Arrangement eines Golfturniers befaßt. Nach dem Verlust von Dutzenden von Bällen, die vom Abschlag der Driving Range auf den Parkplatz geschossen wurden, hatte der Oberlehrer das Turnier auf das Putting Green beschränken lassen. Irgendein Holländer hatte gewonnen.

Nun sammelten sich die verschiedenen Aktionsgruppen wieder auf der Hotelanlage und kommunizierten bei Erfrischungsgetränken und Snacks in Small-Talk-Manier. Es war später Nachmittag, und die tiefe Sonne strahlte über den ruhigen See, auf dem einige Schwäne und Entenfamilien ein paar Runden drehten, den Launen der Ruderbootfahrer ausgeliefert.

Tatsächlich hatten drei der Briten die Schönheitsfarm erfolgreich besucht. Sie bogen soeben fröhlich um die Ecke und machten den Anschein, als wären sie um 10 Jahre verjüngt. John war nicht wiederzuerkennen. Er hatte sich nicht nur die Haare schneiden, sondern auch gleich knallgelb färben lassen. Das sollte nächste Woche für einige Verwirrung auf dem Parkett der LIFFE sorgen, meinte er. Er rechnete sich durch den Verwechslungseffekt zusätzliche Gewinnmöglichkeiten aus.

Seit Helges und Lothars Besuch in London, und spätestens seit dem gestrigen Wettschwimmen zur Insel, verstanden sich die Briten außerordentlich gut mit den beiden Deutschen. Die Connection bildete sozusagen den Gegenpart zu der eingeschworenen Gemeinschaft der Holländer, die ihrerseits auch keine sprachlichen Anstrengungen unternahm, diesen Tendenzen entgegenzuwirken.

Nach kurzem Austausch über die letzten Geschehnisse im deutschen und englischen Aktienmarkt sprang das Thema dann auch auf die Eigenarten der holländischen Kollegen. Helge brachte die Geschichte seiner gestrigen Peinlichkeit mit dem Song „Who is Alice" an den Mann, was zu tosenden englischen Lachsalven führte und Lothar kopierte den holländischen Dialekt verschiedener Management-mitglieder der Firma.

„Ich muß dir mal etwas zeigen", richtete sich John nach einigen Minuten unverhofft an Lothar. „Laß uns bitte zum See gehen."
Dort angekommen, kletterte der gespannte Lothar in ein Boot und ruderte zusammen mit dem Engländer auf den See hinaus. Kaum außer Hörweite, platzte John heraus: „Ich verlasse JDP Holding. Aber bitte – es darf noch keiner wissen – behalte es für dich. Ich kann dir auch noch nicht sagen, zu wem ich gehe."

„Aber wieso?", fragte Lothar überrascht und fügte hinzu: „Ich dachte, das Gehalt von JDP sei nicht schlecht in London".
John fuhr sich durch die gelben Haare und schien zu zögern. Er schaute auf den See hinaus.

„Es ist nicht nur wegen des Geldes. Es hat auch andere Gründe. Bist du zufrieden mit der Company?", fragte er unvermittelt.

„Warum nicht. Ich habe zwar keine Vergleichsmöglichkeiten und bin noch nicht sehr lange im Geschäft, aber für mich läuft es ganz gut. Seit Anfang des Jahres haben wir in Düsseldorf guten Profit ge-macht. Wie läuft es in London?"

„Gut - fast zu gut."

„Wieso dann der Wechsel?"

„Erinnerst du dich an das, was ich dir gesagt habe, als du in London warst? JDP ist ganz einfach zu klein. Die Company ist zwar führend in Amsterdam, aber in allen anderen Bereichen reicht die Größe nicht aus, um in der Champions-League mitzuspielen."

„Also fängst du demnächst bei einer großen Bank an?", spekulierte Lothar. Er verstand nicht so recht den Sinn des in Englisch geführten Gesprächs.

„Ist doch egal. Was ich dir nur sagen will, ist folgendes: Es kann sich sehr schnell etwas ändern und denk daran: Du bist nicht mit JDP Holding verheiratet!"
Plötzlich kapierte Lothar, was ihm der Brite verständlich zu machen versuchte. Lothar nickte nachdenklich mit dem Kopf und schaute

sein Gegenüber dankend an. Die London-Düsseldorf-Connection brachte außerordentlich nützliche Informationen zutage. Auf dem Rückweg unterhielten sich die zwei über Gott und die Welt und sprangen danach zurück ans Ufer.

Um acht Uhr abends startete das mit Spannung erwartete Galadinner. Das heißt, vor dem Essen, das sich über mehrere Stunden hinziehen sollte, wurden noch diverse Preise und Pokale an die Gewinner der heutigen Turniere vergeben. Dazu gehörte auch die Vernissage. Bei Champagner und Kaviar flanierten die Gäste an einer Handvoll großformatiger Bilder entlang, die im Foyer aufgereiht waren und die Ergebnisse des heutigen Kunst-Blitzkurses widerspiegelten. Die Teilnehmer hatten trotz der Kürze der Zeit respektable Werke geschaffen. Ein Stilleben verdeutlichte seine Extravaganz durch die abstrakte, polymorphe Darstellung von Vierecken, ein anderes überzeugte durch unkonventionelle Infantilität: Man erkannte zehn Strichmännchen auf dem Weg zur Schule.

Die Oberklasse zeigte Landschaftsmalereien und Selbstportraits, wurde aber klar von der letzten Leinwand der Reihe übertrumpft. Um dieses Bild scharten sich einige Neugierige, die teilweise den Kopf schüttelten, sich aber alle vorbeugten, um den Namen des Künstlers zu erfahren. Der Maler hatte sich zweifellos in seiner Genialität selbst übertroffen und durch das apodiktische Festhalten an einer einzigen Farbe einen zeitlosen Klassiker geschaffen. Das Bild „Baisse" von Frans war eine schwarzgepinselte Leinwand.

Nach diesem kulturellen Höhepunkt nahm die in Abendkleidung herausgeputzte Gesellschaft im großen Ballsaal des Hotels entsprechend der Sitzordnung Platz. Überall blitzten und funkelten die Schmuckbehänge der weiblichen Begleiterinnen, die mit tiefen Dekolletés den männlichen Angestellten zu imponieren versuchten. Es wurde still. Durch die ungewohnte Kleidung und die festliche Umgebung entstand eine andachtsvolle Atmosphäre, die der Vorstandsvorsitzende zum Einleiten seiner Rede nutzte.

„Dames und Heres...", begann er auf holländisch und langweilte für die nächste halbe Stunde nicht nur die Gäste, die dieser Sprache nicht mächtig waren. Insbesondere die Connection, die zufällig an einen Tisch gruppiert worden war, konzentrierte sich während der Ansprache im wesentlichen auf Bestellungen verschiedener Weine und Aperitifs. Das höfliche Gelächter, das dann und wann gehorsam nach jeder holländischen Pointe des Redners aufbrauste, fiel jedesmal zu einer knisternden Ruhe zusammen. Frustrierend für alle anwesenden Ausländer.

Endlich kam der Chef zum Ende und entließ seine Angestellten in den ersten Gang: „Mosaic of salmon and asparagus in a lobster jelley" - das Rezitieren der Karte dauerte länger als das Verspeisen. Zwischen den einzelnen nun folgenden Gängen versuchten mehrere Künstler, den Gästen zu gefallen und produzierten Darbietungen, die von einer Zauberschau bis zum Auftritt eines bekannten, holländischen Schlagerstars reichten. Bis zum „grand dessert" verstrichen so einige Stunden.

Nach und nach lockerte sich die Verklemmtheit in der Art und Weise des typischen Ablaufs eines Betriebsfestes. Charles faßte sich ein Herz und eröffnete den Tanz in Zusammenarbeit mit einer charmanten Dame, die ersten Jacketts wurden abgelegt, einige luftabschnürende Fliegen gelockert und der Gesprächspegel stieg an.

Gegen Mitternacht forderte dann der Vorsitzende die Anwesenden auf, der offiziellen Verabschiedung eines langjährigen Angestellten auf der Terrasse beizuwohnen.

„Was sagt er?", fragte Helge nach.

„Irgendwas mit Terrasse", erwiderte Lothar. Mehr hatte er auch nicht verstanden.

„Laß uns einfach den anderen folgen", schlug John vor und stand auf, um sich der Masse unterzuordnen.

Auf der Terrasse formierte sich die Schar um den Vorsitzenden, der neben sich den Frühpensionär stehen hatte. Dieser wurde mit einer dubiosen Urkunde ausgezeichnet, bekam die Hand geschüttelt und mußte sich dann der Aufzählung all seiner beruflichen Leistungen stellen.

Plötzlich brach eine Serie von ohrenbetäubende Explosionen aus, die von der Insel zu kommen schienen. Der Rentner zuckte zusammen. Diverse Blendgranaten schossen mehrere Male von links und rechts über die Terrasse, dazu zerbarsten großkalibrige Sprengkörper über dem See. Nach einigen Sekunden Pause stand schlagartig die Insel in Flammen. Der Rentner fühlte sich an die deutsche Bedrohung im Zweiten Weltkrieg erinnert und der Rest konnte das Geschehen überhaupt nicht einordnen. Erst nachdem grelle Laserstrahlen über den See blitzten und dazu Tschaikowsky aus irgendwelchen Lautsprechern ertönte, klassifizierten die Gäste das Spektakel als Feuerwerk.

„Was für ein Aufwand für den Greis", murmelte Lothar mit Zigarre im Mundwinkel.

„Na, na. Oha! Schau mal dort", rief Helge und zeigte auf die Mitte des Sees, auf der man eine Feuerschrift mit den Buchstaben „BEDANKT" erkennen konnte.

„Die Abschußrampen waren gestern noch nicht auf der Insel", stellte Lothar mürrisch fest und scharrte mit dem polierten Schuh auf dem Boden. Helge schaute ihn durchdringend an und zog die Brauen nach oben. Der stumme Blick beinhaltete gleichzeitig die Vorstellung von einem verfrühten Feuerwerk, das der Kollege ohne Zweifel angezettelt hätte, und die Erleichterung darüber, daß es nicht passiert war.

Zehn Minuten später waren die letzten Sprengkörper geplatzt und die Abendgesellschaft verließ die in Rauch und Nebel getauchte Terrasse. Im Innern kündigte sich die nächste Tanzkapelle durch einige Probeläufe und Feinabstimmungen ihrer Instrumente an und gab dem Vorsitzenden die Möglichkeit, sich an jedem Tisch nach dem Befinden und dem Grad der Begeisterung der Teilnehmer zu erkundigen.

„Echt lecker. Eine tolle Show", beantwortete Lothar die Standardfrage und erzeugte damit ein selbstgefälliges Lächeln auf den Lippen des Vorsitzenden.

Der weitere Hergang des Abends verlief erst nach Plan, drohte aber dann nach gestrigem Beispiel abzugleiten. Doch diesmal hatte der Hotelier vorgesorgt und mehrere Bedienstete an Schlüsselstellen der Anlage postiert. Seine Berechnungen gingen auf. Das Schlachtfeld wurde klar auf den Ballsaal begrenzt. Außerdem zollten die Party-löwen den gestrigen Höchstleistungen Tribut und beschränkten sich auf konditionsschonende Tätigkeiten.

„Hey Frans", rief Helge dem Düsseldorfer Kollegen zu, der soeben Gratulationen zu seinem gelungenen Kunstwerk entgegen nahm.

„Very nice painting", versicherte Helge und drängte sich in die Schar der Gratulanten. Frans war in die Rolle eines famosen Künstlers geschlüpft. Seit Beginn der Vernissage schwebte er durch die Gänge, ostentativ einen großen Fächer schwenkend. Ein weißer Seidenschal umschlang seinen Hals und der porzellanhafte Teint seiner Haut stand im Kontrast zu der schwarzen Sonnenbrille, die seinen Blick verdunkelte.

„Maestro! How picturesque", schwelgte auch Lothar und fiel vor dem Meister auf die Knie. „How sophisticated. You are a genius", flötete er.

„Nevertheless. It's the beginning of the end", erwiderte der Angesprochene und unterstrich damit seinen Hang zum Agnostizismus. Die künstlerische Abgehobenheit erlaubte es ihm wieder, seinen angeborenen Pessimismus zu verstreuen.

Lothar und Helge steuerten noch einige andere bekannte und unbekannte Partygäste an, hinterließen hier positive Eindrücke und dort negative und beendeten dann ihren Rundgang mit dem obligatorischen Besuch der Bar.

„Was das alles kostet", sinnierte Helge und bestellte einen Absacker.

„Gulden, Helge. Einiges an Gulden. Aber letztlich bezahlen wir, die Angestellten, doch das ganze Theater.

Auch Randolf, der sich während des gesamten Wochenendes dezent im Hintergrund gehalten hatte, gesellte sich nun zu den beiden. Randolfs Charakter ließ keine simplen, auf Alkohol basierenden Ausschweifungen zu. Er hatte sich deshalb auf einige weibliche Bekanntschaften konzentriert, aber auch gleichzeitig versucht, seine Führungsansprüche innerhalb der Düsseldorfer Hierarchie durch Verantwortungsbewußtsein zu untermauern. Schließlich wimmelte es auf diesem Parkett nur so von Vorgesetzten.

„Hey Leute, denkt an eure Leber", begann er deshalb auch in einem leicht vorwurfsvollen Ton, „und an die nächste Woche", fügte er noch schnell hinzu, als ob ihm das erste Argument nicht professionell genug geklungen hatte.

„Denk doch selbst dran", erwiderte Lothar gereizt.

„Also mal im Ernst, Randolf. Heute ist Samstag – also gut - Sonntagmorgen. Wer wird denn in diesem Moment an die Arbeit denken?", bestätigte auch Helge.

„Leute! Ich kenne die Holländer besser als ihr. Die bilden sich ihre Meinung auch durch euer Verhalten auf dieser Fete. So schön es auch ist, allein mit vier Händlern in Düsseldorf zu sitzen, aber letztlich sind wir von den Amsterdamern abhängig. Und ich brauche euch ja wohl nicht zu sagen, wie schnell jemand gefeuert wird."

„Da hat er recht", gab Lothar unvermittelt zu und begann mit den Armen wild aus dem Fenster zu zeigen. „Die feuern ja so einiges, wie man heute anschaulich auf der Veranda gesehen hat. Wahrscheinlich hat man den Greis mit fünfzig vor die Wahl gestellt – entweder du gehst, oder wir feuern dich – und was passiert ist, haben wir ja gesehen."

„Der Greis war zweiundsechzig und seit zwanzig Jahren bei JDP Holding", stellte Randolf klar.

Unverhofft stand plötzlich ein Holländer neben den Dreien. Es war Edmund, der stellvertretende Chefhändler und, seit gestern abend, meistgefürchtete Person Helges.

„Werkt euch irgendwo an?", fragte er.

266

„Häh?"

„Ob euch irgendwas vor habt?" Helge wurde kreidebleich.

„Was?"

Der Holländer wurde ungeduldig. War er zu blöd oder die anderen? Er versuchte es noch einmal anders: „Was denkt euch?"

„Wie der Handel in Düsseldorf läuft?", sprang Helge höflich ein. Er vermutete tiefergehende Fragen.

„Nein, nein. Ihr sitzt hier an die Theke und erzählt Sachen. Da frage ich, was ihr erzählt."

„Ach so", bemerkte Helge erleichtert. Obwohl, man konnte nie wissen, ob sich hinter dieser Frage nicht doch eine Prüfung verbarg.

„Was erzählt euch dann?", wiederholte der Holländer. Er wurde langsam wirklich ärgerlich. „Ihr habt was von feuern gesprochen."

„Helge war damals Schützenkönig in seiner Heimatstadt. Und daran fühlte er sich heute, während des Feuerwerks, erinnert. Beim Schützenfest feuert man mit Gewehren", erklärte Lothar rundheraus und brachte seinen Kollegen in arge Bedrängnis.

„Ja, das ist was mit die Exekution... Ich habe im Telegraph gelesen, daß man gestern in Singapur einen Dieb verhangen hat", erzählte Edmund und versuchte, eine Konversation einzuleiten.

„Bitte?"

„Sagt man nicht - verhangen?"

„Nein", meinte Helge und verbesserte: „...aufgehängt hat."

Zeitgleich korrigierte Randolf: „...gehängt wurde."

„Oder...", informierte Lothar, „...aufgehängt worden ist."

Der Holländer fühlte sich plötzlich in seinem Vorurteil gegenüber Deutschen bestätigt. Er nickte und versuchte ein letztes Mal: „Kann man nicht auch sagen – verhangen wurde?"

„Könnte man. Sagt man aber nicht, so leid es mir tut", meinte Helge beschwichtigend und sein Gesichtsausdruck verriet, daß es ihm wirklich leid tat. Edmund, der Holländer, nickte immer noch mit dem Kopf, als er sich zu seinem Tisch zurückzog, an dem seine Frau Alice geduldig auf ihn wartete.

Kapitel XVII

- Alles wird anders -

M ittwoch ist schon wieder Zentralbankratssitzung."
„Wieso Mittwoch?"
„Weil Donnerstag Feiertag ist. Himmelfahrt. Und heute werden die Einzelhandelsumsätze veröffentlicht, morgen die Großhandelspreise, am Donnerstag kommen die Produzentenpreise und schließlich die Geldmenge am Freitag", las Helge aus der Reuters-Seite der anstehenden Wirtschaftsdaten vor.

„Wieso ist eigentlich der Dollar so stark?"

„Am Freitag wurden in den Staaten die April-Erzeugerpreise veröffentlicht und diesmal waren alle verblüfft, weil die Kernrate lediglich um 0,1 Prozent anstatt erwarteter 0,2 Prozent gestiegen ist. Deswegen der Dollar", erklärte Helge auf Anfrage von Lothar. Tatsächlich war der Dollar um knapp zwei Pfennig über das Wochenende gestiegen und hatte die Händler, zusammen mit einer freundlichen Wall Street empfangen. Es war Montag vormittag.

„Ängste vor einer dynamischen Wirtschaftsentwicklung und vor einem drohenden Schwenk in der Geldpolitik der amerikanischen Notenbank scheinen also erst einmal beruhigt", rezitierte Helge zusätzlich aus dem Handelsblatt. Die Händler hatten dringenden Nachholbedarf an Informationen über Vorgänge, die sie aufgrund der hektischen Geschehnisse am letzten Freitag verpaßt hatten. So war der IBIS-Dax gegen Freitags-Handelsschluß sogar bei fast 2500 Punkten aus dem Handel gegangen und keiner hatte es mitbekommen. „Unprofessionalität" hatte Randolf heute morgen noch gebrüllt und mußte sich dann an die eigene Nase fassen. Er hatte noch nicht einmal gemerkt, daß der Dollar haussierte. Seitdem beschäftigten sich die Trader mit der Einordnung der verschiedenen Bewegungen in die aktuelle wirtschaftliche Situation. „In den Markt hinein schnüffeln", hieß das.

„Holle von der WGZ-Bank ist bullish", verkündete Randolf, nachdem er ein ausführliches Gespräch mit dem befreundeten Händler beendet hatte. „Er sagt, daß einfach viel zu viel Liquidität im Markt sei. Außerdem lägen ihm massenhaft Kaufaufträge für zyklische Werte vor."

„Mit dem Dollar muß man Volkswagen und Daimler haben. Aber wie ist eure Meinung zum Markt?" fragte Lothar, „war das die Konsolidierung? Oder kommt noch mehr?"

„Ich denke, daß ein Argument für einen Kursanstieg sicherlich die Liquidität ist. Amerikanische Fonds verbuchten allein im Monat April Zuflüsse von rund 23 Mrd. Dollar. Und was macht der Fondsmanager mit soviel Geld?"

„Er kauft Sparbücher..."

„Quatsch! Er muß an seine Performance denken. Also kann er es sich gar nicht leisten, nicht im Markt zu sein. Für Renten gibt es zu wenig Zinsen, also kauft er Aktien", erklärte Helge.

„Stimmt ja alles, stimmt ja alles. Wahrscheinlich steht der Dax nächstes Jahr bei 4000. Aber was ist mit kurzfristig?" wollte Lothar wissen. Er hatte den Dax-Chart studiert, war aber zu keinem Ergebnis gekommen.

„Kaufen, Leute", mischte sich Randolf ein.

„Ich denke auch", stellte Helge fest.

„Also gut! Dann laßt uns mal mit begrenztem Risiko long gehen. Mal schauen, was sich da so anbietet. In Dresdner bin ich noch von letztem Freitag bis über beide Ohren long, in Thyssen und Deutsche glatt", resümierte Lothar und begann, seine einzelnen Positionen zu studieren. Seine riesige, aufgeblähte Aktienposition in Dresdner Bank war durch das Ausüben der Dividendenputs zu einer vergleichsweise winzigen Longposition von 35.000 Stück geschrumpft. Aber diese 35.000 Stück waren naked und damit wesentlich risikoreicher. Dennoch, seine windige Spekulation, die ja nicht zuletzt dem Einfluß des Callgirls Vicky zuzuschreiben war, schien aufzugehen. Dresdner hatten noch am Freitag im IBIS die 37,70 DM berührt, wohlgemerkt in geistiger Abwesenheit Lothars. Und heute, soeben startete der IBIS-Handel, setzte sich die Rallye fort.

„Dresdner, Dresdner, ich brauche was über Dresdner. Was war auf der HV los? Die kaufen alles. Was gibt es an Neuigkeiten über die

Bank? Wie war das Ergebnis? Wo sind die Analysen?", brabbelte Lothar in einem Selbstgespräch und fischte mehrere Kopien aus dem Berg von Berichten, Zeitungen und zusammengerollten Faxen.

Endlich fand er einen aktuellen Bericht und überflog ihn, mit ständigen Seitenblicken auf den Kursticker. „Ergebnis im ersten Quartal verdoppelt", stand dort in großen Lettern. Das war nicht neu. „...hervorragende Entwicklung in schnell veränderlichen Marktgegebenheiten..." Das konnte es auch nicht sein.

Insgesamt, so formte sich Lothars Eindruck, war das Ergebnis erwartet worden, was aber nicht hieß, daß die Aktionäre mit der Verzinsung ihrer Investition zufrieden waren. Im letzten Teil des Artikels wurde auf diesen Umstand hingewiesen, indem es hieß, daß der Aktienkursverlauf seit 1990 um 50 Prozent hinter der Wertentwicklung des deutschen Aktienindex zurückblieb. Unter Shareholder-Value-Aspekten ein Graus. Auch Sarazzin, der Vorstandssprecher, fühlte sich unterbewertet. Die einzige Erklärung für den Kursanstieg war demnach, daß viele Marktteilnehmer die Unterbewertung der Aktie bemerkt hatten und noch schnell zu diesem niedrigem Kursniveau einsteigen wollten. Oder war es doch etwas anderes?

Die Aktie sprang in einem Kaufrausch über die 38 DM. Lothar dachte noch sehnsuchtsvoll an Vicky, ohne die er höchst wahrscheinlich nicht so viele Aktien gekauft hätte und stellte dann die ersten 5.000 Stück in den Markt. Keine zwei Sekunden stand der Briefkurs im System, dann wurde er förmlich aufgesogen. Mit den nächsten Verkäufen wartete er besser.

Aber nicht nur dieser Wert stieg wieder, nach dem letzten lethargischen Handelsverhalten letzter Woche. Auch Thyssen flirtete mit der 280 DM-Marke, die Chemie erholte sich und Volkswagen war ohnehin in einem Aufwärtstrend. Wie nach einem Regenguß kamen die Käufer aus ihren Verstecken und stiegen erst vorsichtig, dann aber immer nachhaltiger in deutsche Werte ein.

Gegen Mittag hatte das Team, Frans eingeschlossen, durchweg Long-Positionen in ihren Systemen stehen. Lothar hatte seine Dresdner zwar größtenteils verkauft, aber gegen einen Call-Spread in Deutsche Bank eingetauscht. Die größte Deutsche Bank war seiner Meinung nach ebenfalls unterbewertet.

Aber was ihn viel mehr beschäftigte, war die eindeutige Mahnung von John. „Du bist nicht mit JDP Holding verheiratet" schoß ihm durch den Kopf. Was war das Problem? Die Gewinne flossen und am Ende des Jahres lockte der Bonus. Aber was, wenn die kleine Handelsabteilung in Düsseldorf im Rahmen einer Firmenübernahme geschlossen würde? Fragen, Fragen.

„Morgen kommt Gijsbert mit Edmund", teilte Randolf in diesem Moment mit. Er hatte soeben mit Amsterdam telefoniert.

„Ausgerechnet der. Was will Edmund denn hier?", fragte Helge sofort und war sichtlich besorgt.

„Keine Ahnung."

„Leute, wir werden übernommen. Ich sag euch, wir werden übernommen", platzte Lothar heraus. Er konnte es nicht mehr für sich allein behalten.

„Wieso glaubst du das?", fragte Randolf interessiert.

„Ich hab da verschiedene Gründe und Indizien und Meinungen und Informationen und überhaupt, gab es das Gerücht nicht schon einmal?"

Randolf schaute ihn an. Er wirkte nicht sonderlich überrascht, aber doch erstaunt, als ob er diesen Kommentar nicht von Lothar erwartet hätte. Er meinte: „Ja, das Gerücht gab es", und nach einem nachdenklichen Zögern, „...gibt es".

„Weißt du denn auch, wer JDP Holding übernehmen will?", fragte Lothar.

„Nein. Das weiß keiner. Aber ich glaube, es haben einige größere Häuser in London Interesse an einer Übernahme der Aktienhandelsaktivitäten in Amsterdam."

„Ach. Das kommt mir bekannt vor. Und was glaubst du, Randolf, passiert dann mit uns?", beteiligte sich nun auch Helge.

„Das weiß auch keiner, mich eingeschlossen."

„Die Aktie ist in den letzten Wochen um fast 20 Prozent gestiegen, zu meiner Freude, schließlich habe ich ein kleines, bescheidenes Paket. Man hat den Eindruck, hier kauft jemand systematisch die Aktien auf", erläuterte Lothar.

„Das mag wohl richtig sein. Aber solange wir keine eindeutige Nachricht haben, ist alles andere Spekulation."

„Vielleicht hat es etwas mit dem morgigen Besuch Edmunds zu tun."

Edmund erschien, und sein Verhalten war zu freundlich, um ehrlich zu sein. Er betrat das Büro zusammen mit Gijsbert und schüttelte überschwenglich die Hände aller Trader. Lothar, Helge, Randolf und Frans beteiligten sich gehorsam, aber mißtrauisch an der anfänglichen Konversation mit dem Thema Anfahrtswege nach Düsseldorf. Zusätzliches Mißtrauen und fragende Blicke erweckte der schwere Reisekoffer, den Edmund mitgebracht hatte. Nach einer weiteren umständlichen Unterhaltung über die Funktionalität des Büros, Edmund hatte das Office noch nie betreten, kam plötzlich die Frage:

„Wann gehen die Hotels offen?" Edmund betrachtete es immer noch als Herausforderung, Deutsch zu sprechen.

„Die Hotels haben eigentlich immer auf", befand Helge und mußte sich dann Gijsbert unterordnen, der die Gesprächsführung übernahm und nach einer kurzen Blickverständigung mit Edmund sagte: „Ja, ich glaube, wir gehen alle zusammen in das Konferenzbüro. Kommt ihr bitte?"

Eine betretene Stille legte sich auf das eingeschworene Team und die Händler folgten dem Diktat des Chefhändlers. Nachdem alle Platz genommen hatten, platzte die Bombe:

„Ihr werdet euch sicherlich fragen, wieso Edmund hier ist, aber die Erklärung ist einfach. Ich habe von Edmund schon gehört, daß ihr euch sehr gut mit ihm auf der JDP-Fete verstanden habt. Das verlange ich auch zukünftig von euch. Edmund wird ab sofort Chefhändler von JDP Düsseldorf."

Endmund lächelte geschmeichelt. Die vier anderen Trader schwiegen, lächelten dann ebenfalls, aber ausdruckslos und fragten sich insgeheim nach dem Sinn.

„Ja...", begann Edmund stolz, „... ich freue mich sehr. Ich habe schon einige exzellente Berichte über die Aktionen dieses Teams mitbekommen und möchte natürlich, daß die Erfolge weitergehen. Ich habe nach kurzer Überlegung den Vorschlag des Vorstandes angenommen, denn ich denke, daß noch sehr viel Potential in dieser Handelsabteilung steckt." Die Antrittserklärung erweckte den Eindruck des Aufsagens einer auswendig gelernten Textpassage.

„Ich werde in zwei Wochen nach Düsseldorf ziehen und wohne bis dahin in einem Hotel, um ständig mit euch zu sein."

„Edmund wird die alleinige Verantwortung für den Handel tragen", betonte Gijsbert.

„Ich denke, daß wir wesentlich professioneller arbeiten werden und das Jahr mit einem komfortablen Gewinn abschließen", fuhr Edmund fort und seine Stimme wechselte in einen beschwörenden, sonoren Tonfall. Er spürte, daß diese Mission nicht einfach werden würde. Dazu fehlte die Akzeptanz. Die vier Händler, bis dato herrenlos und gut damit gefahren, hatten immer noch keine positive Reaktion gezeigt. Aus ihrer Sicht bedeutete das Einsetzen eines Chefhändlers nur zusätzlichen Ballast, von den unangenehmen Restriktionen und Freiheitsberaubungen mal ganz zu schweigen.

„Und ich möchte, daß ihr...", er schaute mit strafenden Blick auf Lothars Jeans, „... ohne Ausnahme mit Anzug in das Büro kommt." Dazu klatschte Edmund maniert in die Hände, als wollte er sein persönliches Engagement auf alle anderen übertragen. Das war der zweite Fehler. Die vier Händler schwiegen weiterhin.

„Gut. Ihr werdet die neue Vorgehensweise mit Edmund besprechen, was mich nicht mehr erfordert", sagte Gijsbert und verließ das Konferenzzimmer.

Das Zimmer war während der nun folgenden Rezension gefüllt von knisternder, hochexplosiver Spannung, die Edmund vor eine hohe Hürde stellte. Er mußte die andauernden Gesprächspausen überbrükken und das in einer Sprache, die er nur ungern benutzte. Sein Gesicht verzerrte sich zwischen den umständlichen Ausführungen zu einem aufgesetzten Lächeln, das wie ein Schutzschild vor der drohenden, feindlichen Stille aufgespannt wurde. Professionalität, Disziplin, Handelskontrolle und Risikobegrenzung und dazu Geld verdienen, programmierte Gewinne und Bonifikationen waren die Begriffe, mit denen er die Zukunft gestalten wollte.

Nach einer langatmigen, von Kommunikationsproblemen durchzogenen Ausführung, beendete er das Gespräch mit dem Kommentar: „Dann wollen wir mal alle an einem Seil ziehen und wie eine Fußballmannschaft zusammenarbeiten", klatschte wieder in die Hände und schien mit sich zufrieden.

Immer noch sprachlos trotteten die Händler mit ihrem neuen, undemokratisch gewählten Anführer zurück in den Handelsraum und setzten sich in alter Manier vor ihre Monitore. Die Atmosphäre war geladen. Edmund verschaffte sich den freien Handelsplatz neben Helge und räumte dessen wohlbehütete Zeitungssammlung rigoros beiseite. Helge saß schweigend und starr vor seinem Handelsschirm, die Aufräumaktion beobachtend. Kein Ton erfüllte den Raum.

Der alten Tradition verbunden, die in solch stillen Phasen nach Auflockerung verlangte, griff Lothar zur Fernbedienung und schaltete auf einen Musikkanal. Die angenehme, selbstverständlich gedämpfte Musikberieselung erfüllte den Raum und verdrängte für einen Moment das nervtötende Schweigen.

Dann regte sich Edmund auf: „Du denkst doch nicht wirklich, daß du hier Musik machen kannst? Schalte bitte sofort auf CNBC, oder laß den Apparat ganz aus", sagte er bestimmend. Dazu schüttete er seinen Kopf und ließ zischend die Luft aus seinem Mund entweichen. Lothar tat, nach kurzer fassungsloser Blickverständigung mit Helge, wie geheißen und wechselte den Kanal.

Während des gesamten Nachmittags entsprach das Klima einer Eisfach-Temperatur und auch der Abend, an dem Edmund seinen Einstand mit einem großzügigen Essen besiegelte, verlief kühl und ereignislos.

Freitag, der fünfte Tag der neuen Amtszeit. Die Amtseinführung war vergessen. Vergessen war auch die Zeit davor, in der die vier Börsenhändler selbständig über ihre Handelsaktionen entscheiden konnten. Zwischenzeitlich war der Dax zu seinen alten Höhen gestiegen, aber ein Einspruch Edmunds hatte eine gewagte Long-Spekulation verhindert. Die verpaßten Gewinne erweckten zusätzlichen Zweifel an der Führungskompetenz des Holländers.

„Thyssen wird gekauft", kommentierte Lothar das Handelsgeschehen in diesem Moment, „sie stehen bei 284 DM".

„Seit wann bist du long?", fragte Edmund, obwohl er es wußte.

„Seit 280,50 DM."

„Wieviel ist dein Gewinn?"

„Ich habe nur 2000 Stück gekauft, also 7.000 DM", beantwortete Lothar frustriert, denn er hatte damals wesentlich mehr Stücke kaufen wollen. Edmund hatte es verhindert.

„Dann sei mal Geld", forderte Edmund, der auf der gegenüberliegenden Seite des Raumes saß und alle Aktivitäten der Trader auf seinem Kontrollschirm genau beobachtete.

„Was?"

„Jesus! Verstehst du nicht, was ich sage? Verkauf dann mal die Aktien", herrschte er Lothar an, ohne sich umzudrehen. Auch die anderen waren verblüfft von der ungewohnten Schärfe dieses Kommandos.

„1000 verkauft auf vier", kommentierte Lothar frustriert. Er sah keinen Grund für einen Verkauf auf diesem Niveau.

„Ja, Gott verdammt! Du solltest einen Kurs eingeben, nicht sofort verkaufen! Kannst du nicht mit deiner Maschine umgehen?" Edmund zischte. Seine Augen verengten sich zu Schlitzen, als er sich umdrehte.

„Wenn du sagst – verkauf mal – dann verkaufe ich", verteidigte sich Lothar aufgebracht. „Wenn ich dagegen einen Kurs eingeben soll, der auf einen Verkauf abzielt, dann ist das ein Briefkurs - und kein Geldkurs."

„Trotzdem ist doch klar, was ich meine. Jesus! Lothar, ich bin wirklich irritiert. Du verstehst nicht einmal die kleinsten Dinge im Aktienhandel."

„Ja, wahrscheinlich", bestätigte Lothar spitz und ironisch. Er dachte dabei an die siebenstellige Summe, die auf seinem Account ruhte.

„Damit du alles verstehen kannst, werden wir ab sofort alle Kommandos in Englisch sagen. Bid ist für - Kaufen - und Ask für - Verkaufen. Dann haben wir beide weniger Probleme miteinander, ja?", schlug Edmund vor und lächelte Lothar kühl an.

„Ist gut", bestätigte Lothar leise. Mehr viel ihm nicht ein.

Thyssen stieg in den nächsten Stunden auf 288 DM, was alle alteingesessenen Händler vielsagend mit einem Schweigen kommentierten.

„Kommst du mal bitte mit in das Konferenzbüro?", fragte Edmund plötzlich zu Lothar gewandt und stand auf, um voranzuschreiten. Lothar verließ nur ungern seinen Handelsplatz, entzog er sich doch damit dem aktuellen Geschehen. Im Nebenbüro angekommen, setzte sich Edmund mit Lothar an den Tisch und begann freundlich: „Weißt du, es ist nicht einfach, in dieser schlechten Stimmung zu arbeiten. Ich bemerke aber immer wieder, daß viele Dinge falsch laufen, zum Beispiel gerade die Aktion mit Thyssen."

Lothar schlug die Beine übereinander und war gespannt auf das, was nun folgte.

„Es war doch einfach nur ein Problem mit der Kommunikation und ich hoffe nicht, daß du daraus ein größeres Problem ableitest. Hast du etwas gegen mich?", fragte der Chefhändler fordernd.

„Ich habe ganz gewiß nichts gegen dich. Aber ich habe etwas gegen die Art und Weise, in der momentan unsere Arbeit beobachtet, kontrolliert und diktiert wird."

„Was meinst du mit diktiert?"

„Diktieren, anweisen...", Lothar stockte. Bahnte sich hier schon wieder ein Kommunikationsproblem an? Edmund hatte bei dem Begriff die Brauen zusammen gezogen.

„Ach so. Du bist also der Meinung, ich diktiere.... So wie Adolf Hitler?", fragte er zynisch.

Lothar holte tief Luft. Hier ging es nicht mehr nur um Verständigung im banalen Sinne. Hier ging es um die Bewältigung einer geschichtlichen Diskrepanz zwischen Holland und Deutschland, die Lothar genauso wie Edmund nicht miterlebt hatte. Und dennoch schien diese Begebenheit noch tief im Bewußtsein des Niederländers verwurzelt zu sein. Die nächste Antwort verlangte nach Samthandschuhen.

„Diktieren bedeutet doch nur – Anweisungen erteilen. Ich möchte damit nicht den Vergleich mit einem Diktator ziehen. Und ganz sicher nicht den Vergleich mit Hitler. Was die bedauerliche geschichtliche Vergangenheit angeht: Ich verabscheue die Aktionen, die damals ein deutscher Führer angetrieben hat und die zu einem schrecklichen Ausgang führten. Aber ich hoffe, daß dies nicht mehr unsere heutige Zusammenarbeit belastet", erklärte er aufgeschlossen und hoffte inständig auf Beilegung dieses Themas.

„Ach so. Dann entschuldigst du bitte", antwortete Edmund knapp und ließ offen, für was er eigentlich um Verzeihung bat.

Noch am Abend desselben Tages trafen sich Lothar und Helge zu einem ernsten Gespräch. Die pralle Abendsonne stand noch knapp über dem Horizont, als sie sich an einen freien Tisch setzten. Der Platz gehörte zu einem Straßencafe an der Rheinpromenade und bot einen beschaulichen Blick über das langsam dahinfließende Gewässer hinüber auf die andere Rheinseite. Doch dafür hatten die beiden Börsenhändler keine Zeit. Sie widmeten sich aufgebracht der aktuellen Thematik, die ihr Berufsleben durcheinander würfelte.

„...Hoffentlich geht das nicht so weiter. Er hat, mal ganz abgesehen von allen Einzelheiten, keine Führungskompetenz - keine - nicht die kleinste. Ich frage mich, wieso das Management in Amsterdam diese Entscheidung gefällt hat. Es paßt nicht in das Bild", kombinierte Lothar.

„Holländer besetzen grundsätzlich Führungspersonen mit den eigenen Landsleuten. Insofern paßt es schon. Ich hatte allerdings nicht geglaubt, daß wir vier überhaupt einen Cheftrader benötigen, denn unsere bisherigen Handelsergebnisse lassen überhaupt keine Wünsche offen", bemerkte Helge.

„Vielleicht wurde er weggelobt?"

„Mag sein. Aber dann bräuchte er sich doch nicht so aufzuspielen und eine rigorose, totalitäre Führungsstrategie vom Zaun zu brechen, die ihm keine Freunde macht. Das, was momentan passiert, kann meiner Meinung nach nicht zum Erfolg führen. Der Versuch, vier verschiedene Trader unter einen Hut zu bringen und sämtliche Handelsentscheidungen im Einklang mit der Meinung des Teamchefs zu treffen, wird auf Dauer Verluste bringen."

„Man ist doch viel zu langsam! Als heute Thyssen über den Widerstand bei 280 DM ging, wollte ich kaufen, mußte aber erst untertänigst um Erlaubnis bitten. Nachdem ich dann endlich grünes Licht bekam, war die Aktie schon 50 Pfennig teurer", regte sich Lothar auf. Er sah, genauso wie Helge, seine hart erarbeiteten Erfolge dahinschwinden.

„Was ist den eigentlich nun mit dem Gerücht um eine Übernahme?", fragte Helge.

„Gerüchte sind die Rauchfahnen der Wahrheit."

„Hast du noch einmal mit John in London telefoniert?"

„John ist nicht mehr bei JDP Holding. Er hat gestern gekündigt."

„Ach wirklich? Eine weise Entscheidung." Helge schaute ein wenig melancholisch in den Sonnenuntergang, in dessen Nähe gerade ein Flieger aufstieg, um in die Ferne zu entschwinden. Vielleicht war es ein Sinnbild, ein Indiz für die berufliche Zukunft der beiden, die sich innerhalb so kurzer Zeit eingetrübt hatte. Noch vor kurzem hatten sie erfolgstrunken jeder weiteren DM nachgeeifert, hatten die Gewinne genauso gefeiert wie um die Verluste getrauert, hatten achteinhalb Handelsstunden täglich um den Kursverlauf ihrer Werte gezittert, aber dennoch ständig an den Erfolg ihres Unterfangens geglaubt.

Sicherlich, es hatte Meinungsverschiedenheiten gegeben, auch, oder gerade zwischen Helge und Lothar. Aber genauso funktionierte auch der Aktienmarkt. Es mußte, gerade in einem Handelsteam differierende Auffassungen geben, um dem komplexen Markt begegnen zu können. Niemand, auch der gerissenste Trader hatte immer Recht und deshalb entsprachen die unterschiedlichen Positionen einer Risikostreuung, was die Wahrscheinlichkeit auf einen Gesamterfolg erhöhte. Die jetzige Einmann-Strategie, die jede Spekulation von der Zustimmung des Chefhändlers abhängig machte, nahm nicht nur jeden Reiz, sondern auch die Motivation der Händler.

Lothar sinnierte schweigend und zog an der Zigarrette, deren Glut knisternd aufleuchtete und Helge wie eine rote Warnlampe vorkam. Für einige Minuten hingen die beiden den gleichen Gedanken nach, was eine Unterhaltung überflüssig machte, doch dann richtete sich Lothar auf.

„So schnell geben wir nicht auf, Helge! Wir lassen uns das nicht gefallen - entweder Edmund oder wir. Wenn das ganze Team gegen den Cheftrader aussagt, muß doch auch das holländische Management einsehen, daß ihr holländischer Gesandter eine Niete in der Führungsdisziplin ist", rief Lothar hastig. Er schaute Helge mit Augen an, die voller Ideenreichtum und ausmalenden Vorstellungen von der nächsten Woche zu blitzen schienen. Die kommenden Tage sollten über die Zukunft der Händler entscheiden.

KAPITEL XVIII

- SAG MIR DEIN STERNZEICHEN UND ICH SAGE DIR, OB DU GEWINNE MACHEN WIRST -

Was machst du eigentlich mit der Deutschen Bank?", fragte Edmund, „ich meine, wenn du eine Idee hast, kannst du die gerne ausführen."

Edmund rollte mit seinem Stuhl dicht neben Lothar, legte einen Computerausdruck auf die Schreibfläche, auf der die Position der Deutschen Bank dargestellt war, und malte ein großes Fragezeichen neben die Aufstellung.

Edmund verströmte an diesem Morgen die reine Energie. Von fröhlichen Pfiffen begleitet, rollte er auf seinem Stuhl quer durch den Raum, ließ verschiedene Berechnungen ausdrucken, klatschte hin und wieder beherzt in die Hände und schnippte mit den Fingern. Ja, er ging sogar noch weiter: Die Melodie, die sein Geist ihm vorspielte, war als Stimulans scheinbar nicht ausreichend, und so schaltete Edmund den MTV-Sender ein.

Jetzt saß er neben Lothar und wartete geduldig auf dessen Antwort.

„Ich habe meine Position vor zwei Tagen glattgestellt, da ich keine Meinung für diesen Wert habe. Keine Meinung – also auch keine Position", zitierte Lothar seine Trading-Regel.

„Dann schau dir mal den Chart an", meinte Edmund, zückte einen fertigen Chartausdruck und verließ Lothar mit der gestellten Aufgabe.

„Habt ihr irgend etwas vor, heute abend?", fragte er danach in die Runde. Die Antworten kamen zögernd.

„... ich möchte gerne mit euch Essen gehen. Also wenn ihr wollt, bestelle ich einen Tisch. Wie wäre es mit diesem polynesischen Restaurant neben dem Steigenberger?", fuhr er mit seiner überraschenden Freundlichkeit fort. Man einigte sich auf den Vorschlag.

Nach zehn Minuten hatte Lothar eine schwammige Analyse des Deutsche Bank-Charts gezeichnet und kam mit einem Vorschlag.

„Wir könnten den 75´er Straddle short gehen. Wir stehen jetzt bei 74 DM und ich rechne eigentlich mit weiter ansteigenden Notierungen in allen Banken. Sie sind unterbewertet. Aber am 28. diesen Monats ist Hauptversammlung und spätestens kurz vor diesem Termin können einige unvorhersehbare Umstände eintreten."

„Also, dann mach das, was du für richtig hältst", schlug Edmund freigiebig vor.

Beflissen und unterwürfig, in der typischen Art der Asiaten, nahm die in polynesischer Nationaltracht gekleidete Bedienung die umfangreiche Bestellung der fünf Börsenhändler entgegen. Ein großer dunkler Tisch, dekoriert mit Bambusstäben und Holzskulpturen, dazu die flackernden Kerzenlichter und zahlreichen Schiffsmodelle, die von der tiefen Decke hingen, erweckten den Eindruck, als befände man sich in einer dunklen Nacht in der Kapitänskajüte eines Piratenschiffes.

Die fünf Männer saßen in einer Ecke des Kellergewölbes und wurden von der Asiatin auf den Vorteil ihres frühen Eintreffens hingewiesen. Noch innerhalb der nächsten Stunde, könne man zwei Cocktails zum Preis von einem bestellen. Die Cocktailbar sei, nebenbei bemerkt, von ganz besonders erlesener Qualität, erklärte sie den Händlern.

Edmund, der am Kopf des Tisches Platz genommen hatte, mißachtete mit abwehrender Handbewegung die Getränkekarte, die ihm gereicht wurde und verlangte nach einem alkoholfreien Getränk.

„Ihr trinkt sehr viel Alkohol?", fragte er die anderen, die soeben schwelgerisch die Getränkekarte studierten.

„Nein. Nur bei passenden Gelegenheiten", antwortete Helge. Die Gesprächspause danach zeugte von dem Graben, der zwischen den beiden Parteien verlief. Edmund hatte es nicht einfach. Er hatte sich vorgenommen, seine Händler besser kennenzulernen und in privater Atmosphäre eine lockere, ungezwungene Gemeinschaft zu kreieren. Sie sollte ihn in einem völlig anderen Licht zeigen: Der Vorgesetzte als Freund und Kollege.

„Was macht euch denn eigentlich in der Freizeit?", versuchte er es.

„Helge häkelt, um sich von den nervlichen Anspannungen des Tages zu erholen, Randolf ist Türsteher und ich habe meine Kleeblattzüchtung im Treibhaus. Was Frans macht, weiß keiner", platzte Lothar kurz und knapp heraus. Edmund schaute ihn konsterniert an, während der Ausspruch noch in der Stille des Raumes stand. Doch dann fing er, zusammen mit allen anderen, an zu lachen, und das Gelächter schaffte erstmalig eine Gemeinschaft, abseits von allen beruflichen Auseinandersetzungen.

„In Amsterdam spielen viel Aktienhändler Golf. Gibt es hier so etwas wie einen Golfplatz? Dann können wir auch einmal Golfen gehen", schlug Edmund vor.

„Naja. Das ist das letzte Mal schiefgegangen", erinnerte sich Helge, „das Golfturnier in Venlo war nicht gerade von Erfolg gekrönt. Und wenn ich mir vorstelle, daß du, mit langjährigen Erfahrungen in dieser Sportart gegen uns Anfänger antrittst, dann sehe ich mich jetzt schon in den Büschen nach dem Ball suchen, während du im Clubhaus eine Cola trinkst."

Edmund lachte. „Nein, nein. Ich spiele auch noch nicht lange. Ich denke, daß du es schnell lernst. Wir können, alle zusammen, in einen Golfclub eintreten, um es zu trainieren. Natürlich nur, wenn euch wollt", schlug er vor.

„Dann sollten wir erst einmal die umliegenden Golfanlagen chekken", bemerkte Randolf und nahm ein wenig Schwung aus den fortschreitenden Harmonisierungsversuchen. Aber dennoch: Das weitere Gespräch verlief in einer behaglichen und gutgelaunten Stimmung, die immer mehr zum Austausch von persönlichen Vorlieben und Schwächen führte.

Nach der Vorspeise, einer riesigen Platte mit würzig pikanten Fleischspießen, hatte Frans seinen ersten Cocktail gemeistert und bekam sogleich die zweite Kreation: Eine in einem polynesischen Totenkopf angerichtete Brühe, farblos und undefinierbar, und auf der Getränkekarte mit einem Sternchen gekennzeichnet. Die zugehörige Fußnote besagte, daß von dieser Version höchstens zwei Portionen an eine Person ausgeschenkt würden.

„Ist das lecker?", erkundigte sich der Chef interessiert. Frans zutzelte am Halm und senkte den Pegelstand der Flüssigkeit.

„Yeah. You should try it. It´s delicious", befand er.

„Nein danke. Ich trinke kaum Alkohol", wehrte Edmund ab, änderte dann aber seine Meinung: „Aber wieso eigentlich nicht. Ich glaube, es ist an der Zeit, einmal mit euch anzustoßen."

Edmund orderte die gleiche, gewichtige Mischung und prostete dann, nach einem zukunftsweisenden Toast, seinen Kollegen zu. Nachdem er erst schmerzverzerrt das Gesicht verzogen hatte, widmete er sich nach und nach immer intensiver seinem „erfrischenden" Getränk und verfiel in eine gesprächige Stimmung. Er erzählte freimütig von seinen bisherigen Erfahrungen im Aktienhandel, erwähnte sogar einige Vorkommnisse, die am Rande der Legalität verlaufen waren und stellte anschließend die Geschäftspolitik der Unternehmensführung in Bezug auf die kleine Düsseldorfer Abteilung dar.

„Der Vorstand möchte JDP Deutschland ausbauen. Nach seiner Meinung soll die Sektion nicht nur personell wachsen, sondern auch in neue Geschäftsbereiche vorstoßen. Vielleicht werden wir sogar in den OTC-Markt hineinwachsen und für institutionelle Kunden Geschäfte abschließen. Die Ideen sind noch nicht klar definiert, aber ihr sollt wissen, daß die Leitung ein waches Auge auf uns wirft und ständig neue Vorschläge entwickelt", berichtete Edmund.

„Das wußten wir überhaupt nicht", beklagte sich Randolf. In der Tat war diese Information, die eine völlig neue geschäftliche Marschrichtung vorgab, noch in keiner Weise an die Ohren der vier Händler gelangt.

„Es ist auch nicht so, daß es eindeutige Anweisungen gibt. Dazu bin ich gekommen, um die Situation zu analysieren und zu verbessern."

„Werden neue Optionshändler engagiert?", fragte Helge.

„Wir sind im Gespräch mit mehreren möglichen Kandidaten."

„Wieso wissen wir nichts davon?", wiederholte Randolf.

„Deshalb erzähle ich es ja gerade."

„Aber, wenn ich das richtig verstehe, sollen mehrere Trader dazukommen..."

„Ja genau. Sehr wahrscheinlich werden wir einen Zugang zur belgischen Optionsbörse installieren und zusätzlich das Market Making an der DTB auf alle Werte ausdehnen."

„...wenn also mehrere Händler dazukommen, dann stößt unser Tradingoffice an die Kapazitätsgrenze. Wir haben viel zu wenig Platz", stellte Randolf richtig fest.

„Was haltet ihr von Frankfurt?"

„Umziehen?"

„In Frankfurt sitzen alle großen Banken und Handelsabteilungen. Dort könnten wir, wie sagt man, Synergie-Sachen machen."

„Synergie-Effekte?"

„Ja genau. Wir kommen in Kontakt mit den wichtigen Handelsteilnehmern und geraten so an nützliche Informationen. In Düsseldorf sind wir zu weit weg", erläuterte Edmund. Sein Gesicht nahm eine rötliche Farbe an, infolge der erhitzten Erklärungen, die seine Händler ihm abverlangten. Sicherlich trug auch der ungewohnte Konsum des alkoholischen Getränks dazu bei.

„Wenn das Team nichts dagegen hat, werden wir nach einer entsprechenden Lokation in Frankfurt suchen und dann so bald wie möglich umziehen."

„Also...", mischte sich der gebürtige Düsseldorfer Randolf ein, „... ich würde lieber hier bleiben. Außerdem bezweifle ich die Vorteile, die aus einem Umzug nach Frankfurt entstehen sollen. Die wertvollen Informationen erhält man durch die Nachrichtensysteme frei Haus. Theoretisch könnten wir auf einem Bauernhof im tiefsten Hinterland arbeiten und durch zusätzliche Telefonate an alle erdenklichen Meldungen gelangen. Dafür müssen wir nicht nach Frankfurt."

„Gut. Wenn du so denkst, müssen wir sicherlich noch einmal über dieses Thema sprechen", räumte Edmund bereitwillig ein. Er zog noch einmal kräftig am Strohhalm, und dann hatte auch er seinen Totenkopf geleert.

Die Erleichterung über diesen Triumph stand ihm noch im Gesicht geschrieben, da stand die strebsame Asiatin bereits freundlich lächelnd mit einem zweiten Totenkopf vor ihm. Schließlich war noch Happy Hour. Edmund wollte zuerst energisch widersprechen, besann sich aber dann eines Besseren. Der Konsum des letzten Getränks, so folgerte er, hatte zu einem erhöhten Gemeinschaftsgefühl geführt und die Zunge wie auch die Stimmung erheblich aufgelokkert. Der Rückfall in die Abstinenz könnte eine gleichsame Rückkehr zur Sturheit und unangenehmen Zurückhaltung der anderen implizieren. Das wollte Edmund auf gar keinen Fall.

„Ja, danke. Stellen sie das bitte hin", bemerkte er und akzeptierte die Herausforderung. Was tat man nicht alles für die Karriere.

„Wißt ihr, der Börsenhandel ist ja wirklich schrecklich. Ich bin jetzt seit zehn Jahren im Geschäft und habe schon so einiges erlebt", begann er redselig und krempelte sich engagiert die Ärmel hoch.

„Als ich anfing, hatte ich ja gar keine Ahnung, daß dieses Geschäft so unbeständig sein kann. In Amsterdam war ich erst einige Jahre auf der Aktienbörse und bin dann zu Terminbörse gewechselt, weil ich mir dort höhere Gewinnchancen ausrechnete. Aber es ist ja überall das Gleiche: Du hast gute Tage und du hast schlechte Tage. Die ersten zwei Jahre habe ich Geld verdient und im dritten Jahr wieder alles verloren und das nur, weil ich Prämie-Short-Händler bin. Ich verkaufe einfach lieber Optionen und sitze neben dem Schirm und drehe mit den Daumen. Wenn dann aber eine große Bewegung passiert, wie in dem dritten Jahr, verliere ich viel Geld", vertraute er den Vieren an, die ihm bereitwillig zuhörten. Schließlich war es das erste Mal, daß Edmund in dieser aufgeschlossenen Art aus seinem Leben berichtete.

„An der Terminbörse in Amsterdam, müßt ihr wissen, laufen die Geschäfte anders ab als an der DTB. Einige EOE-Trader haben einen guten Kontakt zu den Specialists an der Aktienbörse und erfahren so die Kursveränderungen vom nächsten Tag. Dort passiert viel mehr im Hintergrund. Wißt ihr, da geht der Trader einmal mit dem Aktienhändler Golf spielen oder Essen, man lernt sich auf einer Feier kennen... und so entstehen... aber das brauche ich euch doch nicht zu erzählen."

„Doch doch. Das ist in Deutschland aber verboten, wenn nicht gar unmöglich – zumindest offiziell", schob Lothar ein.

„Ja, leider. Die deutschen Aktienhändler arbeiten auch nicht nach dem System der Specialists. Für die ist es ja ganz einfach Geld zu verdienen, denn sie sind die einzigen, denen das Orderbuch vorliegt. Sobald eine Seite ansteigt, wissen sie sofort, in welche Richtung der Kurs gehen wird und verhalten sich danach. Ja, das geht sogar noch weiter. Nach Börsenschluß in Amsterdam kommen immer noch Aufträge in das Orderbuch der Specialists, die bereits für morgen vorgemerkt sind. Sieht der Händler auf dieser Basis eine Bewegung voraus, wird er abends in New York beim befreundeten Broker, der die großen holländischen Aktien ebenfalls handelt, seine Position in diese Richtung aufbauen. Am nächsten Tag, wenn der große Auftrag den Kurs bewegt, lacht er, denn er hat ja bereits an der Wall Street zu günstigeren Preisen gehandelt." Edmund wischte sich mit einer Hand über die Stirn. Er hatte eigentlich schon viel zu viel aus dem Nähkästchen geplaudert.

„Für die Händler in Amsterdam ist es ganz einfach...", fuhr er fort. Seine Offenheit könnte sich in Sympathie auszahlen.

„...sie zahlen ja auch keine Handelsgebühren wie wir an der DTB, oder im IBIS. Im Gegenteil: Sobald ihr Geld- oder Briefkurs ausgeführt wird, bekommen sie Gebühren. Das bedeutet: Sie müssen ihre Position lediglich bei gleichem Preis drehen, um Gewinn zu machen. Ja, was denkt ihr, wie oft die am Tag die Richtung wechseln? Das geht blitzschnell hin und her und bringt jedesmal Geld – na ja, fast jedes Mal. Da verdienen zwei, drei Aktienhändler jeden Monat über eine Million." Edmund machte eine Pause, um seine trockene Kehle mit dem polynesischen Longdrink zu ölen, der ihm schon zu Kopf gestiegen war. In der Pause war es still. Aber diesmal war es eine Stille, die nach Fortsetzung der Erzählung verlangte.

„Aber letztlich ist doch alles eine Frage des Sternzeichens." fuhr er fort und änderte das Thema.

„Was?!"

„Des Sternzeichens. Ich bin beispielsweise Stier. Ein Stier ist immer ruhig, versucht aber im Hintergrund zu agieren. Also bin ich Prämie-Short-Händler. Ralf ist Widder, aggressiv, machthungrig und streitsüchtig, wie seine Hörner anzeigen - er macht schnellen, angriffslustigen Tageshandel. Helge ist Skorpion und das paßt wieder gut mit dem Stier zusammen."

„Ja, sag mal. Hast du alle unsere Geburtstage auswendig gelernt?", erkundigte sich Lothar fassungslos.

„Das mache ich immer. Bevor ich nach Deutschland gekommen bin, habe ich mir die Horoskope von euch angeschaut und begutachtet, ob die Sternzeichen überhaupt zusammenpassen und Erfolg versprechen."

„Du glaubst da wirklich dran.", stellte auch Helge erstaunt fest.

„Ja natürlich. Wenn du das falsche Sternzeichen hast, kannst du traden, wie du willst. Du wirst immer Verluste machen", sinnierte Edmund.

„Wer sagt das?"

„Es ist so!"

„Es ist so. Wer sagt das?"

„Die Sterne."

„Die Sterne. Die Sterne sagen gar nichts. Wenn ich kaufe und die Aktie steigt, mache ich Gewinn. Und wenn jemand an einem anderen Termin geboren wurde und das Gleiche macht, macht er auch Gewinn. Da können die Sterne nichts für", stellte Lothar klar.

Edmund hielt eine Hand hoch, sein Gesicht zu einem ausdruckslosen Lächeln geformt. „Du wirst Verluste machen!" sagte er im Ton der Endgültigkeit.

Die vier Händler sahen sich an, die einen belustigt, die anderen fragend.

„Wißt ihr." Edmund ergriff erneut das Wort. „Es hat sich mal ein sehr guter Händler bei JDP beworben. Alle waren begeistert von seinem Lebenslauf und seinen Referenzen. Aber er hatte das falsche Sternzeichen. Deshalb habe ich von einer Einstellung abgeraten und er wurde nicht genommen."

„Einfach so?", fragten Helge und Randolf gleichzeitig.

„Nein, nicht einfach so. Ich habe ihm gesagt, er würde nicht in das Team passen... Wer weiß, wieviel Geld er bei JDP verloren hätte...", überlegte Edmund mit einem verzweifelten Blick, seine Hand umklammerte den Totenkopf.

„Ich wußte auch, daß ihr erfolgreich sein würdet, noch lange bevor ihr den ersten Trade machtet", richtete er sich plötzlich an Helge und Lothar, die beiden jüngsten Optionshändler des Teams.

„Ich habe mir schon damals bei eurem Einstieg bei JDP Holding die Sternzeichen angeschaut und bemerkt, daß ihr das Potential für gute Börsenhändler habt. Ich denke auch heute noch, daß ihr es noch einmal sehr weit in eurem Leben bringen werdet. Vielleicht bei JDP, vermutlich aber woanders", prophezeite Edmund.

Helge und Lothar schauten sich sprachlos an. Das wurde ja immer besser. Sie waren also aufgrund ihrer Sternzeichen beurteilt worden und die Ergebnisse, die sie erreicht hatten, wurden den Planeten zugeschrieben und nicht ihnen.

Edmund schaute auf seine Uhr. Es war schon kurz vor elf Uhr und der Alkohol hatte seine Wirkung getan.

„So, ich bezahle noch die Rechnung und fahre dann in mein Hotel zurück. Sonst bin ich morgen nicht in der Lage, den Markt zu beobachten", meinte er, stand auf und verabschiedete sich von den vier Händlern.

„... und denkt daran: Alles, was passiert, ist vorbestimmt. Nichts ist zufällig. Alles hat seinen Sinn", bemerkte er und lächelte gequält, als wisse er bereits sämtliche Schicksale der Anwesenden im voraus.

Edmund verließ das Lokal, eine Menge Stoff zum Nachdenken für die vier Börsenhändler zurücklassend.

Kapitel XIX

- Die Banken müssen doch kommen -

Der nächste Tag war einer der Tage, dem Lothar in seinem Tagebuch eine halbe Seite für aktuelle Geschehnisse, aber fünf Seiten Resümee eingeräumt hätte, schriebe er eine solche Chronik.

Edmund verströmte, wie schon gestern, eine erfrischende Freundlichkeit, die seine bissigen und scharfen Zurechtweisungen vergessen machten. Er war schon zwanzig Minuten vor dem Eintreffen des ersten Traders im Büro gewesen und hatte sich seitdem mit einer ansteckenden Geschäftigkeit um jedwede Verbesserung gekümmert. Die Sitzordnung wurde einer gründlichen Effektivitätsanalyse unterzogen, die Auswahl an Nachrichtenverpflegung gänzlich in Frage gestellt, zusätzlich verteilte er unter dem mißbilligenden Auge von Frans neue Aufgaben, die von sachbezogenen Analysen bis zu der elementaren Tätigkeit des Kaffeekochens reichte.

Nach kurzer Überlegung wurde Frans das Amt des Nachrichtenanalysten zugeteilt. Der Dax-Trader hatte den längsten Anfahrtsweg, und das sollte ihm die Möglichkeit geben, morgens, während der 20-minütigen Zugfahrt diverse Zeitungen nach relevanten Meldungen zu durchforsten. Später, während des Frühmeetings, könne er so frühzeitig auf Neuigkeiten aufmerksam machen.

Lothar wurde mit der Versorgung der chartistischen Abteilung betraut, was einen täglichen Ausdruck der Kursverläufe aller Dax-Werte bedeutete, für ihn einer unnötigen Altpapierproduktion gleichkam und Helge mehr Arbeit einhandelte. Letzterer war für die EDV-mäßige Betreuung zuständig, was auch den Nachschub von Frischpapier beinhaltete.

Die umfassende Neuordnung wurde anschließend explizit und schriftlich festgehalten und in einem frischen Ordner abgeheftet.

Darüber hinaus gab Edmund eine Neudefinition der Arbeitszeit: Arbeitsantritt punkt 7 Uhr 45 und frühestes Verlassen des Büros um 18 Uhr. Ausnahmen nur mit ausdrücklicher Genehmigung. Diesen Nachteil versüßte der Chefhändler mit einer möglichen Erhöhung der Urlaubstage.

Nachdem diese Änderungen vollzogen waren, konnten sich die Händler endlich wieder ihrer Hauptaufgabe widmen. Es war bereits zehn Uhr und der deutsche Aktienmarkt stand im Zeichen des Dollars, der heute, erstmalig seit mehreren Jahren, wieder die 1,54 DM übersprungen hatte.

Frans fluchte leise, denn er hatte den kurzfristigen Aufwärtsschub verpaßt und alles nur wegen dieser dämlichen und überflüssigen Aufgabenverteilung – so stand es auf seiner Stirn geschrieben. Die anderen akzeptierten die akribischen Einteilungen zuerst mürrisch, dann aber mit wachsender Begeisterung. Und man müßte leugnen, daß man nicht bei Lothar, Helge und Randolf eine Motivationssteigerung messen konnte. Die vielen kleinen Veränderungen, die teilweise wirklich nutzlos erschienen, zeugten doch im großen und ganzen von einem straffen Management, das auf Professionalität und Erfolg ausgerichtet war. Die Aussicht auf ein florierendes Unternehmen, in dem man als „Mann der ersten Stunde" maßgeblich an der Umsetzung beteiligt war und hernach unter Umständen mit einer führenden Position belohnt wurde, war verlockend.

Doch zuerst kam das Tagesgeschäft. Die Aktie der Deutschen Bank schickte sich an, die 74 DM zu überspringen und das war genau das, was sich Lothar erhoffte. Er glaubte an eine Aufwärtsbewegung, was die Aktie vorerst in die Nähe des Basispreises 75 DM schieben sollte. Die anderen Werte, Automobile und Chemie sahen ebenfalls positiv aus und wurden von Helge und Randolf weiterhin optimistisch beurteilt.

Lothar widmete sich nun den verschiedenen Banken und analysierte deren Kursverläufe zueinander und im Verhältnis zu den restlichen Werten. Eigentlich, so stellte er frustriert fest, hatte man langfristig als Aktionär überhaupt kein Geld mit allen Banken verdienen können. Nur das Ausnutzen der vielen kleinen Schwankungen durch Optionen und Aktienleerverkäufe hätte profitabel sein können. Verständlich, daß sich immer wieder mürrische und unzufriedene Aktionäre auf den Hauptversammlungen der Banken Gehör verschafften und ihrem Unmut über die mickrige Verzinsung ihres Kapitals freien Lauf ließen.

Sämtliche Großbanken vollzogen zur Zeit eine Phase des Umbruchs. Das klassische Kreditgeschäft geriet in den Hintergrund, konnte es doch durch rückgängige Zinsmargen keine lukrativen Gewinnwachstumsraten mehr versprechen. Bei Deutsche, Dresdner und Commerz sank die Spanne erst kürzlich von 1,7 auf 1,4 Prozent nach noch zwei Prozent im Jahr 1991.

Auf der anderen Seite produzierten die Geldhäuser immer noch immens hohe Verwaltungskosten. Im internationalen Vergleich war die Aufwandsrentabilität, der Gradmesser für die Effizienz einer Bank, von 70 Prozent viel zu hoch. Natürlich ist das Bankgeschäft ein personalintensives Geschäft und bietet weniger Einsparungspotential als beispielsweise die Automobilbranche, aber dennoch wollten die Banker in großangelegten Offensiven die Quote auf 60 Prozent drücken. Das war Treibstoff für mögliche Höherbewertungen der Bankaktien.

Die andere Seite der Medaille zeigte aber immer wieder unglaubliche Patzer. Besonders Hilmar Kopper, der Branchenprimus mit seiner Deutschen Bank, brachten diese Vorfälle an den Rand des Wahnsinns. Diverse Wutausbrüche schallten immer dann über die Taunusanlage, wenn mal wieder ein Großengagement in der typischen, spektakulären Art und Weise den Bach runter ging. Der „Peanuts-Fall" mit Jürgen Schneider, Querelen mit der Metallgesellschaft, der letzte Dividendenausfall bei Daimler, an der die Deutsche 24,4 Prozent hält, Probleme mit KHD oder Maho kosteten dem Bankier so manches Deckhaar. Und das, obwohl er sich redlich anstrengte, den Aktionären wohlzugefallen und doch ehrlich versuchte, das Image von der undurchsichtigen, machtvollen Großbank zu widerlegen.

Doch kaum hatte er den mutigen Schritt gewagt, hatte nach dem International Accounting Standard (IAS) bilanziert und damit erstmalig die sonst wohlgehüteten stillen Reserven preisgegeben, knallte schon wieder der nächste Skandal in seine Chefetage.

„Da soll noch mal einer sagen, ich hab´s leicht", so, oder ähnlich

mußte Kopper beim Blick auf die Schlagzeilen gedacht haben. Es war ein Trauerspiel.

Und das größte Dilemma war, daß sich die Bank noch nicht einmal von ihren verhaßten Industriebeteiligungen trennen konnte. 24 Milliarden DM steckten in 24 deutschen Unternehmen, und laut IAS verfügte sie über Reserven von 19,8 Milliarden DM aus den Differenzen zwischen Markt- und Buchwert des Wertpapierbeteiligungsvermögens. Aber bei einem Verkauf der Anteile flössen nach geltendem Steuerrecht 57 Prozent der Erlöse an den Fiskus.

Kopper hatte die Nase voll. Er räumte auf. In einer rigorosen Vorstandsreform, die die Bank noch nie gesehen hatte, faßte er sich an die Nase seiner eigenen Führungsetage. Eine klare Zuordnung von Verantwortungsbereichen sollte das Management straffen und die Bank fit machen für den weltweiten Wettbewerb.

Aber nicht nur die oberste Etage wurde verbessert. Kopper krempelte den kompletten Riesen um. Schon einige Zeit vorher hatte er mit dem Umbau begonnen und die Weichen auf Zukunft gestellt.

Der knifflige Bereich seiner Produktpalette war das Investmentbanking, die Sparte, die mit Sicherheit die zukunftsträchtigste im gesamten Bankwesen war. Da sein Haus in dieser Disziplin nur unzureichend ausgestattet war, kaufte der Banker ganz einfach ein renommiertes Investmenthaus auf der Insel. Dort war man ihm ohnehin bereits weit voraus und spielte längst in der ersten Liga der Hochfinanz. Morgan Grenfell wurde mit einem Wahnsinnsaufwand geschluckt.

Das war schön, denn damit kaufte Kopper die hoch angesehenen Spezialisten mit der vorbildhaften angelsächsischen Kultur. Profitorientiert, flexibel, führungsstark und risikobereit charakterisierten sich die britischen Kollegen. Und weil Kopper diese Kultur so gut gefiel, schickte er seinen alten Investmentbereich komplett nach London. Das heißt, die meisten schickte er nach Hause. Nur einige wenige eingesessene Investmentbanker wurden auserwählt und nach London versandt.

Lothar kannte einige Händler der Deutschen Bank. Sie erzählten ihm immer wieder von der nervenzermürbenden Unsicherheit ihrer Arbeitsplätze. Es verginge kaum ein Tag, an dem nicht ein Kollege den Schreibtisch räumte und mit einer stattlichen Abfindung das Spielfeld verließ, berichteten sie.

In London dagegen wilderte Kopper mit Hilfe von Headhuntern bei anderen Spitzenhäusern und lockte teilweise komplette Handels-Abteilungen zur Deutschen Morgan Grenfell. Daß Händler handeln können, soll man meinen, und so verwunderte es kaum, daß sich die Spezialisten ihren Wechsel gut bezahlen ließen. „Handgeld" nannte Kopper die sechsstelligen Pfundbeträge, die er für einige Top-Leute auf den Tisch blätterte, wohlgemerkt nur für den Wechsel.

Rund ein Dutzend Angestellte der DMG verdienten mittlerweile schon im Grundgehalt mehr als Hilmar Kopper selbst. Von den Bonifikationen, die teilweise im ersten Jahr fest vereinbart wurden, mal ganz zu schweigen. Der gesamte Jahresbezug stieg so bei Vertretern der Crème de la Crème auf weit über 10 Millionen DM. Klar war, daß diese Vorgänge in London von der Frankfurter Riege mißbilligend beäugt wurden. Doch sobald sie sich anmaßten, ein Wort der Kritik zu äußern, lief Kopper rot an und schmiß den Verräter aus dem Haus, wie erst kürzlich im oberen Bereich geschehen.

Das ganze Haus wurde unter Koppers Führung durcheinandergewürfelt. Eine neue Direktbank kam dazu, das Firmenkundengeschäft wurde saniert und das Privatkundengeschäft verbessert, was im Klartext hieß: Seit 1993 mußten 7000 Mitarbeiter gehen, weitere 3000 sollten folgen. In dieser Phase des Umbruchs (Kopper: „Die Bank ist eine Baustelle") wurden alte Zöpfe abgeschnitten und liebgewonnene Privilegien und Titel gestrichen.

Lothar kannte die Veränderungen in der Deutschen Bank und kannte auch die fragwürdigen Vorgänge in der Personalpolitik, aber letztlich, so überlegte er, entstand durch die vielen Eingriffe ein neues Potential. Der Plan Koppers mußte aufgehen. Die immensen Investitionen im Bereich des Investmentbankings müßten sich in den nächsten Jahren in Form von Profiten auszahlen. Darüber hinaus tat die Bank wirklich einiges, um den von Aktionären und Analysten so hoch geschätzten Wert der Eigenkapitalrendite zu pushen. So brutal es auch ist: Personalkürzungen erhöhen den Wert eines Unternehmens und werden von Anlegern gern gesehen.

Doch wie konnte man nun auf diese Entwicklung spekulieren? Die Veränderungen vollzogen sich in einem längeren Zeitraum und würden ihre Auswirkungen natürlich erst in absehbarer Zeit voll entfalten. Aber seitdem Kopper die „Großbaustelle" eröffnet hatte, waren die Kurse immer noch nicht signifikant angesprungen. Hier mußte endlich etwas passieren. Nicht nur die Deutsche, sondern alle Großbanken waren für einen Kurssprung überfällig.

Diese Argumente trug Lothar seinem Chefhändler vor und erläuterte seinen Wunsch, neben der bestehenden Straddle-Position eine reine Long-Position aufbauen zu wollen. Edmund schien begeistert.

„...Kursziel – in etwa ein bis zwei Wochen – bei circa 77 DM. Aber auf der anderen Seite möchte ich die Position sofort schließen, wenn der Kurs unter diese Aufwärtstrendlinie fällt", argumentierte Lothar und nahm einen Chart zu Hilfe.

„Ja, bitte mach es so. Weißt du, in Holland sind die Banken schon seit langem in einer Aufwärtsphase. ING zum Beispiel hat sich in den letzten zwei Jahren fast verdoppelt. Ich verstehe wirklich nicht, weshalb in Deutschland keiner die Banken kauft", befand Edmund und schlug mit der Axt in die gleiche Kerbe.

Noch am gleichen Tag kaufte Lothar 40.000 Aktien auf dem Kursniveau 74 DM und hoffte inständig, daß nicht wieder irgend ein Skandal in den Kanälen der Deutschen Bank seine Spekulation kaputt machen würde.

Am folgenden Tag fanden sich die Händler pünktlich um 7 Uhr 45 im Büro ein und setzten sich zwecks Morgenmeetings in einen Kreis.

„So, dann wollen wir beginnen", startete Edmund, „Frans, was sagen die Zeitungen?"

„Nothing really important. There is some news about BMW but nothing about our stocks", erzählte Frans gelangweilt. Seine Ausdrucksweise erinnerte an ein mürrisches Kind, das den Sinn von Hausaufgaben bezweifelte.

„Come on Frans. You must have read something else", sagte Edmund grimmig.

„Why that?"

„Did you read the F. T.?"

„Yes I did. So what?"

„Jesus! There is something important!", beteuerte Edmund.

„O.K. If there is something important you´ve read, why don´t you tell us then?", rief Frans, seine Hautfarbe lief rosa an.

„Because it´s your job!", schrie Edmund zurück. „Are you stupid? Can´t you read?", fauchte er abschätzig und betrachtete Frans wie ein debiles Kleinkind. Das war zuviel. Frans zischte einen nicht druckfähigen Fluch, seine Gesichtsfarbe lief dunkelrot an, er stand auf, zog seinen Trenchcoat über und verließ wortlos den Tradingraum.

Während sich Helge, Lothar und Randolf sprachlos anschauten, sprang auch Edmund auf und lief in Windeseile hinter dem Dax-Trader her. Kurz vor dem Ausgang hatte er Frans eingeholt und die beiden verschwanden mit lautem Wortgefecht im Konferenzraum.

„Wo sind wir hier bitte? Ist das ein Kindergarten, oder was?", fragte Lothar ungläubig, seine Kollegen betrachtend.

„Ich weiß es auch nicht. Gestern noch war Edmund die reine Frohnatur und heute schreit er durch die gesamte Etage, wobei der Grund für die Auseinandersetzung doch wirklich lapidar ist", antwortete Helge.

„Leute, Leute. Das geht nicht so weiter", lamentierte Randolf kopfschüttelnd. „Der Mann ist nicht in der Lage, ein Team zu führen."

Die drei verbliebenen Trader drehten sich zu ihren Schirmen und kümmerten sich um ihre Aktienwerte. Gegen halb neun, Frans und Edmund befanden sich noch immer im Konferenzraum, eröffnete die Deutsche Bank bei 73,85 DM und fiel kurze Zeit später um 50 Pfennig.

„Auch das noch", stöhnte Lothar.

Aber da war auch noch etwas anderes, was Lothars Aufmerksamkeit fesselte. Es war der IBIS-Markt in der Dresdner Bank. Seit der Dividendenzahlung war der Wert auf 38,70 DM angestiegen, aber kurze Zeit später auf 38,10 DM gefallen. Seitdem tradete der Wert in einer schmalen Bandbreite von 50 Pfennig, bei geringem Umsatz. Das hatte sich auch heute nicht geändert, aber etwas anderes war passiert. Auf der Geldseite der IBIS-Seite funkelte ein Gebot, das Lothar in dieser Höhe noch nie gesehen hatte: 500.000 Stück mit einem Geldkurs von 37,95 DM! Darunter erschienen weitere Geld-kurse mit Stückzahlen von 250.000 und 125.000. Die normale Handelsgröße in diesem Markt, der ohnehin eher als umsatzschwach zu bezeichnen ist, war 5.000 Stück.

Helge schaute sich ebenfalls den Markt an und befand: „Dresdner Bank kann nicht weiter sinken. Solange diese Geldkurse im Markt sind, geht die Dreba nicht unter 38 DM. Es hat doch niemand die Power, um so eine Stückzahl zu verkaufen. Man sollte long gehen".

„Ich kann nichts tun, bevor Edmund das gesehen hat", sagte Lothar sprungbereit.

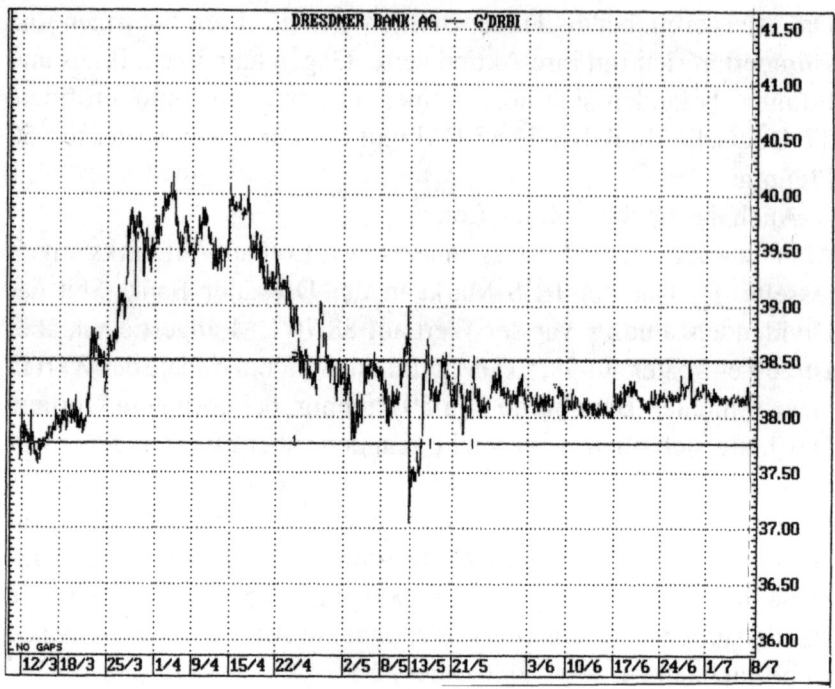

Unterdessen führten Edmund und Frans eine erhitzte Diskussion auf holländisch.

„Bist du bereit, in diesem Team mitzuarbeiten, oder nicht?", fauchte Edmund drohend.

„Das Team besteht aus vier eigenständigen Händlern. Ich möchte mich auf meine Arbeit konzentrieren und nicht auf Kinderspiele."

„Nein, nein. So geht das nicht. Du machst das, was ich sage. Wenn dir das nicht paßt, kannst du gehen."

Frans machte Anstalten zu gehen.

„Jetzt warte doch mal, Frans." Edmunds Hände zitterten vor lauter Aufregung. Er hielt Frans am Ärmel fest.

„Du weißt doch, daß wir hier alle unter großem Druck stehen. Setz dich doch wieder hin", bat er und lächelte versöhnlich. „Die Amsterdamer Führung will Erfolge sehen, verstehst du. Sie haben mich hierher geschickt, um ein funktionierendes Team zu formen und um die Aktivitäten auszubauen."

„Das Team hat funktioniert", unterbrach ihn Frans und fügte leise hinzu: „bevor du kamst".

Das verzweifelte Lächeln erschien wieder auf Edmunds Gesicht. Nach einer langen Pause hob er beruhigend den Arm und meinte eindringlich: „Es ist doch klar, daß wir alle unter einer hohen Anspannung stehen und die Nerven manchmal durchgehen. Wenn ich gerade ein wenig unfreundlich war, dann mußt du das verstehen. Ich entschuldige mich."

Frans hörte Edmund zu, sagte aber nichts, erhob sich und kehrte in den Tradingraum zurück.

Es war halb zehn, als Lothar endlich die Chance bekam, den Chefhändler auf die Marktlage in Dresdner Bank hinzuweisen. Edmund setzte sich kommentarlos auf seinen Platz und kontrollierte sämtliche Positionen der Händler.

„Edmund! In Dresdner Bank steht ein großer Geldkurs...", begann Lothar hastig.

„Was ist damit?", zischte der Chefhändler, ohne Lothar anzuschauen.

„500.000 Stück Geld. Es kann nicht tiefer gehen..."

„Was willst du mir sagen? Daß in Dresdner etwas passiert, in einem Wert, in dem du keine Position hast?", rief er aggressiv.

„Ganz ruhig, Edmund", kam Randolf zu Hilfe, „Lothar will dir nur sagen, daß die Dresdner Bank von diesem Niveau höher gehen kann."

„So? Sagt er das? Dann soll er mal besser auf die Werte achten, in denen er eine Position hält", raunzte Edmund und starrte danach schweigend seinen Bildschirm an. So vergingen einige Minuten. Keiner sagte etwas. Das Summen der Computer wurde unerträglich. Plötzlich warf Edmund seine Brille gegen den Monitor. Er atmete tief ein, ließ zischend die Luft entweichen, um danach zu explodieren:

„Jesus! Was ist mit dir los? Hast du keine Augen?"

Die vier Trader drehten entgeistert ihre Köpfe in Richtung des Chefhändlers, denn keiner fühlte sich angesprochen.

„Du sitzt vor deinem Bildschirm und schaust die ganze Zeit auf die Dresdner Bank, während die Deutsche Bank immer tiefer fällt. Du bist long in Deutsche, hast du das vergessen?" Edmund schaute Lothar durchdringend an.

„Mach etwas! Sitz nicht da wie ein Verlierer, sondern stell dich in den Markt", herrschte er den konsternierten Deutsche Bank-Händler an.

„Bitte?"

„Ja, verdammt nochmal! Soll ich es selbst machen?"

„Was willst du, Edmund?", fragte Lothar nachdrücklich, „willst du, daß ich nach Hause gehe?"

„Daß du es nicht verstehst! Deutsche Bank ist 70 Pfennig tiefer gegangen und du bist... das weißt du doch noch, oder? Du bist über 40.000 Aktien long. Dazu noch den Straddle short. Wir sind nicht hier, um Geld zu verpissen, also tu etwas!"

„Moment mal. Ruhig Edmund, ganz ruhig. Wir haben gestern einen Cut-Punkt vereinbart. Dieser Punkt liegt bei 72,50 DM, wurde also noch nicht erreicht."

„Du willst also noch länger warten, bis der Punkt erreicht ist?... Dann kostet es noch einmal 30.000 DM... Das ist nicht dein Geld, verstehst du?... Und paß mal auf: Du sagst mir ganz bestimmt nicht, daß ich ruhig sein soll, ist das klar?" Edmund drehte sich wieder zu seinem Schirm zurück, setzte die lädierte Brille auf und begann, im Account Nr. 6, Lothars Positionskonto, zu handeln.

Lothar war fassungslos. Seine Gedanken wirbelten durcheinander und er konnte keinen Entschluß fassen. Sollte er ganz einfach gehen? Eine Kündigung aussprechen? Gijsbert in Amsterdam anrufen und den Vorfall schildern? Eine Diskussion mit Edmund war sinnlos, soviel stand fest. Was ging hier eigentlich vor?

Lothar schaute auf seinen Schirm und beobachtete die Trades, die in seinem Wert von Edmund ausgeführt wurden. Gerade kaufte Edmund einige Kontrakte des Straddles zurück und kaufte stattdessen Puts mit Aktien. Lothar konnte es nicht glauben. Er stand auf und setzte sich neben seinen Chefhändler.

„Kannst mir mal sagen, was du jetzt vor hast?", fragte er möglichst ruhig und sachlich.

„Das kann ich dir genau sagen: Ich stelle deinen Straddle glatt."

„Aber was ist mit den Puts, die du dazu kaufst?"

„Ich kaufe die Aktie mit Puts."

„Also gehst du nicht glatt, sondern noch zusätzlich long!"

„Ja, hast du denn nicht gesagt, die Banken sollen steigen?"

„Das habe ich."

„Na, dann kaufe ich auf diesem billigeren Niveau doch dazu. Wenn morgen die Aktie wieder steigt, habe ich den Verlust wieder gutgemacht, den du heute produziert hast", erklärte Edmund.

„Du verbilligst!"

„Ja, soll ich denn hier rumsitzen und warten, bis du das ganze Geld verspielt hast?"

Lothar antwortete nicht. Er setzte sich zurück auf seinen Platz, zur Untätigkeit verdammt. Was gab es hier noch zu sagen? Zwei unterschiedliche Meinungen trafen aufeinander, die von absolut gegensätzlichen Trading-Ansätzen ausgingen. Lothars Grundregel hieß: Niemals verbilligen! Er hätte zur Not seine Position glattgestellt, die Marktlage neu analysiert und wäre, wenn sich seine grundsätzliche Meinung geändert hätte, sogar short gegangen. Aber niemals hätte er nachgekauft. Dazu war das Risiko bei einem weiteren Kursverfall zu groß.

Außerdem hatte er immer eine klar vorgegebene Marschroute, an die er sich hielt. Erst beim Unterschreiten des Cut-Punktes wollte er eingreifen und nicht willkürlich nach 70 Pfennig Kursrückgang. Die nächste halbe Stunde wurde es wieder still im Büro.

Doch dann regte sich Edmund, er hatte die neue Deutsche Bank Position aufgebaut und fragte nun unverhofft: „Was ist denn jetzt mit deiner Dresdner? Du wolltest doch long gehen".

„Ja. 38´er Puts mit Aktien."

„Ja, dann mach das mal, oder soll ich das auch für dich erledigen?"

„Nein danke. Ich denke, daß ich durchaus in der Lage bin, diese Herausforderung anzunehmen. Vermutlich unterlaufen mir während des Aufbaus diverse Fehler und ich muß feststellen, daß mein geistiger Horizont nur einen Steinwurf entfernt liegt. In diesem Fall wende ich mich dann vertrauensvoll an dich, Edmund", sagte Lothar voll bissiger Ironie. Die anderen begannen zu husten und mischten vereinzelte Lacher unter.

„Was sagt er?", fragte Edmund aufgebracht.

„Er möchte die Position selber aufbauen", antwortete Helge, stets um Ausgleich bemüht.

„Aha. Ich bin gespannt."

Lothar begann, einige Aktien zu kaufen und fühlte die Augen Edmunds in seinem Nacken. Es war unerträglich. Jede einzelne Millimeterbewegung des Cursors wurde von Edmund beobachtet und teilweise mit Zischen und lautstarken Seufzern kommentiert. Nach zähen, unzähligen Minuten hatte Lothar die Position endlich bewältigt. Schwitzend stellte er fest, daß es ihm noch nie so schwer gefallen war, eine simple Longposition mit akzeptablen Preisen aufzubauen.

Um sechs Uhr war der Tag zu Ende, und die vier Händlern stürzten eine Sekunde später in den Feierabend. Es kam ihnen vor, als hätten sie den längsten Arbeitstag ihres Lebens hinter sich gebracht.

Kaum war Lothar zu Hause, klingelte das Telefon.

„Helge, das geht nicht so weiter!", rief er direkt in den Hörer.

„Meine Meinung, ganz meine Meinung. Aber hier ist Randolf."

„Randolf! Grüß dich. Du als dienstältestes Mitglied des Teams, was hälst du denn von den Vorgängen?"

„Das macht keinen Spaß mehr. Deshalb wollte ich dich auch anrufen. Das, was heute passiert ist zeigt, daß Edmund sich nicht unter Kontrolle hat. Er mag ja grundsätzlich Recht haben, aber..."

„Was? Das hat doch nichts mehr mit Recht haben zu tun!", rief Lothar aufgebracht in die Muschel, „erst war Frans dran, dann kam ich... ich frage mich, wer als nächstes kommt. Wahrscheinlich du oder Helge. Also sieh dich vor, Randy!"

„Ich habe ganz bestimmt keinen Respekt vor Edmund, nach diesen Vorfällen. Dafür war ich nicht fünf Jahre erfolgreich bei JDP, als daß mir ein völlig unkompetenter Chefhändler sagt, was ich zu tun habe."

„Wir müssen den Leuten in Amsterdam die Meinung sagen. Wir müssen denen mal ganz genau berichten, was in Düsseldorf abgeht, wie es jetzt ist, wie es vorher war und dann einen ganz dicken Edding-Strich unter das Kapitel Edmund in Deutschland ziehen."

„Weißt du, momentan würde ich mich sogar freuen, wenn JDP übernommen würde. Aber angesichts des Aufwands mit Expansionsplänen und Verbesserungen für Deutschland kann man sogar das vergessen. Denn würde eine Übernahme ins Haus stehen, entwickelte man sicherlich nicht diese Pläne."

„Mag sein. Aber was sollen wir machen?"

„Angenommen, wir erzählen dem Management in Amsterdam, wie hier mit uns umgesprungen wird. Glaubst du nicht auch, daß Edmund ihnen die Situation aus seiner Sicht schildern wird? Ihnen genau das Gegenteil berichten wird? Daß wir nicht bereit sind, mit ihm zusammenzuarbeiten, daß Frans seine Anweisungen mißachtet, daß du nicht handeln kannst?"

„Deswegen muß man sich ganz genau überlegen, was man ihnen sagt. Außerdem stehen hier vier Trader gegen einen!"

„Das ist genau das, was ich dir sagen will: Wir vier müssen zusammenhalten."

Eine kurze Zeit herrschte Stille in der Leitung. Den beiden war klar, daß sie an einem Punkt angelangt waren, an dem sich ihre weitere berufliche Karriere entscheiden konnte.

„Ich habe nach dem Abend im Restaurant fast geglaubt, Edmund wäre doch recht umgänglich. Aber leider wurde es doch schlimmer. Und dann seine Vorliebe für Horoskope. Randolf! Ich bitte dich, so etwas hat doch nichts mit seriösem Management zu tun! Und dann neulich, als ich mit ihm in das Konferenzbüro mußte... Randolf! Er hat sich entschuldigt!... Verstehst du?... Entschuldigt!...", Lothar wurde lauter und redete sich in Rage, „... Will er mich rausschmeißen? Will er, daß ich gehe? Dann soll er es versuchen..."

„Nun mal ruhig, Lothar. Wir warten den morgigen Tag ab und schauen, wie sich Edmund verhält. Der Dow steht übrigens plus zehn."

Kapitel XX

- Die Abrechnung -

Frans kam eine Minute zu spät. Zur Strafe wurde er von Edmund nicht begrüßt. Während alle anderen bei seinem Eintreffen fröhlich „Morning" flöteten, saß Edmund schweigend an seinem Platz und las eine holländische Tageszeitung. Edmund wechselte kein Wort mit den anderen, bis ihm die Stille scheinbar selbst nicht mehr gefiel.

„Ihr habt etwas in der Zeitung geschrieben?", fragte er Helge.

„Was haben wir?"

„Ihr habt doch in diesem Börsenmagazin einen Artikel geschrieben. Lothar und du. Über den Optionshandel an der DTB."

„Ja, vor vier Wochen."

„Den habe ich gestern gelesen. Er hat mir gut gefallen."

„Danke."

Das war alles an Konversation.

Lothar schaute auf seinen Handelsschirm und erkannte erleichtert, daß der gewaltige Geldkurs in Dresdner Bank immer noch vorhanden war. Die Aktie eröffnete heute knapp überhalb der 38 DM Unterstützung, machte aber auch keine Anstalten, höher zu steigen. Dafür kletterte die Deutsche Bank um 50 Pfennig höher und gab damit der gestrigen Prognose Edmunds Recht. Die vom Cheftrader aufgestellte Position verdiente das Geld, das Lothar verloren hatte, führte allerdings bei Letzterem zu keinen Freudenausbrüchen.

Bis zur Eröffnung der Börse in Frankfurt verlief der Vormittag ruhig, wobei alle vier Trader mit Spannung auf den nächsten Ausbruch warteten, zum einen auf den Ausbruch ihrer Handelswerte zur Oberseite, aber noch viel mehr auf den sicherlich kommenden mentalen Ausbruch Edmunds. Nur das gelegentliche Klackern der Tastaturen, das heute insbesondere aus der Richtung Randolfs zu vernehmen war, unterbrach die Totenstille.

„Kennt jemand neue Witze?", entfuhr es Lothar in dieser prekären Situation und er mußte für zwei Sekunden schallend über diese paradoxe Konstellation lachen. Natürlich kannte keiner neue Witze.

Es war etwa halb zwölf, als Randolf an der Reihe war. Schon einige Minuten vorher hatte man die verstärkten Ausstöße von Seufzern, die Edmund von sich gab, als Indiz für eine kurz bevorstehende Eruption werten können. Er hatte durch seinen Kontrollschirm alle Tätigkeiten der Trader beobachtet und nun schien ihm bei Randolfs Handelsaktionen etwas mißfallen zu haben. Edmund und Randolf verschwanden im Konferenzbüro.

Die Diskussion dauerte die üblichen anderthalb Stunden und das Ritual schien nach dem bekannten Muster verlaufen zu sein, denn nach dem Streitgespräch trottete Randolf kopfschüttelnd und grinsend zu seinem Platz zurück. Er setzte sich und verschränkte, immer noch grinsend, die Arme. Der Handel interessierte ihn nicht mehr. Randolf saß den restlichen Tag nur noch fröhlich pfeifend vor seinen Bildschirmen, las Zeitungen, telefonierte mit Kollegen und schien sich köstlich zu amüsieren.

Montag, der 27. Mai. Das vergangene Wochenende war für die vier Händler anstrengend und arbeitsam gewesen. Sie fanden sich an diesem Tag pünktlich und voller Spannung im Büro ein und wurden sofort von Edmund in das zuletzt häufig frequentierte Konferenzbüro gebeten.

Ohne Begrüßung begann der Chefhändler mit der Besprechung: „Ich habe einen Plan für euch erstellt. Ich möchte, daß ihr die vermerkten Punkte sorgfältig durchlest und anschließend mit eurer Unterschrift akzeptiert", meinte er und verteilte vier Kopien an seine Händler.

Achselzuckend und offensichtlich nicht sonderlich begeistert nahmen die Trader den Zettel in Empfang und begannen zu lesen. Der Plan bestand aus vier Punkten, zu dem jeweils ein Satz zugeordnet war. Die Sprache war Englisch und deshalb war Frans der Schnellste im Überfliegen des Inhalts. Er begann laut herauszulachen.

Neben der wiederholten Definition der Arbeitszeit beinhalteten die Anweisungen ein Verbot der Lektüre von nicht sachbezogenen

Zeitungen, ein Verbot von nicht sachbezogenen Telefonaten – wohl eine Anspielung auf Randolfs tägliche Ferngespräche. Weiterhin behielt sich Edmund die Erlaubnis von Publikationen vor, die in Börsenzeitschriften verfaßt werden – ein nachträglicher Seitenhieb für den von Lothar und Helge verfaßten Artikel. Der letzte Punkt, gleichzeitig der Höhepunkt der Farce und Ursache für Frans´ Heiterkeit, war ein grundsätzliches Witzverbot. „It is not allowed to make jokes in this office", stand dort.

Auch Lothar, Randolf und Helge mußten sich über dieses burleske Treiben ihres Vorgesetzten das Lachen verkneifen. Edmund, der Chefhändler, mit dramatischen Gesichtsausdruck und resolutem Lächeln, wartete, bis alle Anwesenden seinen Plan verstanden hatten und sagte dann energisch: „Wenn einem von euch das nicht paßt, kann er gehen!"

„Nun, Edmund", begann Randolf freundlich und kooperativ. Die anderen verzogen ihren Mund zu einem ruhigen und siegessicheren Lächeln.

„Wir waren auch nicht untätig. Du wirst mir ja sicherlich zustimmen, daß hier einiges verändert werden muß", fuhr er fort. Edmund nickte energisch. „Der Meinung sind wir auch", sagte Randolf und blickte wohlwollend auf seine alten Kollegen.

„Und deshalb...", fuhr Lothar fort und schob eine gewichtige schwarze Mappe auf den Tisch, „...haben wir ein Konzept erstellt, in dem wir unsere Vorstellungen in Bezug auf die weitere Entwicklung der deutschen Abteilung JDP´s niedergelegt haben".

„Weitere Ausfertigungen des Konzepts sind übrigens an Gijsbert und den gesamten Vorstand des Unternehmens versandt worden", bemerkte Helge.

„By the way. We will not sign your little plan, of course", schloß Frans.

Edmund lächelte. Sein Blick war leer. Er saß einige Sekunden einfach nur da. Hätte man den schweren Atem nicht vernommen, wäre es das Bild eines mit sich zufriedenen Pensionärs gewesen. Doch dann faßte er sich: „Also, dann haben wir uns nichts mehr zu sagen. Dann brauchen wir auch nicht mehr zu handeln, bis das Management in Amsterdam entschieden hat", meinte er fast beleidigt.

Daß der Dax sein altes Seitwärts-Spiel weiterführen, Deutsche Bank kurzfristig auf 73,50 DM steigen sollte, um danach bis auf 71 DM abzustürzen, Dresdner Bank für die folgenden Wochen trotz der gigantischen Geldkurse im IBIS an der 38 DM-Linie kleben würde und auch die meisten der anderen Werte in die falsche Richtung steuern würden, war den Tradern in diesem Moment egal. Sie gingen nach Hause und hinterließen einen Cheftrader, der, obwohl er wußte, was in den zwanzig Seiten stand, das erste Blatt der schwarzen Mappe mit einem blassen Lächeln aufschlug.

Schon am Abend des nächsten Tages fand sich der Vorstandsvorsitzende des Unternehmens in Begleitung von Gijsbert ein. Die vier alteingesessenen Trader waren bis zu diesem Zeitpunkt zu Hause geblieben, hatten via Fernsehen oder privater Handelsplattform das aktuelle Marktgeschehen verfolgt und darauf gehofft, so bald wie möglich wieder am Handel teilnehmen zu können - in einer neuen Konstellation versteht sich, in der kein Platz mehr für einen Chefhändler namens Edmund war.

Nach eine kurzen unterkühlten Begrüßung, die dennoch gegenseitigen Respekt zeigte, setzten sich die Teilnehmer der Krisensitzung an den runden Tisch.

„Meine Herren, ich bin aus Amsterdam gekommen, um mir ein Bild von der gegenwärtigen Situation zu machen. Durch einige Gespräche habe ich eine Seite kennengelernt, und durch die aufschlußreiche Schilderung in dem Konzept eine andere, mir bisher unbekannte Seite erfahren", startete der Vorsitzende. Er wanderte mit seinen Augen über alle Anwesenden und blieb für eine Zeitlang auf Edmund ruhen. Der senkte den Blick.

„Das von ihnen verfaßte Konzept besteht aus der kritischen Darstellung der jetzigen Situation und einem Ausblick in die Zukunft, in dem sie ihre Vorschläge und Ideen formuliert haben", richtete er sich an die vier Trader und nahm ihre schwarze Mappe in die Hand.

„Ihnen ist bekannt, daß wir die deutsche Sektion weiter ausbauen und in neue Geschäftsbereiche vorstoßen wollen. Auch diesen Aspekt haben sie in ihrer Erarbeitung berücksichtigt und mit vielfältigen Einfällen und Anregungen bedacht. Im ersten Teil des Heftes, der Kritik an der momentanen Situation, gehen sie auf Probleme ein, die durch den neuen Führungsstil des Chefhändlers Edmund entstanden sein sollen. Bis ins Detail schildern sie dabei Abläufe und Vorfälle der nahen Vergangenheit und stellen die Kompetenz Edmunds gänzlich in Frage."

Der Vorsitzende machte an dieser Stelle eine kleine Pause. Edmund schlug sichtlich nervös das eine Bein über das andere und schien, ebenso wie die anderen vier Händler, ungewiß über die alles entscheidende Meinung des Vorgesetzten zu sein.

Der Vorsitzende legte ganz ruhig die schwarze Mappe auf den Tisch. Er schaute seinen Begleiter Gijsbert an und fuhr fort: „Nun, da ich meine Entscheidungen niemals auf die wackligen Beine anderer Meinungen stelle...", er schien nach einer sorgfältigen Auswahl seiner Worte zu suchen und sprach deshalb langsamer. „... bin ich zusammen mit Gijsbert alle Geschäftsvorfälle dieses Geschäftsjahres durchgegangen und habe sie nach Erfolgskriterien beurteilt. Die von ihnen durchgeführten Geschäfte waren größtenteils profitabel und wurden vor der Einstellung des Chefhändlers Edmund unter ihrer gemeinschaftlichen Führung durchgeführt. Unter ihrer gemeinschaftlichen Leitung wurden offensichtlich auch Geschäfte abgeschlossen, die illegal sind."

Die vier Händler schauten sich fassungslos an.

„Ich denke hierbei an den vorsetzlichen Kauf der Dividende in verschiedenen Aktienwerten in der Motivation, die Körperschaftsteuer von den Finanzbehörden zurückzubekommen - Dividendenstripping. Dieses Verhalten ist absolut nicht akzeptabel. JDP Holding ist deshalb nicht mehr bereit, mit ihnen zusammenzuarbeiten."

Der Vorsitzende blickte noch einmal gewogen auf Edmund und meinte dann endgültig zu den Vieren: „Sie sind hiermit fristlos entlassen".

- GLOSSAR -

Glossar

A

Arbitrage
Profitables Ausnutzen von Preisunterschieden des gleichen Wertes an verschiedenen Märkten. Nahezu gleichzeitig werden zwei gegensätzliche Transaktionen vollzogen, die somit annähernd risikolos verlaufen. Arbitrage im Optionsmarkt wird durch die synthetische Erstellung einer Aktie mit Optionen erreicht. Put-Call-Parität.

Ask
Englischer Börsenausdruck für Angebot (Brief). Gegensatz: Bid = Nachfrage (Geld).

At-the-money
Englischer Begriff für „am Geld liegend". At-the-money Optionen kennzeichnen sich durch einen Basispreis, der in der Nähe des aktuellen Börsenpreises des zugrunde liegenden Wertes liegt. Gegensatz: out-of-the-money, in-the-money.

Ausüben
Ausüben des Rechtes, welches in Optionen verbrieft wird. Exercisen.

B

Basisprels
Der Betrag, zu dem der Basiswert gekauft (bei Ausüben der Kaufoptionen) oder verkauft (bei Ausüben der Verkaufsoptionen) wird.

Basiswert
Der einer Option zugrundeliegende Wert (Underlying).

320

Bear, bearish
Ausdruck für einen Anleger, der von einem Absinken der Kurse überzeugt ist.

Bid
Englischer Börsenausdruck, der Nachfrage bedeutet (Geld). Gegensatz: Ask = Angebot (Brief).

blue chips
Bezeichnung für Aktien hoher Qualität. Die Werte mit dieser Spezifikation sind weitgehend bekannt und kennzeichnen sich durch hohe Bonität, gute Wachstumsperspektiven und regelmäßige Dividendenzahlung. Vornehmlich sind diese Werte in einem bekannten Index vertreten (Dax, Dow Jones).

break even
Gewinnschwelle, an der eine Position bei Liquidation Profit erzeugen würde.

Bull, bullish
Ausdruck für einen Anleger, der von einem Ansteigen der Kurse überzeugt ist.

Bund(s)
Börsenjargon für Bundesanleihe(n) bzw. für den Bund-Future.

Butterfly
Optionsstrategie mit Optionen verschiedener Basispreise. Long-Butterfly spekuliert auf gleichbleibende Notierungen. Ein in-the-money Call und ein out-of-the-money Call werden gekauft und zwei at-the-money Calls verkauft. Die Abstände zwischen den Basispreisen sind normalerweise identisch. Gegent.: Short-Butterfly. Die Gewinn- und Verlustmöglichkeiten dieser Strategien sind von vornherein festgelegt.

C

Call

Englischer Begriff für Kaufoption. Gegenteil: Put (Verkaufsoption).

Candlestick-Chart

Japanische Form der Chartanalyse. Die Höchst- und Tiefstkurse sowie die Eröffnungs- und Schlußkurse einer Zeiteinheit werden dabei in einer Kerzendarstellung integriert. Die Kombinationen verschiedener Formationen dieser Darstellung ergeben Rückschlüsse auf die weitere Entwicklung der Notierungen.

Cash-Settlement

Barausgleich. An der Deutschen Terminbörse gehandhabtes Verfahren bei Ausüben von Optionen der Allianz-Aktie und des Dax. Bei allen anderen Aktienoptionen werden die zu liefernden Werte physisch übertragen.

Chartformation

Kursformation in der technischen Aktienanalyse. Das Auftreten einer Formation erlaubt Prognosen für den weiteren Kursverlauf.

Clearing

Über eine zentrale Institution abgewickelte, geregelte, gegenseitige Auf- und Verrechnung von Forderungen und Verbindlichkeiten der Clearing-Teilnehmer.

Clearing-House

Clearingstelle einer Termin- oder Optionsbörse. An der Deutschen Terminbörse von der DTB Deutsche Terminbörse GmbH ausgeübt.

Closing

Schlußphase des Handels, mit dem Erzeugen des letzten Handelspreises (Closingpreis).

BÖRSENVERLAG

Wir möchten, daß Sie mit uns zufrieden sind!

Da wir unseren Service ständig verbessern wollen, würden wir sehr gerne erfahren, wie Ihnen dieses Buch gefallen hat und mit welcher Literatur wir Ihnen in Zukunft helfen können.

Als Dankeschön für Ihre Mithilfe verlosen wir unter allen Einsenden jeden Monat eine Buchprämie (der Rechtsweg ist ausgeschlossen).

Schon jetzt vielen Dank für Ihre Bemühung.

Titel des vorliegenden Buches: _____

Wie finden Sie dieses Werk:

	+3	+2	+1	-1	-2	-3	
Verständlichkeit	-hoch ☐	☐	☐	☐	☐	☐	-niedrig
Nutzen	-hoch ☐	☐	☐	☐	☐	☐	-niedrig
Übersichtlichkeit	-hoch ☐	☐	☐	☐	☐	☐	-niedrig
Preis/Leistung	-hoch ☐	☐	☐	☐	☐	☐	-niedrig

Über welche Themen würden Sie gerne weitere Bücher lesen:

☐ Themen für Profis   ☐ Themen für Börsenanfänger
☐ Börsenbiographien   ☐ Börsenastrologie
☐ Technische Analyse   ☐ Fundamentale Analyse
☐ Handelssysteme   ☐ Derivate
☐ sonstige Themen _____

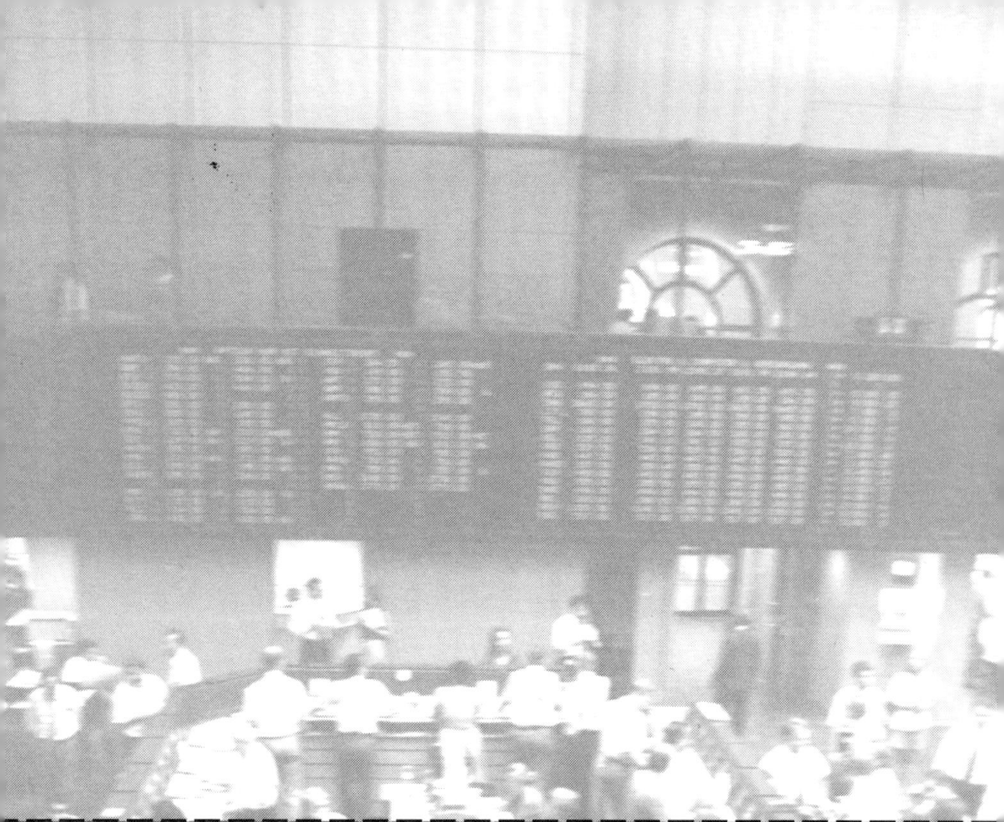

ABSENDER

Ja, ich möchte an der Verlosung der Buchprämie teilnehmen. Hier ist meine Anschrift:

Name, Vorname

Straße

PLZ/Ort

Tel. *(tagsüber)*

Tel. *(abends)*

An
**THOMAS MÜLLER
BÖRSENVERLAG**
-Kundenservice-
Salinstraße 1

83022 Rosenheim

BÖRSENVERLAG

Conversion
Optionsstrategie nach der Put-Call-Parität. + Aktie + Put − Call = 0.

Cut-Punkt, cutten
Meist im voraus festgelegter Punkt, an dem eine Position zwecks Risikobegrenzung liquidiert wird.

D
Delta
Der Faktor gibt die Veränderung des Optionspreises in Relation zur Veränderung des Kurses des Basiswertes (Underlying) an:

Delta = Veränderung des Optionspreises / Veränderung des Kurses des Basiswertes

Das Delta schwankt bei Calls zwischen 0 und 1 und bei Puts zwischen 0 und -1. Der Basiswert bzw. das Underlying haben immer ein Delta von 1. Der Faktor ist einer der wesentlichen Risikoparameter, die eine Optionsposition kennzeichnen. Weitere Faktoren: Gamma, Vega

Delta-glatt
Der Begriff kennzeichnet eine Optionsposition, die kein Kursrisiko beinhaltet.

Derivate
Im Sinne des Gesetzes über den Wertpapierhandel sind Derivate an einer in- oder ausländischen Börse gehandelte Rechte, deren Börsen- oder Marktpreis von der Entwicklung des Börsen- oder Marktpreises von Wertpapieren oder der Veränderung von Zinssätzen abhängt.

E

EOE
Abk. für Europäische Optionsbörse (European Options Exchange), Amsterdam.

Exercisen
Englischer Begriff für Ausüben von Optionsrechten.

Expiration
Auslaufen von Optionsrechten. Das Verfallsdatum (expiration date) ist der letzte Tag, an dem eine Option ausgeübt werden kann.

F

F.T.
Kurzbegriff für Financial Times.

Fibonacci-Folge
Spiegelt das bereits den Griechen bekannte elementare Naturprinzip des goldenen Schnittes wieder. Nach dem goldenen Schnitt ist eine Strecke dann geteilt, wenn das Verhältnis der Gesamtstrecke zur längeren Teilstrecke gleich der Relation zwischen längerer und kürzerer Teilstrecke ist. Für zwei aufeinanderfolgende Fibonacci-Zahlen gilt:
$N(t-1) / n(t) = 0.618$ und $n(t+1) / n(t) = 1.618$

Foor, Floortrader
Englischer Bergriff für Parkett (-Händler).

Footsie
Börsenjargon für FT-SE 100 (Financial Times Share Index). Bekanntester Aktienindex in Großbritannien.

Future, Financial Futures
Unbedingtes Termingeschäft. Ein Future beinhaltet für beide Vertragspartner die Verpflichtung zur beidseitigen Erfüllung des Kontraktes ohne Prämienzahlung.

G
Gamma
Beschreibt die theoretische Veränderung des Deltas bei einer Veränderung des Basiswertes um eine Preiseinheit.
Anschaulicher Vergleich:
Delta = Geschwindigkeit
Gamma = Beschleunigung

Gap
Kursprung, bei der eine Lücke (Gap) zum letzt notierten Kurs entsteht.

Greenback
Börsenjargon für US Dollar.

H
Hedge
Kompensation eines vorhandenen Risikos durch die Übernahme eines zweiten, konträren Risikos.

I
IBIS
Abk. für Integriertes Börsenhandels- und Informations-System. Marktsegment der Frankfurter Wertpapierbörse, das Marktteilnehmern ganztägig im gesamten Bundesgebiet und zum Teil auch

im Ausland zur Verfügung steht. Das IBIS ermöglicht einen voll-elektronischen Handel in den großen deutschen Aktienwerten, Optionsscheinen und Rentenpapieren.

In-the-money
Englischer Begriff für „im Geld liegend". In-the-money Optionen kennzeichnen sich durch einen Basispreis, der bei Kaufoptionen unter dem aktuellen und bei Verkaufsoptionen über dem aktuellen Börsenpreis des zugrunde liegenden Wertes liegt. Gegensatz: at-the-money, out-of-the-money

Intraday, intraday-trading
Ausnutzen der Preisunterschiede innerhalb eines Tages.

L
LIFFE
Abk. für London International Financial Futures and Options Exchange. Größter europäischer Handelsplatz für Financial Futures.

Long, long gehen
Spekulation auf steigende Kurse. Kauf der Aktie oder Aufbau einer Optionsposition mit der Zielsetzung, diese später, zu einem höheren Kurs wieder zu liquidieren. Gegenteil: short

M
M3-Zahlen
Geldvolumensgröße der Geldmengenstatistik der Deutschen Bundesbank. M1 = Bargeld und Sichteinlagenbestände inländischer Nichtbanken; M2 = M1 plus Termingelder inländischer Nichtbanken unter vier Jahren; M3 = M2 plus Spareinlagen inländischer Nichtbanken mit dreimonatiger Kündigungsfrist. Das jährlich von der

Bundesbank vorgegebene Geldmengenziel bezieht sich auf M3 und dient der monetären Analyse der Geldmengengröße.

Market Making, Market Maker
Banken oder Wertpapierhäuser, die die Verpflichtung übernehmen, für bestimmte Handelsobjekte jederzeit für eine bestimmte Mindestmenge verbindliche An- und Verkaufskurse zu stellen. Einzelne Börsen sind nach diesem System organisiert (z.B. DTB, SOFFEX, NASDAQ, London Stock Exchange) und garantieren damit eine jederzeitige Handelsbereitschaft. Besonders in Sekundärmärkten mit umsatzschwachen Wertpapieren wird dieses Verfahren angewandt, da ein Auktionsverfahren hier die Gefahr der Ermittlung von nicht repräsentativen Kursen brächte.

N
Naked
„Nackte" Position ohne Absicherung (Hedge) durch ein entsprechendes Gegengeschäft.

O
Offers
Englischer Ausdruck für Briefkurse. Gegenteil: Bids.

Opening
Eröffnungsphase eines Marktes.

Open-interest
Anzahl offener Kontrakte am Terminmarkt. Die Zahl der noch nicht glattgestellten Kontrakte gilt als Indikator für die Liquidität eines Marktes.

Open-outcry

„Offener Zuruf". Die Preise der Kontrakte werden durch Handzeichen bzw. Zuruf auf dem Börsenparkett ermittelt.

Optionspreismonitor

Bildschirm, auf dem die Marktpreise der Optionen bewertet werden. Hier erfolgt die Berechnung der gegenwärtigen Position, wie die Darstellung aller Parameter wie Volatilität, Delta, Gamma, Vega.

OTC

US-Bez. für „over the counter" (außerbörslicher Handel). So werden alle Wertpapiere oder Derivate bezeichnet, die aufgrund einer speziellen Ausstattung oder Volumensgröße nicht über den üblichen Börsenhandel gehandelt werden, sondern separat ausgehandelt werden. OTC-Derivate sind i.d.R. nicht standardisiert. Sie werden auf die speziellen Erfordernisse eines Kunden abgestimmt und berechnet.

Out-of-the-money

Englischer Begriff für „aus dem Geld liegend". Out-of-the-money Optionen kennzeichnen sich durch einen Basispreis, der bei Kaufoptionen über dem aktuellen und bei Verkaufsoptionen unter dem aktuellen Börsenpreis des zugrunde liegenden Wertes liegt. Gegensatz: at-the-money, in-the-money

P
Pit

Handelsplatz (Maklerstand) in der Börse, an dem die Offerten für ein bestimmtes Objekt abgegeben werden. Ein Floor ist unterteilt in verschiedene Pits.

Prämie, Optionsprämie

Optionspreis. Im Termingeschäft mit begrenztem Risiko zahlt der Käufer des verbrieften Rechtes eine Optionsprämie an den Verkäufer (Stillhalter). Die Höhe richtet sich nach den Kurserwartungen sowie nach der Zeitdauer, für die das Optionsrecht eingeräumt wird.

Prämie-short-Händler, Prämie-long-Händler

Optionshändler mit bestimmten Handelsstil. Ein Prämie-short-Händler (Stillhalter) versucht über die Zeitdauer der Laufzeit der Optionen die eingenommene Prämie zu sichern. Er spekuliert auf nahezu gleichbleibende Kurse. Ein Prämie-long-Händler (Käufer von Optionen) geht von einer stärkeren Kursbewegung aus und möchte seine Position nach einer Preisbewegung zu günstigeren Preisen eindecken.

Premium

Prämie

Principle

Handelsteilnehmer an der Deutschen Terminbörse, der keine Market Maker Verpflichtung übernommen hat. Er zahlt dafür höhere Transaktionskosten als ein Market Maker an die DTB.

Pull-Back

Gegenbewegung eines Kursverlaufs nach einem vorhergehenden Ausbruch. Oftmals nach einem Gap zu beobachten. Das Gap wird „geschlossen".

Put

Englischer Begriff für Verkaufsoption. Gegenteil: Call (Kaufoption).

Put-Call-Parität

Beschreibt die Arbitragebeziehung zwischen einem fair bewerteten Call und einem fair bewerteten Put: Call - Put = Aktie. Mit Kauf eines Call und gleichzeitigem Verkauf eines Put desselben Basispreises schafft der Anleger eine Konstruktion, die dem Terminkauf der gleichen Aktie entspricht. Somit kann eine Aktie „synthetisch" hergestellt werden.

Die Formel ist nach allen Seiten umstellbar und ergibt die Strategien Conversion und Reversal.

Beispiel:

Conversion: + Aktie + Put - Call = 0

Ein Kauf der Aktie und ein Kauf eines dazugehörigen Put entspricht dem Kauf eines Calls mit gleichem Basispreis.

+ Aktie + Put = + Call

Kauf Aktie Deutsche Bank	74,50	DM
Kauf Put Basispreis 75 DM	0,60	DM

a) Aktie fällt auf 70 DM:

Verlust Aktie:	4,50	DM
Wert des Put bei Verfall:	5,00	DM
./. Kaufpreis Put:	0,60	DM
Verlust	0,10	DM

b) Aktie steigt auf 80 DM:

Gewinn Aktie:	5,50	DM
Put verfällt wertlos, daher:	- 0,60	DM
Gewinn	+ 4,90	DM

BÖRSENVERLAG

BÜCHER FÜR BÖRSIANER

BESTELL-COUPON

❐ Verlagsprogramm		*gratis*
❐ JESSE LIVERMORE DAS SPIEL DER SPIELE	DM	79
❐ JESSE LIVERMORE Mein SCHLÜSSEL zu ...	DM	59
❐ Interview mit einer LEGENDE	DM	59
❐ Das GROSSE Buch der TECHNISCHEN INDIKATOREN	DM	129
❐ Das GROSSE Buch der OPTIONSSCHEINE	DM	129
❐ Der CHARTTECHNIK-LEITFADEN	DM	89
❐ MARTIN PRINGS BÖRSEN-TECHNIKEN	DM	119
❐ Die TOP-TRADER	DM	98
❐ GEDANKEN EINES KLEINSPEKULANTEN	DM	39
❐ DTB-BASISWISSEN EDITION '95	DM	69
❐ DTB-OPTIONSSTRATEGIEN	DM	89
❐ DTB-OPTIONSINDIKATOREN	DM	79
❐ DTB-OPTIONSANALYSE	DM	79

Ab einem Bestellwert von 140.- DM erfolgt die Auslieferung portofrei, darunter mit einem Versandkostenanteil von 8.- DM.

Bitte liefern Sie mir die umseitig angegebenen
Artikel an folgende Adresse

ABSENDER

Name, Vorname

Straße

PLZ/Ort

Tel. *(tagsüber)*

Tel. *(abends)*

Mein Zahlungswunsch

☐bequem und bargeldlos per Bankeinzug

Bitte geben Sie hier Ihre Bankverbindung an!

Bankinstitut

BLZ _____ Konto _____

☐bereits vorhandenen Bankeinzug
☐per beiliegendem Scheck
☐per Nachnahme (zuzügl. NN-Gebühr)

**An
THOMAS MÜLLER
BÖRSENVERLAG
-Kundenservice-
Salinstraße 1**

83022 Rosenheim

Der Verlust dieser Position ist auf 0,10 DM begrenzt. Dieses Verlust-/Gewinnpotential entspricht exakt dem eines gekauften Call zum Preis von 0,10 DM Basispreis 75 DM. Kann ein Akteur diesen Call zu einem höheren Preis verkaufen als 0,10 DM, so entspricht die Differenz der Preise seinem Arbitragegewinn.

Q

Quote

Verbindlicher Geld- und Briefkurs. Market Maker an der DTB sind verpflichtet, auf Anforderung (Quote Request) innerhalb kurzer Zeit gleichzeitig Geld- und Briefkurse für eine bestimmte Mindestmenge zu stellen.

Quote-Request

Anforderung verbindlicher Geld- und Briefkurse (Quotes). Wird in das DTB-System eine Bestens- oder Billigst-Order eingegeben, erfolgt automatisch die Quote Request-Anforderung.

R

Reversal, Reconversion

Optionsstrategie nach der Put-Call-Parität. - Aktie - Put + Call = 0.

S

Short, short gehen

Spekulation auf fallende Kurse. Leerverkauf (mit Aktienleihe) der Aktie oder Aufbau einer Optionsposition mit der Zielsetzung, diese später, zu einem niedrigerem Kurs wieder zu liquidieren. Gegenteil: long.

Specialists
Autorisierte Börsenmakler an der Amsterdamer Börse.

Spread (1)
Im Terminhandel die Differenz zwischen Geld- und Briefkurs.

Spread (2)
Optionskombination aus Kauf einer Option und gleichzeitigem Verkauf einer Option mit höherem bzw. niedrigerem Basispreis. Die Gewinn- bzw. Verlustmöglichkeiten sind von vornherein festgelegt.

Spread (one by two)
Optionskombination aus Kauf einer Option und gleichzeitigem Verkauf einer doppelt so hohem Anzahl von Optionen mit höherem bzw. niedrigerem Basispreis.

Spread (Time-)
Auch horizontal Spread genannt. Kauf einer Option und gleichzeitiger Verkauf einer Option mit früherem bzw. späterem Verfallmonat. Spekulation auf Veränderung der Volatilität.

Stochastik
Der Stochastik-Indikator geht davon aus, daß bei steigender Tendenz die Wochenschlußkurse im oberen Bereich der gesamten Kursbewegung, bei fallenden Tendenzen im unteren Bereich liegen. Der technische Indikator besteht aus zwei Linien, wobei ein Schnitt dieser Verläufe und ein Über- bzw. Unterschreiten der 70- bzw. 30-Punkte-Marke Signale produzieren.

Straddle
Optionskombination aus gleichzeitigem Kauf oder Verkauf von Calls und Puts mit gleicher Ausstattung. Spekulation auf gleichbleibende Kurse (Short-Straddle) oder stark schwankende Notierungen (Long-Straddle).

Strangle
Optionskombination aus gleichzeitigem Kauf- bzw. Verkauf von Calls und Puts, wobei der Basispreis einer Seite höher bzw. tiefer liegt. Charakteristika siehe Straddle.

Strike
Englischer Ausdruck für Basispreis.

Synthetisch
Im Optionshandel Ausdruck für das Konstruieren einer kongruenten Position mit anderen Objekten. Put-Call-Parität.

T
Tickchart
Chartdarstellung auf der jeder einzelne Handelsabschluß eingezeichnet wird. Kurzfristige Darstellung im Intraday-Handel.

Trader, traden
Angelsächsischer Begriff für Händler. Spekulativer Marktteilnehmer, der sich durch intensives Agieren und durch das Eingehen von kurzfristigen Long- und Short Positionen charakterisiert.

Trading-Range
Bandbreite eines Kursverlaufs mit einer oberen und unteren Widerstands- bzw. Unterstützungslinie. Kommt es zum Ausbruch aus einer Trading-Range, entsteht ein technisches Signal.

Trading-Floor
Engl. Bezeichnung für Börsenparkett oder Handelsbereich einer Bank oder eines Wertpapierhauses.

U

Underlying

Basiswert. Einem Derivat zugrundeliegendem Basisobjekt.

V

Vega

Risikoparameter im Optionshandel, der den Einfluß von Volatilitätsänderungen der Optionspreise kennzeichnet. Das Vega beschreibt die theoretische Veränderung des Optionspreises infolge einer Veränderung der impliziten Volatilität um einen Prozentpunkt.

Volatilität, kurz: Vola

Beschreibt das Ausmaß der Schwankungen von Kursen oder Renditen. Im Optionshandel wichtigstes Element des Zeitwertes von Optionen (implizite Volatilität).

„Als ich jung war, dachte ich, Geld sei alles im Leben. Jetzt, da ich alt bin, weiß ich es."

Oscar Wilde

VERLAGSPROGRAMM

Verlags-programm

BÖRSENVERLAG

THOMAS MÜLLER BÖRSENVERLAG

Wir informieren Sie gerne über unsere weiteren
Börsen-Bücher, Börsen-Hotlines oder Börsen-Dienste
und alle kommenden Neu-Erscheinungen.

Lassen Sie sich bitte unverbindlich unser aktuelles
Verlagsprogramm kommen.

Einfach anrufen unter 0 80 31/20 33 -0 oder die
beigefügte Postkarte abschicken.

DIE KUNST DER CHARTANALYSE

Wie Sie Charts richtig „lesen" und davon profitieren!

Mit diesem Buch sind Sie in der Lage, den Kampf mit jedem Börsenexperten aufzunehmen - ohne dabei Geld zu riskieren! Als ob Sie Stück für Stück von einem Lehrer geführt werden, können Sie Ihre Fähigkeiten für die technische Analyse entwickeln und ausbauen.

Mit dem „Charttechnik-Leitfaden" wird es Ihnen bald möglich sein, in kürzester Zeit und mit Leichtigkeit Dutzende Chartformationen zu erkennen.

Vollgepackt mit mehr als 160 Charts und vielen Fallstudien, zeigt dieses Buch die elf wichtigsten Regeln und die erfolgreichsten Indikatoren, um Markttrends zu identifizieren. Sie lernen z.B. wie das Momentum zu benutzen ist, um zu erkennen, ob sich der Kurs in der Nähe eines Tops oder Tiefs befindet. Über das Average Directional Movement als Langfrist-Indikator wird Ihnen beispielsweise gezeigt, wie sich profitable Ausstiegszeitpunkte finden lassen.

Der „Charttechnik-Leitfaden" öffnet Ihnen die Türe zur Chart- und Indikatorenanalyse. Treten Sie ein!

Nathan J. Sambul
DER CHARTTECHNIK-LEITFADEN
1. Auflage, März 1997, 316 Seiten

DM 89

MONEY-DREAMS
designed by *CARLOS*

Hängen Sie die Börse an die Wand!

Daß das Thema Kunst auch mit dem Gebiet Börse verbunden werden kann, zeigt Ihnen unsere Börsen-Grafik.

So können Sie heute die Börsen technisch analysieren!

Die ständig steigende Leistungsfähigkeit von Computer-Programmen eröffnet heute nahezu unbegrenzte Analyse-Möglichkeiten. In der deutschen Übersetzung des amerikanischen Technik-Bestsellers finden Sie nun nicht nur eine ausführliche Einführung in den Umgang mit allen „gängigen" Konzepten, sondern auch eine Unmenge völlig neuer Analyseansätze und Denkanregungen. Martin Pring geht z.B. auf die folgenden Fragen ein: *Wie identifiziere ich Trends? + Wie erkenne ich Übertreibungen? + Wie verhalte ich mich in Seitwärtsmärkten? + Wie finde ich die „besten" Aktien? ... und vieles andere mehr!*

Mit diesem Buch nutzen Sie 25 Jahre Know-How eines US-Börsengurus!

Von der No. 1 unter den Technikern

Die Giganten im Interview

So werden Sie ein Top-Trader!

Die großen Trader werden nicht geboren, sondern „gemacht". Dieses Buch zeigt Ihnen wie!

Aus den Interviews mit einigen der berühmtesten Börsentechniker (z.B. Appel, Lane, Prechter, Wilder, Williams) erfahren Sie, was Gewinner von Verlierern unterscheidet! Denn deren Erfolgsgeheimnisse sind sich - überraschenderweise - sehr, sehr ähnlich, so daß letztlich jeder Börsianer die Chance hat, ein Top-Trader zu werden.

Dieses Werk wird in den USA bereits zu den besten Büchern gezählt! Sichern Sie sich jetzt die deutsche Übersetzung!

DIE LIVERMORE-TRILOGIE

DER BÖRSENKLASSIKER

Jesse Livermore
DAS SPIEL DER SPIELE

Folgen Sie dem "König der Spekulation"

Jesse Livermore
DAS SPIEL DER SPIELE
Hardcover mit Schutzumschlag
480 Seiten
DM 79

Der Klassiker

Jesse Livermore wurde durch diesen Klassiker unsterblich.

Börsenbücher gibt es etliche, doch DAS SPIEL DER SPIELE ist für viele das Original. Denn dieses Werk gilt in den USA als eines der meistgelesensten und vor allem auch meistempfohlenen Investmentbücher der Welt. Die atemberaubende Karriere dieses Mannes, sein Vorgehen und seine Strategien faszinieren Börsianer aller Generationen von der ersten bis zur letzten Seite. Erstmals im Jahre 1923 erschienen, hat das Werk bis heute nichts von seiner Aktualität verloren. Auch Sie werden feststellen, daß sich am Börsenspiel niemals etwas ändern kann, - denn die Menschen bleiben in ihren Verhaltensweisen stets die gleichen und werden auch immer die gleichen Fehler machen!

Sie werden begeistert sein!

Sein Vermächtnis

Dieser Klassiker repräsentiert das Konzentrat der 50-jährigen Börsenerfahrung des "Königs der Spekulation". Jesse Livermore hatte dieses Buch in 1940, kurz vor seinem tragischen Selbstmord fertiggestellt. Finden Sie den Schlüssel im Spiel der Spiele und sichern Sie sich jetzt die deutsche Übersetzung!

Seine Persönlichkeit

Dieses Buch war überraschenderweise ein paar Jahrzehnte lang in der Versenkung verschwunden. Dies ist um so erstaunlicher, da kein anderes Werk so packend und genau darstellt, wie Livermore sich selber, seine Karriere und seine Erfolgsstrategien sah.

Jesse Livermore
MEIN SCHLÜSSEL ZU BÖRSEN-GEWINNEN
Hardcover, 180 Seiten **Nur DM 59**

Richard D. Wyckoff
INTERVIEW MIT EINER LEGENDE
Hardcover, 120 Seiten **Nur DM 59**

u.a. empfohlen von

Dr. Otto Graf Lambsdorff, André Kostolany, Gottfried Heller, Roland Leuschel, Heiko H. Thieme

THOMAS MÜLLER
BÖRSENVERLAG
seit 1987

BÖRSENVERLAG

Salinstraße 1 · 83022 Rosenheim
Tel 08031/2033-0 · Fax 08031/203330

BESTELL-COUPON

☐	Verlagsprogramm		*gratis*
☐	JESSE LIVERMORE DAS SPIEL DER SPIELE	DM	79
☐	JESSE LIVERMORE Mein SCHLÜSSEL zu ...	DM	59
☐	Interview mit einer LEGENDE	DM	59
☐	Das GROSSE Buch der TECHNISCHEN INDIKATOREN	DM	129
☐	Das GROSSE Buch der OPTIONSSCHEINE	DM	129
☐	DER CHARTTECHNIK-LEITFADEN	DM	89
☐	MARTIN PRINGS BÖRSEN-TECHNIKEN	DM	119
☐	Die TOP-TRADER	DM	98
☐	GEDANKEN EINES KLEINSPEKULANTEN	DM	39
☐	DTB-BASISWISSEN EDITION '95	DM	69
☐	DTB-OPTIONSSTRATEGIEN	DM	89
☐	DTB-OPTIONSINDIKATOREN	DM	79
☐	DTB-OPTIONSANALYSE	DM	79

Ab einem Bestellwert von 140.- DM erfolgt die Auslieferung portofrei, darunter mit einem Versandkostenanteil von 8.- DM.

☞ **EILBESTELLUNGEN**: Telefon: 08031/2033-0 oder Fax 08031/203330

LIEFERN SIE MIR GEGEN

Ist nichts angegeben, erfolgt Berechnung gegen Nachnahme.

☐ Bankeinzug bequem und bargeldlos ➤ bereits vorhandenon Bankeinzug
☐ beiliegenden Scheck
☐ Nachnahme (zuzügl. NN-Gebühr)

Bitte geben Sie hier Ihre Bankverbindung an!

Bankinstitut _____

BLZ _____

Konto _____

ABSENDER

Name, Vorname _____

Straße _____   PLZ/Ort _____

Telefon *tagsüber*   Telefon *abends*   Datum   ✗ Unterschrift